Alain Pelosato

Zombies
et autres Revenants

Plus de 700 films
de zombies, morts-vivants, vampires et fantômes...

George A. Romero sur le tournage de Land of the Dead

Table des matières

AVERTISSEMENT 5

TYPOLOGIE DU FANTASTIQUE 7
    Le fantastique dans le cinéma de science-fiction 16
    Le fantastique et la peur 19

DOCTEURS DE L'HORREUR ! 25
    Le premier scientifique de la mort : le docteur Frankenstein... 27
    D'autres scientifiques de la mort... 28

LA CHOSE SANS NOM DE MARY SHELLEY 31

DRACULA ET LES VAMPIRES 41

DRACULA : PORTRAIT DES PRINCIPAUX PROTAGONISTES DU ROMAN 69
    Jonathan Harker 69
    Le comte Dracula 71
    Wilhelmina Murray, puis, épouse Harker (Mina...) 75
    Lucy Westenra 76
    Arthur Holmwood 78
    Quincey P. Morris 79
    Docteur John Seward 79
    R.M. Renfield 80
    Professeur Abraham Van Helsing 81

***MARIE CELESTE* BATEAU MAUDIT** 83

LES ORIGINES 87

Nosferatu	87
Vampyr	107
Le Masque du démon (1960)	127
La Nuit des morts-vivants (1969)	136

LES FILMS 153

LISTES DE FILMS A THEMES EN LIEN AVEC CELUI DE CE LIVRE 413

Docteurs de l'horreur !	413
Fantômes	414
Le Fantôme de l'Opéra	418
Frankenstein	419
Habitations méchantes	420
Momies	422
Morts-vivants	423
Vaisseaux fantômes	425
Vampires	427

INDEX 431

Image de couverture :
Affiche italienne du film de *Lamberto Bava* :
Baiser Macabre (titre français) 1980.
Voir chronique ci-dessous.

sfm éditions
ISBN 978-2-915512-21-2
9782915512212
Dépôt légal septembre 2018

Avertissement

Après Alien, *Mutants et autres monstres*, voici ce *Zombies et autres Revenants*.
La taxinomie semble assez simple dans ce cas. Bien que ce titre regroupe de nombreuses catégories de films.
Les zombies, tout le monde sait ce que c'est aujourd'hui. Ce sont aussi des morts-vivants. Le genre a évolué de puis *Le Mort qui marche* (1936). Et il a de beaux jours devant lui. Car le mort-vivant/zombie peut avoir tellement d'origines : un humain tué par un virus qui le rend zombie, ce qui rend ce dernier très contagieux, ou par des produits chimiques, classique du manifeste écologique au cinéma, mais aussi, il peut être créé à partir d'un mort par un savant fou comme le docteur Frankenstein, etc.
Maintenant que sont les « Revenants » ?
Eh bien, d'abord les zombies sont bien des revenants. Ils sont revenus du monde des morts. Et il y a d'autres créatures à classer dans *Revenants*. Les vampires, d'abord, parfois appelés aussi des morts-vivants, mais cela n'est plus de mise aujourd'hui, depuis que tous ces séries et films les montrent comme des gens comme nous, accablés de pouvoirs, mais présentant des sentiments humains.

On est bien loin du fabuleux *Dracula* de Bram Stoker (1897), qui reste pourtant toujours vivant dans nos cœurs de lecteurs de romans fantastiques. C'est pourquoi, j'offre ici à mes lecteurs cette recherche que j'ai faite dans ce roman pour synthétiser l'histoire d'origine avec les *Portraits des principaux protagonistes du roman*, texte déjà publié par ailleurs également.

Il y a évidemment les fantômes, qui peuvent prendre différentes formes dans les nombreux films qui les mettent en scène. Et les momies, etc.

Et dans ce domaine, il y a des infinités de possibilités.

Bonne lecture !

Typologie du fantastique

Extraits de mon livre
Cinéma fantastique et de SF – Essais et données pour une histoire du cinéma fantastique 1895-2015

Si Tzvetan Todorov est connu pour sa tentative de définition du fantastique basée sur le doute du réel, il l'est moins pour son essai de typologie des thèmes de la littérature fantastique, également abordés dans son ouvrage *Introduction à la littérature fantastique*. Dans cet essai il distingue deux groupes de thèmes : ceux du *je* et ceux du *tu*. Pour essayer de comprendre en peu de mots, tentons l'exercice de quelques citations : « *On a vu que les thèmes du je se fondaient sur une rupture de la limite entre psychique et physique [...] Dans l'autre registre [...] ces actes "excessifs" liés au désir sexuel, que nous avons rencontrés quand nous faisions l'inventaire des thèmes du tu.* » Et encore : « *Le je signifie le relatif isolement de l'homme dans son rapport avec le monde qu'il construit, l'accent placé sur cet affrontement sans qu'un intermédiaire ait à être nommé. Le tu, en revanche, renvoie précisément à cet intermédiaire, et c'est la relation tierce qui se trouve à la base du réseau. Cette opposition est asymétrique, le je est présent dans le tu, mais non l'inverse* ».

Voilà deux citations intéressantes. Elles montrent à l'évidence que cette typologie ne s'appuie que sur le sujet et ses rapports avec l'objet, c'est-à-dire le monde extérieur, mais sans s'inquiéter de celui-ci. Et Todorov le confirme quand il dit : « *On comprend mieux cet autre couple de termes que nous avions introduits, en partant de thèmes du regard et de thèmes du discours.* » Et il ajoute : « *(Encore doit-on manier ces mots avec prudence).* » Il faut remarquer que Todorov parle de « *discours* », et non de dialogue avec d'autres sujets. Ce qui confirme que le créateur, l'écrivain, n'est pour lui qu'un individu psychologique et non pas social. Penzoldt avait tenté de résoudre cette question, mais, hélas, en restant sur le plan psychologique. Todorov a tôt fait d'écarter facilement ses arguments d'un revers de main : « *Penzoldt suggère [...] de les* (thèmes du fantastique) *grouper en fonction de leur origine psychologique. Cette origine aurait un double lieu : l'inconscient collectif et l'inconscient individuel.* » Todorov refuse cette typologie, car il la croit basée sur « *la biographie des auteurs.* » Et il ajoute : « *Notre refus a encore un autre motif. Pour qu'une distinction soit valable en littérature, il faut qu'elle soit fondée sur des critères littéraires, et non sur l'existence d'écoles psychologiques à chacune desquelles on voudrait réserver un champ (il s'agit chez Penzoldt d'un effort pour réconcilier Freud et Jung).* » C'est un peu léger comme critique, car elle confine au procès d'intention plutôt qu'à la véritable analyse.

D'autres critiques se sont essayés à une classification plus classique du genre : histoires de vampires, de fantômes, de possession, etc. classification plutôt utile à un éditeur pour faire connaître le contenu de ses anthologies à ses lecteurs.

Comme nous avons vu que les thèmes du fantastique au cinéma sont les mêmes que ceux de la littérature, du moins qu'ils proviennent du même vivier de l'imagination humaine, à partir de la typologie de Todorov et de celle de Penzoldt, poussons leurs idées un peu plus loin. Reprenons complètement l'idée du thème du je de Todorov, que j'appellerais plutôt fantastique psychologique, auquel j'intégrerais son thème du tu, j'en rajouterai un autre, celui du fantastique social, qui reprendra quelques thèmes du je et quelques autres du tu...

Le fantastique psychologique concerne la plupart des histoires de **diableries et hantises**, celles qui renvoient à la possession de notre conscient par notre inconscient. Le fantastique social concerne toutes les histoires de créatures et de mondes inconnus, même si elles sont traitées sur le mode psychologique, ce qui est souvent le cas des histoires de créatures. Car, ce qui hante l'humanité et qui produit le fantastique c'est à la fois soi-même, son individu qui parfois nous terrifie, notamment dans nos rêves, mais aussi les autres, « *l'enfer c'est les autres* », qui sont liés ensemble, entre eux et avec soi-même par un système social. Todorov avait pressenti cette typologie quand il écrivait : « *Il est possible, par exemple, de trouver une analogie entre certaines structures sociales (ou même certains régimes politiques) et les deux réseaux de thèmes* ». Ou encore : « *L'opposition que fait Mauss entre religion et magie est très proche de celle que nous avons établie entre thèmes du je et du tu.* » Enfin, il faut rappeler que le psychanalyste Bruno Bettelheim classait les contes de fées en deux grandes catégories : ceux qui expriment le besoin d'une intégration intérieure et ceux qui aident à résoudre le conflit œdipien. Ce dernier n'est-il pas la première expérience sociale du petit humain ?

Sans reprendre tous les thèmes et sous thèmes définis par Dorothy Scarborough, Roger Caillois, P. Penzoldt ou L. Vax, pour valider cette hypothèse contentons-nous d'utiliser les fameux thèmes de l'éditeur, et voyons s'ils se placent correctement dans notre typologie avec les films qui les traitent. Utilisons les thèmes de l'anthologie du fantastique chez Marabout, y compris les thèmes de science-fiction qui sont aussi une forme de fantastique. (...)

Les **morts-vivants** sont aussi des monstres, mais la tradition fantastique veut qu'on les classe à part. Le premier grand classique qui met en scène l'une de ces entités est le superbe *Mort qui marche* (1936) de Michael Curtis. Des gangsters font condamner à mort à leur place un pauvre homme interprété par Boris Karloff. Un savant ayant inventé un produit qui ressuscite les morts (produit certainement inspiré de *Herbert West, réanimateur* de Lovecraft) tente l'expérience sur son cadavre. Elle réussit à le ramener à la vie et il consacrera son existence (!) à se venger. Thème moderne du mort-vivant, dont l'action se situe dans le monde d'aujourd'hui et qui sera repris par les nombreux films qui ont suivi et dont *La Nuit des morts-vivants* de George Romero constituera une nouvelle étape. La plupart de ces films sont à classer dans le fantastique social. George Romero utilise ses morts-vivants pour une dénonciation de la société de consommation, cette dernière allant de pair avec la violence, donc une condamnation des militaires qui en font leur profession. Les morts-vivants consomment les vivants. Cet acte épouvantable est accentué par le fait que ces créatures sont notre avenir, puisque nous sommes tous condamnés à mourir un jour ! L'action du film *La Nuit des morts-vivants* (1968) se déroule à notre époque, et la date de sa sortie montre bien les préoccupations de la société exprimée par les événements de mai 68. D'autre part, la télévision joue un rôle idéologique important dans le scénario. Dans la maison isolée et assiégée par les morts-vivants, les gens regardent les informations télévisées, seul lien avec l'extérieur, la société bien ordonnée. La télévision est aussi l'outil moderne qui apporte l'explication de l'horreur. Elle joue ici le rôle des vieux grimoires du fantastique gothique. Dans le remake de Tom Savini (1993) – le génial maquilleur du film : *Le Jour des morts-vivants* (1985) de George A. Romero – les débats de société qui se déroulent à propos de l'humanité ou non des morts-vivants apparaissent pitoyables, au spectateur qui voit des êtres humains consommés par ces créatures. Mais, à la fin du film, on prendrait pitié pour ces êtres irresponsables massacrés par des milices aux discours fascistes, alors que finalement, un chasseur tue le seul survivant en le prenant pour un mort-vivant. Le problème de la société de consommation sera ouvertement traité dans *Zombie le crépuscule des morts-vivants* (1978) où les héros se sont réfugiés dans un centre commercial assiégé par les zombies. Avec *Le Jour des morts-vivants* (1985), le cinéaste propose une vision terrifiante de la fin du monde. Cette trilogie sera reprise avec un sens de l'humour plus ou moins évident avec *Le Retour des morts-vivants* (1984) de Dan O'Bannon, *Le Retour des morts-vivants 2* (1987) de Ken Wiederhorn et *Le Retour des morts-vivants 3* (1993) de Brian Yuzna. Mais les Anglo-saxons ne sont pas les seuls à avoir traité de ce thème avec bonheur. Les Italiens s'y sont essayés dans un autre style, toujours très violent, certes, mais parfois tenant encore plus du fantastique social. Il y a, bien sûr, *L'enfer des zombies* (1979) et *La Maison près du cime-*

tière (1981) de Lucio Fulci, et, dans un film alliant modernisme et baroque, *Dellamorte Dellamore* (1993), Michele Soavi a repris les thèmes de Fulci et Romero pour les articuler autour de l'idée qu'il est très difficile, sinon impossible pour le gardien du cimetière de faire la différence entre la vie et la mort. Les œuvres de Lovecraft comprennent également des histoires de morts-vivants avec *Herbert West, réanimateur*, adaptées à l'écran par Stuart Gordon dans son film *Reanimator* (1985) qui ne restitue pas vraiment l'atmosphère de l'écrivain de Providence qui avait écrit ces nouvelles sur commande : quand on est poursuivi par de méchants personnages, il est particulièrement pénible de les voir resurgir réanimés par le produit miracle de l'étudiant West. Toujours dans la catégorie du fantastique social, les films sur la malédiction subie après la violation de sépultures anciennes et qui en fait revenir les morts, expriment le principe de respect d'une autre culture. C'est le cas avec des films comme *La Momie* (1932) de Karl Freund, avec Boris Karloff et *La Malédiction des pharaons* (1959) de Terence Fisher avec Christopher Lee dans le rôle de la momie et Peter Cushing. Pour terminer sur ce thème, je rappelle pour mémoire celui des vampires, le plus riche de tous, que j'ai largement traité précédemment dans ce chapitre.
(...)

Le plus spectaculaire (au cinéma) dans les histoires de **fantômes** est le son. Car, au fond, il n'y a pas grand-chose à voir. C'est ce qu'a génialement réussi à faire Robert Wise dans *La Maison du diable* (1963). Ce film a réussi à produire une terreur intense chez le spectateur grâce au son. Et, puisque le personnage le plus touché par la hantise est Eleanor, la jeune femme qui souffre d'un grave complexe de culpabilité, on ne peut que classer ce film dans la catégorie du fantastique psychologique. Ce qui est aussi le cas de la plupart des films de hantise. D'ailleurs, souvent, un psychiatre est le héros négatif de l'histoire, jouant le rôle du scientifique rationnel qui nie les phénomènes surnaturels, comme d'ailleurs, dans nombre de films de diableries et possessions. Au contraire, certains cinéastes ont inversé totalement le rôle du psychiatre dans leur histoire en en faisant le porteur de la terreur et du mal. C'est le cas, par exemple, dans *Le Silence des agneaux* (1990) de Jonathan Demme et de *Cabale* (1990) de Clive Barker qui a confié le rôle du psychiatre tueur à David Cronenberg. La vraie nouveauté apportée au genre a consisté à ajouter une critique de société à l'analyse psychologique de la hantise. C'est ce que fit Tobe Hooper avec *Poltergeist* (1982) où est dénoncé le manque de scrupule des promoteurs immobiliers. Hooper est coutumier du genre qui fait des films fantastiques pour analyser la société américaine et critiquer ses travers. Ce n'est pas bien méchant, mais cela lui a coûté des années de censure pour *Massacre à la tronçonneuse* (1974). À quelque chose malheur est bon, car cette interdiction lui a, en fin de compte, apporté la célébrité. Mais, dans certains films, les fantômes prennent une existence matérielle pour venir hanter les vivants. C'est le cas dans *La Bête aux cinq doigts* (1947) de Robert Florey où la main de la victime revient le hanter, en jouant, notamment du piano... Dans *Fog* (1979) de John Carpenter, des marins reviennent se venger des naufrageurs d'une petite ville côtière. Si ces fantômes sont terrifiants et tuent des gens, il en est qui prennent une existence matérielle bien plus séduisante, comme le Hollandais volant de *Pandora* (1951), film d'Albert Lewin. Tous ces films qui traitent d'un intense sentiment de culpabilité (qu'il soit individuel ou collectif), seraient à classer dans la catégorie du fantastique psychologique... Enfin, Tim Burton se plaît à montrer les fantômes comme des personnages farfelus et amusants, ce qui a apporté une nouveauté au genre, avec des films comme *Beetlejuice* (1988) qui traite surtout de la mort sur un mode léger et insouciant, seuls les vivants étant responsables de la terreur que peuvent produire les revenants. Japonais, Sud-Coréens et Thaïlandais ont réalisé d'excellents films de fantômes : le très connu *Ring* (1998), ses séquelles et ses remakes américains, mais aussi *Deux Sœurs* (2003) et *Bangkok Haunted* (2003). Une vraie révolution dans le genre !

Le fantastique dans le cinéma de science-fiction

La science-fiction, est, par excellence, le moyen le plus fantastique de traiter des problèmes de société et d'éthique, des questions liées à l'avenir de la civilisation, de l'évolution des sciences et des technologies. Il est curieux de noter ce qu'affirme Stanley Kubrick, interrogé par Michel Ciment, à propos des rapports entre le psychologique et le social : « *L'hypocrisie de l'homme l'aveugle sur sa propre nature et se trouve à l'origine de la plupart des problèmes sociaux. L'idée que la crise de notre société a pour cause les structures sociales plutôt que l'homme lui-même est à mon avis dangereuse. L'homme doit être conscient de sa dualité et de sa propre faiblesse pour éviter les pires problèmes personnels et sociaux.* » Précisons que le thème de cette interview était le film *Shining* (1980) qui traite de fantastique psychologique. Ce n'est pas une raison pour ne pas voir le fantastique social dans des films comme *2001 L'odyssée de l'espace* (1968) et *Dr Folamour* (1963)... Des films comme *Orange mécanique* (1971) de Stanley Kubrick, *1984* (1984) de Michael Radford, adaptation du célèbre roman de George Orwell, *Brazil* (1985) de Terry Gilliam sonnent l'alarme d'une société totalitaire qui guette notre pauvre monde. L'avenir plus lointain est aussi effrayant dans *Zardoz* (1973) de John Boorman, *Soleil vert* (1973) de Richard Fleischer et *Planète hurlante* (1996) de Christian Duguay. Ces films font évidemment partie de la catégorie du fantastique social. D'autres, qui semblent traiter du même type de problèmes, s'attachent plutôt à l'étude intimiste de la psychologie humaine qui s'exprime dans des circonstances particulières comme celles qui suivent l'holocauste nucléaire ne laissant que quelques survivants sur la planète. Celui qui apporte le plus de profondeur dans cette réflexion est le magnifique *Le Monde, la chair et le diable* (1959) de Ronald Mac Dougall. Sur le même thème, mais dans un autre registre, *Le Jour des morts-vivants* (1985) de George A. Romero est terrifiant par l'horreur de la disparition de l'espèce humaine. Notre époque vit à l'époque des mondes virtuels. La fiction rejoint ainsi la réalité. De nombreux films se sont employés à utiliser ce thème pour traiter des problèmes de société, d'inadaptation à la société, comme *Nirvana* (1997) de Gabriele Salvatores, dans lequel, à cause d'un virus informatique, le personnage d'un jeu devient réel, et les personnages du monde matériel sont en quête de leur personnalité et de leur existence même dans une société où la différence entre le virtuel et le réel est difficile à appréhender. Encore un thème cher à Philip K. Dick...

Le fantastique et la peur

Dans son essai *Anatomie de l'horreur* (titre de l'édition française – 1995 – le titre de l'édition américaine est *Danse macabre* – 1981) Stephen King développe deux idées : la première, c'est que nous sommes seuls devant le sentiment d'horreur et la deuxième c'est que la terreur moderne doit montrer l'horreur telle qu'elle est, et non pas se contenter de la suggérer (c'est sa théorie de « la porte ouverte »).

« Dans la vie réelle, l'horreur est une émotion que l'on doit affronter en solitaire [...]. C'est un combat qu'on livre au plus profond de son cœur. » Et puis : *« L'horreur, la terreur, la panique : ces émotions-là élèvent des barrières entre nous, nous séparent de notre prochain, font de nous des êtres isolés. Il est paradoxal que des sentiments et des émotions que nous associons avec "l'instinct de foule" exercent un tel effet, mais on se sent bien solitaire dans une foule, paraît-il : une foule n'est qu'une masse de gens sans amour pour les réunir. Les mélodies de l'horreur sont simples et répétitives, et ce sont des mélodies de la déstabilisation, de la désintégration... mais, autre paradoxe, l'expression rituelle de ces émotions semble ramener les choses à un état plus stable et plus constructif.*

Demandez à un psychiatre ce qui se passe lorsque son patient s'étend sur le divan et lui parle de ce qui l'empêche de dormir et de ce qu'il voit dans ses rêves. Que vois-tu quand tu éteins la lumière ? demandent les Beatles dans "With A Little Help From My Friends" ; réponse : Je ne peux pas te le dire, mais je sais que c'est à moi. »

Et enfin, il le dit carrément : « *peut-être bien que le rêve d'horreur est en lui-même un défoulement et une thérapie... et peut-être bien que le rêve d'horreur reconverti en mass media est parfois en mesure de devenir un divan à l'échelle nationale.* »

Stephen King essaie-t-il de justifier le choix littéraire qu'il a fait (celui de la terreur) en lui trouvant une utilité sociale ? C'est étonnant pour un créateur qui, sous peine de voir son art ramené à un tract utilitaire, ne peut que tenter de créer en dehors de toute nécessité sociale. Bien sûr, cela est impossible objectivement, mais cela se passe sur le plan subjectif.

À ce propos, je poserai une question stupide : comment représenter l'inconscient (le *ça* de Freud) au cinéma ? Personne ne l'a jamais vu, personne ne peut le décrire, mais on peut en parler puisque, paraît-il, il se manifeste. On peut donc faire un film réaliste montrant les actes manqués, les angoisses, les travers d'une personne qui souffre de manifestations de son *ça*.

À moins d'expliquer le pourquoi du comment, et alors on aura affaire à un film ennuyeux, beaucoup de gens ne verront que des difficultés de comportement traitées dans ce film. Seul le fantastique permettra de traiter de la terreur produite, dans nos cauchemars, par la remontée des refoulements du ça vers notre conscient et la culpabilisation qui l'accompagne. Autre exemple : l'effet de deuil que Freud a si bien expliqué. On peut montrer une veuve qui pleure. Banal et pas très profond. Mais on peut aussi montrer *La Nuit des morts-vivants* (G. A. Romero), *Re-animator* (Stuart Gordon), tous les films de morts-vivants, de fantômes et de vampires. Ces histoires nous touchent au plus profond de l'effet de deuil ce qui est un élément constitutif de la peur qu'ils produisent sur nous, et, effectivement, ce sentiment ne peut être que solitaire. L'œuvre a ceci de concret qu'elle rencontre chez nous un écho au plus profond de nous-mêmes.

L'œuvre fantastique est productrice d'inquiétude, d'angoisse. Trois grands philosophes ont traité du problème de l'angoisse, et, la manière dont ils l'ont fait nous renvoie au fantastique. Pour Hegel, c'est dans la lutte pour la reconnaissance que la conscience éprouve l'angoisse devant la mort, celle-ci étant à l'origine du chemin qui mène au savoir philosophique conçu comme savoir de la mort.

Selon Kierkegaard, l'angoisse s'exprime par l'attirance ambivalente de désir et de crainte, d'entraînement et d'oppression, vers le « *non-ordinaire* », par une inquiétude préalable même à la faute. L'angoisse morale est la peur de mourir. Chez Heidegger, l'angoisse nous fait découvrir notre « *situation originelle* » : celle d'un existant jeté dans le monde et qui découvre sa propre mort comme l'horizon dernier de ses projets. Il s'agit de l'angoisse d'une précarité inhérente à l'homme qui est temporaire ou temporel. Nous rejoignons ici la définition de la terreur donnée par le film de Corman *Le Masque de la mort rouge*, et de nombreux films fantastiques qui produisent cette angoisse. Enfin, Sartre rejoint encore mieux notre sujet, car selon sa philosophie, l'angoisse se manifeste devant la liberté. Le fantastique n'est-il pas une évasion, à la fois du rationnel et de son double inversé, l'irrationnel, et donc une mise en liberté vis-à-vis de ces deux systèmes de pensées qui dominent le monde matériel et spirituel ?

Deuxième idée de Stephen King, développée dans *Danse macabre* (je préfère le titre américain qui a été repris en France pour un recueil de nouvelles de cet auteur) :

« *Ce qui est tapi derrière la porte ou en haut de l'escalier n'est jamais aussi terrifiant que la porte ou l'escalier. Et là est le paradoxe : l'œuvre d'horreur s'avère presque toujours décevante. [...] Comme au poker, on est tôt ou tard obligé d'abattre ses cartes. D'ouvrir la porte et de montrer au public ce qu'il y a derrière. [...] Il existe et il a toujours existé certains écrivains d'horreur (je ne suis pas du nombre) pour penser que la meilleure façon de résoudre le problème est de ne jamais ouvrir la porte.* »

Ainsi, ce problème s'est posé concrètement à Jacques Tourneur pour son film *Rendez-vous avec la peur* dans lequel il ne voulait pas montrer le monstre et les producteurs l'ont voulu.

Stephen King choisit d'ouvrir la porte. Il ne partage pas le style de Lovecraft consistant à toujours laisser la porte entrouverte.

Soit ! Mais il faut bien le dire, quand Stephen King ouvre la porte, ses monstres ne sont guère convaincants :

une araignée ridicule pour *ça*, des extraterrestres même pas étonnants dans *Les Tommyknockers*, un chien dans *Cujo*, une bande d'oiseaux dans *La Part des ténèbres*, etc. En plus, Stephen King ne sait pas jouer au poker s'il croit qu'on « *est, tôt ou tard obligé d'abattre ses cartes* ».

C'est faux, car à ce jeu, pour obliger son adversaire à abattre ses cartes, il faut payer.

C'est la base même du jeu : si on se « couche » (c'est-à-dire qu'on ne paie plus par peur de perdre encore plus), on n'a pas le droit de voir le jeu de l'adversaire... Ce peut être le résultat d'un éventuel bluff de sa part. Et c'est la même chose pour le fantastique : si vous n'ouvrez pas la porte, vous serez toujours terrifié par ce qu'il peut y avoir derrière. Parce que vous l'imaginez, sans jamais pouvoir le voir...

Malgré tout, cette nouvelle approche de l'horreur est partagée par presque tous les écrivains modernes de terreur, mais finalement, ils ne réussissent vraiment à nous terrifier, une fois la porte ouverte, qu'avec des scènes bien décrites de mutilations cruelles et épouvantables. C'est devenu la spécialité d'écrivains anglais comme Graham Masterton et Clive Barker. À la limite, nous quittons alors le fantastique pour une espèce de néoréalisme de l'horreur...

Docteurs de l'horreur !

Autrefois on appelait cela un « savant ». La plupart du temps un homme qui « savait » beaucoup de choses. Au Moyen Âge, ce personnage était personnifié par l'alchimiste. Quelqu'un qui recherchait les secrets de la Nature contre vents et marées, contre l'Église et ses lois ; c'était le cas aussi du magicien qui pensait que la nature était de nature magique. L'alchimiste se considérait comme un être supérieur dont l'adage était : « *Lege, lege, relege, ora, labora et invenies* ».[1] Mais l'église finit par craindre l'alchimie, ainsi le pape Jean XXII (souverain pontife de 1316 à 1334) lança une Bulle d'excommunication contre tous ceux qui cultivaient l'art transmutatoire et l'Inquisition brûla un certain nombre d'alchimistes.[2]

L'alchimiste expérimentait sur son athanor, ce fourneau diabolique.

Chercheur inlassable il ne cédait qu'à la mort, et encore, léguait-il ses recherches à ses successeurs.

---

[1] Lis, lis, relis, prie, travaille et tu trouveras.

[2] « L'alchimie », Serge Hutin, PUF Que sais-je ?

Jusque dans les années soixante, l'image du *laboratoire*, et notamment, du laboratoire de chimiste avec ses cornues, ses réfrigérants et ses liquides colorés, restera liée dans la fiction, aux secrets de la vie, secrets que seul Dieu pouvait détenir.

Puis vint Lavoisier[3] qui remit de l'ordre dans tout cela et affirma que *« rien ne se perd et rien ne se crée, tout se transforme »*. Du coup, la science devint elle-même une composante fantastique dans l'imaginaire populaire. Le scientifique était donc capable de *transformer*. Voilà qui était pire que *créer*. Aujourd'hui, le savant sait transmuter la matière grâce à la science de l'atome. Les alchimistes n'avaient-ils pas raison ?

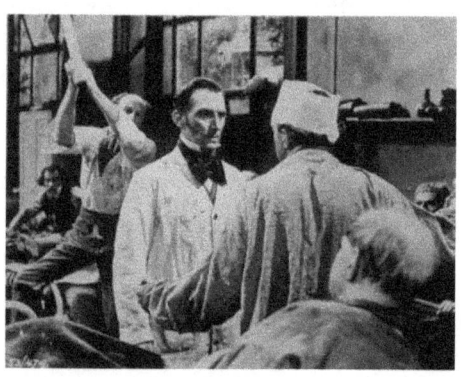

---

[3] Antoine Laurent de Lavoisier (1743 – 1794), chimiste, a mis au point la nomenclature des éléments dont l'étude avait été commencée par d'autres, a découvert la réalité du rôle de l'oxygène dans la combustion, et l'énoncé des lois de conservation de la masse et de l'énergie. Il fut, hélas, guillotiné par les révolutionnaires car il exerçait la fonction de Fermier général.

Le premier scientifique de la mort : le docteur Frankenstein...

Le premier grand personnage de fiction, un vrai savant, fut le docteur Frankenstein. Ce personnage du roman de Mary Shelley est devenu réellement célèbre, grâce, notamment au cinéma. Comme personne ne donna de nom à la créature créée par Frankenstein, on lui prêta le nom de son créateur.

Mary Shelley, qui écrivit son roman à l'âge de dix-neuf ans, utilisa les expériences scientifiques de l'époque pour écrire son livre.

D'une part, son mari rêvait d'utiliser l'énergie de la foudre et d'autre part, Giovani Aldini réalisa des expériences de réanimation à Londres en 1802 – 1803.

Cet intéressant personnage de Frankenstein fut rapidement éclipsé par le personnage de sa créature. Cette éclipse est surtout due au film de James Whale *Frankenstein* (1931) dans lequel le docteur est une pâle figure victime de ses recherches et le monstre, magistralement interprété par Boris Karlofff, occupe ainsi le devant de la scène. Cette image du pauvre jeune docteur dépassé par ses propres recherches est radicalement changée dans la série des *Frankenstein* de la Hammer, société anglaise de production qui réalisa des films d'horreur après la Deuxième Guerre mondiale. Ces films ont été pour la plupart réalisés par Terence Fisher.

C'est Peter Cushing (1913 – 1994) qui interpréta ce rôle dans tous ces films, homme de science cynique qui poursuit un seul but : la réalisation de ses expériences infernales sans aucune considération morale ou éthique. Un personnage réellement subversif, car se fichant complètement de la société et des conséquences de ses expériences. Dans un de ces films, – je crois qu'il s'agit de *Frankenstein créa la femme* (1967) – le docteur infernal viole son assistante !

D'autres scientifiques de la mort...

Herbert West en pleine action

Lovecraft a aussi mis en scène un scientifique maudit : Herbert West, réanimateur. On peut aisément voir Lovecraft lui-même dans ce personnage lorsqu'il le décrit de la manière suivante : « *West était matérialiste. Il ne croyait pas à l'existence de l'âme et attribuait tous les effets de la conscience à des phénomènes physiques.* » Ce personnage, un étudiant en médecine qui découvre un produit qui réanime les morts, a été mis en scène par Stuart Gordon dans son film *Re-animator* (1985), film délirant mêlant sexe et gore (alors que Lovecraft détestait le sexe...).

Le même Stuart Gordon a produit la suite de Brian Yuzna : *Re-animator 2* dont le titre anglais, *Bride of re-animator*, rend hommage au film *La fiancée de Frank*enstein.

Dans ces deux films, c'est Jeffrey Combs qui joue le rôle d'Herbert West de même que dans *Beyond Re-animator* également réalisé par Brian Yuzna.

Restons dans le domaine de la boucherie avec *Le Jour des morts-vivants* (1985) de George A. Romero. Il y met en scène le docteur Logan, dit « *docteur Frankenstein* ». On le surnomme ainsi, car il faisait des expériences sur les morts-vivants. Ces expériences étaient indispensables, car l'espèce humaine avait quasiment disparu, et le « bon » docteur tentait de redonner humanité à ces monstres affamés de chair humaine.

Enfin, dans le domaine de la mort, ou plutôt de la non-mort, comment ne pas citer le professeur Van Helsing du roman de Bram Stoker *Dracula* (1897) ?
Ce professeur est à la fois un détective de l'étrange et un « scientifique de l'irrationnel », un érudit qui connaît les vampires, leur nature et la manière de s'en débarrasser.
Et quand on observe bien le personnage du scientifique en général dans les fictions fantastiques et de science-fiction, c'est souvent quand il est irrationnel qu'il est positif, et au contraire négatif quand il est rationnel... Cet érudit de l'irrationnel est présent systématiquement dans les œuvres de Graham Masterton, basées sur un mythe ou une légende qui donnent *« un maximum de crédibilité à des scénarios parfois improbables ».*[4] Ne voit-on pas là une revanche de *ceux qui ne savent pas* contre *ceux qui savent* ?

---

[4] Citation de Graham Masterton dans sa préface au roman « L'orgue de Leonardo » de Christophe Corthouts, éditions Naturellement, collection 2000.com.

La Chose sans nom de Mary Shelley

On sait que le *Frankenstein* de Mary Shelley est né d'un pari littéraire. Cette phase étonnante de la création est reprise au cinéma par le préambule du film *La Fiancée de Frankenstein* de James Whale, dans lequel la même actrice joue Mary Shelley au début du film et la *Fiancée* à la fin. Le cinéaste tchèque (réfugié aux U. S. A.) Ivan Passer reprend l'histoire de ce pari dans un film de 1988 : *Haunted Summer* et, en 1986, Ken Russel en avait fait un film d'épouvante dont le titre est tout un programme : *Gothic*. Voici comment Mary Shelley elle-même relate cet épisode fondamental de sa vie : « *Au cours de l'été 1816, nous (Mary et son époux) visitâmes la Suisse et devînmes les voisins de Lord Byron (qui) était le seul parmi nous qui couchât ses pensées sur le papier. [...] Mais l'été devint humide, inclément[...] Des volumes d'histoires de fantômes, traduits de l'allemand en français tombèrent dans nos mains. [...]*
— Nous allons écrire chacun une histoire de fantôme, dit Lord Byron.
Nous nous ralliâmes à sa suggestion. Nous étions quatre (Mary et Bercy Shelley, le Dr Polidori – qui se rendit célèbre avec son histoire de vampire – et Byron). [...] Je m'occupais à songer à une histoire, une histoire qui rivalisât avec celles qui nous avaient incités à en écrire.

Une histoire qui parlerait aux peurs mystérieuses qui hantent notre nature, qui susciterait une horreur profonde – une histoire telle que le lecteur n'osât point regarder autour de lui, une histoire à glacer le sang, à faire battre le cœur à coups redoublés. Si je n'y parvenais point, mon histoire de fantôme serait indigne de son nom. [...] Je vis, étendue, l'apparence hideuse d'un homme donner des signes de vie, à la mise en marche d'une puissante machine, et remuer d'un mouvement malaisé, à demi vital. [...] L'effort de l'homme pour imiter le stupéfiant mécanisme du Créateur de l'univers, ne pouvait qu'engendrer un effroi suprême. Sa propre réussite terrifiait l'artisan, il fuyait précipitamment, frappé d'horreur, son œuvre affreuse. » Ainsi, d'une œuvre somme toute mal écrite, est né un mythe qui consacre de nombreuses œuvres cinématographiques. Pour donner une idée du style de Mary Shelley, lisons cet extrait : « *Ce fut par une lugubre nuit de novembre que je vis enfin mon œuvre terminée. Avec une anxiété mêlée de terreur, je rassemblai autour de moi les instruments qui devaient me permettre d'infuser l'étincelle de vie dans cette chose inerte gisant à mes pieds. Une heure du matin venait de sonner et la pluie frappait lugubrement contre les vitres. Ma bougie presque entièrement consumée jetait une lueur vacillante, lorsque tout à coup, je vis s'ouvrir l'œil jaune et vitreux de cet être.* »[5]

---

[5] Mary Shelley dans son introduction à *Frankenstein*

Contrairement à Dracula, le mythe de cette Créature n'est pas une tradition d'un folklore quelconque. Il est né de l'angoisse de l'espèce humaine devant la Création de la vie, et de la manière dont de futures découvertes (Mary Shelley a écrit son livre en 1818, elle avait dix-neuf ans...) pouvaient faire accéder à cette divinité. À partir donc de cette idée de l'alchimiste qui crée la vie avec la mort, au même titre qu'il chercha à trouver la vie éternelle et créer l'or avec le plomb, l'œuvre débouche sur les problèmes humains qui en sont la conséquence. Différents angles de vue peuvent ainsi être traités, et ils l'ont été par le cinéma. Le point de vue de la Chose d'abord, traité par James Whale dans les fameuses scènes de Boris Karloff et la petite fille dans *Frankenstein* et du joueur de violon aveugle dans *La Fiancée de Frankenstein*. Le point de vue du docteur Frankenstein ensuite qui veut développer la connaissance humaine quelles que soient les conséquences. Ce point de vue, qui se rapproche de Stevenson dans *Dr Jekyll et Mr Hyde*, est largement développé par toute la série des *Frankenstein* de Terence Fisher pour la Hammer (années 1950 et 1960). Dans ces films, le docteur Victor Frankenstein parvient toujours à ses fins et renaît de ses cendres. Et c'est normal, comment peut-il mourir puisqu'il a découvert l'éternité ?
Lovecraft (avait-il lu Mary Shelley ?) a écrit, sur commandes, une série de nouvelles intitulées *Herbert West réanimateur*. Dans ces his-

toires terrifiantes, Herbert West est un étudiant qui a inventé un produit qu'il suffit d'injecter aux cadavres pour leur redonner la vie. La méthode technique est bien plus simple que dans *Frankenstein*... Le cinéma s'est intéressé à cette nouvelle version de la Chose : Stuart Gordon a réalisé *Re-animator* dans lequel il a rajouté du sexe (dont Lovecraft n'était pas friand) et du gore, beaucoup de gore... Il y a même eu deux suites, avec le même acteur, signées Brian Yuzna (*Re-animator 2* et *Beyond Re*-animator). Enfin, Stevenson lui-même a écrit une nouvelle *Les Pourvoyeurs de cadavres* (1884) que l'écrivain avait écrite dans une période de profonde dépression. Même thème de récupération de cadavres dans les cimetières pour des expériences clandestines. Plusieurs films se sont inspirés de cette histoire dont *Le Récupérateur de cadavres* de Robert Wise (1945) avec Boris Karloff et Bela Lugosi, et *L'impasse aux violences* de John Gilling (1960) avec Peter Cushing, célèbre pour ses interprétations du docteur Frankenstein dans les films de Terence Fisher. Dans le film de Robert Wise, les expériences du médecin lui serviront à guérir une petite fille paralytique. Le thème est donc plus progressiste : les expériences clandestines servent, à un moment ou à un autre, au bien-être de l'humanité. Hélas, à cause de la perversité de Gray, le pourvoyeur de cadavre interprété magistralement par Boris Karloff, le crime devient le matériau (cher au docteur

Frankenstein) des expériences interdites. La scène où Gray tue par étouffement entre ses mains l'homme à tout faire qui voulait le faire chanter est très cruelle. C'est Bela Lugosi qui joue le rôle de cet homme dans ce beau film très expressionniste. Lorsque Gray a ramené son cadavre chez le docteur, une scène stupéfiante, reprise de nombreuses fois ensuite, montre le visage du mort dans l'eau (les cadavres sont conservés dans un bain) et, en gros plan, les mains du docteur qui saisissent la tête pour la ramener à la surface. Ce film est surtout l'histoire d'une hantise, une profonde culpabilité matérialisée par Gray, dont le fantôme, pure création de l'esprit du docteur, le tuera à la fin. Seul le mythe de *Frankenstein* s'est perpétué jusqu'à nous alors que les autres se sont transformés, modernisés, pour une simple raison, c'est que ce mythe était déjà moderne. Dans *Chair pour Frankenstein*, Paul Morrissey insiste surtout sur la chair, car ce film est présenté en trois dimensions. il faut donc faire peur. Sans explication, Morrissey laisse croire que Victor s'est marié avec sa sœur (qui n'est que sa sœur de lait dans l'histoire d'origine) et leur enfant prendra d'ailleurs la relève. Dans ce film grotesque et baroque, les mises à mort (nombreuses) sont très impressionnantes : décapitation avec une grande cisaille, multiples éventrations avec les mains... Au contraire, Kenneth Branagh, dans son *Frankenstein*, film produit par Coppola et dans lequel on voit clairement toute son influence, montre un monstre humain, pétri de contradictions entre sa violence et son amour. La Chose assène clairement ses reproches à son créateur sur la mer de glace où elle l'a entraîné : « *Tu m'as donné des émotions sans me dire comment m'en servir. [...] Et mon âme ? J'en ai une moi ? [...] As-tu jamais songé aux conséquences de tes actes ? Tu m'as donné la vie et tu m'as abandonné à la mort. Qui suis-je ?* » Le monstre, interprété par le puissant acteur Robert de Niro, réclame une femme, une compagne comme lui, ainsi elle ne le haïra pas. Et il rajoute : « *J'ai en moi une puissance d'amour que tu es à cent lieues d'imaginer, et une violence...* » Ce superbe film développe un rythme fait de longues scènes succédant à de très courtes, ces longues scènes elles-mêmes rythmées par de longs plans-séquences placés entre une succession éblouissante de plans très courts. La couleur des tenues des personnages (rouge et bleu vif) prédit leur destin. Cela fait un film qui ressemble à une partition, une superbe symphonie pour les yeux... Sous l'influence évidente du producteur, le macabre est laissé de côté pour insister sur les sentiments et l'affectivité. C'est une histoire d'hommes, les femmes n'y sont que les objets des sentiments des hommes, Elisabeth portant la tenue rouge au milieu de la foule grise qui fuit l'épidémie de choléra est sacrifiée aux obsessions occultistes de Victor Frankenstein. (Elle subira le même sort, au fond, que la petite fille juive au manteau rouge, dans le film en noir et blanc *La Liste de Schindler* (1993) de Steven Spielberg). Une histoire de père et de fils, monstrueux, mais humain, drame du complexe d'œdipe composé d'une double culpabilité, celle du créateur, du père qui a créé un fils sans en être le géniteur, en volant la chair des autres *(« un simple matériau »*, déclare Frankenstein) et celle du fils qui veut la mort de son père et lui voler son épouse comme il lui a arraché son cœur de sa poitrine lors de leur nuit de noces. Alors que l'ensemble du film respecte l'architecture et le scénario du roman, cette dernière scène et celle qui suivra, la "résurrection" d'Elisabeth par une nouvelle expérience de Frankenstein, ont été rajoutées. Elles sont fondamentales dans le projet (réussi) du réalisateur et de son producteur de détourner le sens de cette aventure et d'en faire une histoire macabre du mythe d'Œdipe. Au fond, cet esprit de l'œuvre cinématographique est le prolongement de celui de l'œuvre littéraire puisqu'on peut y lire cette réflexion de Victor Frankenstein : *« L'être que j'avais déchaîné parmi les hommes, ce démon doué de la volonté de détruire et de la puissance de réaliser ses projets horribles, telle la mort qu'il venait de donner, je le considérais comme mon propre vampire, mon propre fantôme sorti de la tombe, et contraint de détruire tous ceux qui m'étaient chers. »*

Avec le film *Le Mort qui marche* dans lequel Boris Karloff fait une interprétation géniale de la souffrance d'un homme simple exécuté à la place d'un autre, les histoires de Lovecraft et de Stevenson prennent un tournant qui aboutit à *La Nuit des morts-vivants* de Romero. En effet, on trouve dans *Le Mort qui marche* (film de Michael Curtiz de 1936), trente-deux ans avant le film de Romero, tous les ingrédients du film d'horreur moderne. Le cadre n'est plus gothique, mais moderne : l'Amérique des gangsters des années trente et les morts reviennent pour consommer les vivants (vengeance dans le film de Curtiz alors que l'action du second film de la trilogie de Romero, *Zombie le crépuscule des morts-vivants*, se déroule dans un vaste centre commercial abandonné).

Mais, il y eut d'autres créatures créées par l'homme dans d'autres chefs-d'œuvre de la littérature et du cinéma. *Le Golem*, légende juive mise en littérature par Gustav Meyrink fit l'objet de nombreux films. Cette créature est réalisée par l'homme grâce à l'assistance du diable avec de la simple argile. Bien sûr, le danger est qu'elle prenne son autonomie. Le thème commun à toutes ces histoires c'est le "moteur" de l'œuvre littéraire dont parlait Stephen King. Du robot de *Metropolis* en passant par l'ordinateur qui se révolte dans *2001 L'odyssée de l'espace* et le robot de *Mondwest*, jusqu'aux répliquants de *Blade Runner,* l'homme réfléchit sur l'autonomie que peut (doit) prendre la créature vis-à-vis de son créateur. L'Homme n'est-il pas la créature de Dieu ?

Enfin, les légendes et pratiques vaudoues ont inspiré nombre de films comme *Vaudou* de Jacques Tourneur, *L'emprise des ténèbres* de Wes Craven, qui traitent des zombies, esclaves produits par des rites qui ressuscitent les morts. En réalité, il semblerait que cette pratique existe réellement : elle consiste à administrer à un vivant un produit qui le jette dans la plus complète léthargie semblable à la mort et, une fois sorti de sa sépulture et remis en activité, ne sait plus qu'obéir à celui qui lui donne des ordres...

Dracula et les vampires

Voici comment le célèbre Eliphas Lévi traite des vampires dans son traité *Histoire de la Magie*, édité en 1859 : *« Les personnes enterrées vivantes ne peuvent [...] avoir sous terre que des réveils rapides et de peu de durée, elles peuvent toutefois y vivre longtemps conservées par la lumière astrale dans un état complet de somnambulisme lucide. Leurs âmes alors sont sur la terre encore enchaînées au corps endormi par une chaîne invisible, alors si ce sont des âmes avides et criminelles, elles peuvent aspirer la quintessence du sang des personnes endormies du sommeil naturel, et transmettre cette sève à leur corps enterré pour le conserver plus longtemps dans l'espérance vague qu'il sera enfin rendu à la vie. C'est cet effrayant phénomène qu'on appelle le vampirisme, phénomène dont la réalité a été constatée par des expériences nombreuses aussi bien attestées que tout ce qu'il y a de plus solennel dans l'histoire.*

« [...] Il existe encore un grand nombre de procès-verbaux sur l'exhumation des vampires. Les chairs étaient dans un état remarquable de conservation, mais elles suintaient le sang, leurs cheveux avaient cru de manière extraordinaire et s'échappaient par touffes entre les fentes du cercueil. La vie n'existait plus dans l'appareil qui sert à la respiration, mais seulement dans le cœur qui d'animal

semblait devenir végétal. Pour tuer le vampire, il fallait lui traverser la poitrine avec un pieu, alors un cri terrible annonçait que le somnambule de la tombe se réveillait en sursaut dans une véritable mort.

« Pour rendre cette mort définitive, on entourait la tombe du vampire d'épées plantées en terre la pointe en l'air, car les fantômes de lumière astrale se décomposent par l'action des pointes métalliques qui, en attirant cette lumière vers le réservoir commun, en détruisent les amas coagulés. »

Le prêtre défroqué Alfred Charles Constant, dit Eliphas Lévi fut admiré par André Breton et les surréalistes.

On voit qu'il traite de cas de vampirisme (à partir des théories de l'occultisme) bien avant que Bram Stoker n'en parle. On sait que ce dernier fut membre de la Golden Dawn, société initiatrice au sein de laquelle il put accéder à certaines informations et documentations. D'autres grands de la littérature fantastique furent membres de cette société secrète : Arthur Machen et Algernon Blackwood. L'occultisme ne fut donc pas étranger à la culture et aux pratiques de ces écrivains.

Le mythe du vampire est très ancien. Tournefort, cité par Eliphas Lévi, rapporte dans son *Voyage au Levant* : *« Des peuples du nord les appellent Vampires ; les Grecs les désignent sous le nom de Broucolaques. »*

Ce phénomène a certainement pour origine le fait que l'on enterrait parfois des gens vivants, les croyants morts. Ils se réveillaient enterrés vivants et faisaient alors beaucoup de bruit dans leurs cercueils. Lorsqu'on les déterrait, on les découvrait pleins de sang (des blessures qu'ils se faisaient en tentant de sortir) et très bien conservés par la force des choses. Le phénomène prenait de graves proportions lors des épidémies, car on enterrait alors les gens promptement pour éviter la contamination... Certaines traditions, vécues comme macabres par un spectateur non averti, consistaient à vérifier la vraie mort du défunt. Ainsi, les mariniers du Rhône descendaient dans le trou et frappaient violemment sur le cercueil en poussant des cris effroyables, puis sortaient pain et vin et cassaient la croûte dans la tombe... D'ailleurs, n'est-ce pas étonnant qu'une légende rhodanienne raconte l'histoire du Drac, dragon vivant au fond du fleuve et qui enlève les femmes dont le lait seul peut ressusciter son enfant mort... Or, nous verrons que Drac signifie dragon en... roumain.

À l'origine, il y a les légendes arabes des goules qui ne sont pas vraiment des vampires, mais des êtres surnaturels qui dévorent les cadavres et parfois les vivants. C'est en parlant de ces goules que Lovecraft utilise le mot de vampires dans *Démons et merveilles* : « *Créatures carnivores au visage de chien (et aux) formes affaissées* » (*À la recherche de Kadath*).

Mais les vrais vampires ont été inventés au XVe siècle aux confins de la Hongrie et de la

Roumanie. C'est là, en Transylvanie, que les plus grandes épidémies de vampirisme ont été recensées dans le passé... Cette province était dirigée par un voïvode, gouverneur de Hongrie, Jean Hunyadi. Les deux autres provinces, la Valachie et la Moldavie, constituaient le dernier rempart du christianisme face à l'invasion ottomane. Vladislas III (Vlad), voïvode de Valachie, opposait une résistance farouche à l'envahisseur. Vlad III avait été fait chevalier du dragon : Vlad Dracul (Drac, signifiant dragon en roumain). Emprisonné par les Turcs, c'est son fils, Vlad IV qui lui succéda sur le trône. Vlad Dracula, le suffixe « a » signifiant « fils de ». Ce noble guerrier, juste, mais dur, mena une guerre féroce contre l'envahisseur turc. Il utilisa copieusement une méthode de supplice très répandue en orient à cette époque : le supplice du pal, d'où son surnom de Vlad Tepes, Vlad l'empaleur. Il n'était pas vraiment bien vu par le roi de Hongrie, Mathias Corvin, fils de Jean Hunyadi, qui l'apprécia d'abord pour sa lutte contre l'envahisseur, puis ensuite le vit comme un obstacle à ses vues sur les provinces roumaines. Ce souverain amplifia les légendes servant à dénigrer, pour des raisons politiques, ce personnage fort controversé. « *C'est ainsi que naquit la légende noire, reposant sur les sources germano-hongroises, du monstre sanguinaire festoyant parmi les empalés, imaginant des supplices aussi raffinés que gratuits, torturant et tuant dans le plus bel arbitraire.* » (Jean

Gœns, dans *Loups-garous, vampires et autres monstres*)

Cette propagande politique déploya également la légende selon laquelle Vlad Dracula (mort en 1476 dans une embuscade) aurait signé un pacte avec le diable qui en fit un vampyr après sa mort. Le mot Dracul signifie également diable en roumain et vampire en moldave. Et voilà ! La légende a pour origine une affaire politique !

L'écrivain français Huysmans consacre son livre *Là-Bas* (1891) à un terrible personnage, Gilles de Rais, en qui il voit un véritable vampire. Gilles de Rais (1400-1440) fut compagnon d'armes de Jeanne d'Arc, puis, retiré dans ses domaines de Machecoul et Tiffauges, il s'adonna aux sciences occultes et surtout à l'alchimie. Il crut alors trouver dans le sang le secret de la pierre philosophale. Trois cents enfants seront les victimes de ses "recherches", alibis de ses perversités.

Un autre personnage de la même région que celle de Dracula, la Transylvanie, a défrayé la chronique vampirique : la comtesse Erzebeth Bathory (1560 – 1614). Cette femme, d'une famille noble comprenant, aussi bien dans ses aïeux que dans ses contemporains, nombre de dépravés et brutes sanguinaires, a eu une nourrice, Jo Ilona, qui pratiquait sortilèges et magie noire. Elle deviendra son âme damnée. Le blason des Bathory comprenait : trois dents de loup, un croissant de lune, un soleil en forme d'étoile à six pointes, le tout entouré d'un dragon qui se mord la queue. Leur qualité de noble les autorisait au pouvoir de vie et de mort (même dans d'atroces souffrances) sur la piétaille. D'où les messages politiques que certains auteurs mettent dans leurs histoires de vampires. À son mariage, Erzebeth s'installa chez son mari (Férencz Nàdasdy, Héros noir de la Hongrie), au château de Csejthe, pays réputé hanté de fantômes, vampires et loups-garous. Un jour, alors que son guerrier de mari était à la guerre, elle reçut la visite d'un homme pâle habillé de noir. Les habitants des lieux crurent à un vampire... Elle s'absenta en sa compagnie de longues semaines. Elle devient veuve en 1604. Un jour, elle avait frappé violemment une servante au visage. Du sang coula sur son bras. Elle s'aperçut alors que la peau, à cet endroit, avait rafraîchi. Elle se baigna alors le visage avec le sang d'une des victimes de ses orgies sadiques et ce traitement la rajeunit et la vivifia. Ses servantes (de véritables sorcières) ramenaient au château d'innocentes jeunes filles qu'elles sacrifiaient horriblement au sadisme de la comtesse. Ce personnage a dû également inspirer Bram Stoker. La comtesse semblait utiliser la *Vierge de Fer*, automate monstrueux qui enserrait ses victimes entre ses bras acérés en faisant couler le sang. Et Stoker a fait de cet automate, qu'il nomma La Vierge de Nuremberg, le personnage principal d'une de ses nouvelles, *La Squaw*. La comtesse finit par être arrêtée, jugée (les minutes du procès montrent les sévices subis par ses victimes) et condamnée à être recluse dans ses appartements. Ses servantes furent décapitées. À sa mort, quatre ans plus tard, elle était restée d'une étonnante beauté...

Au XVIIIe siècle, l'abbé bénédictin Dom Augustin Calmet rassemble de nombreux témoignages dans son *Traité sur les apparitions des anges, des démons et des esprits et sur les revenants et vampires de Hongrie, de Bohème, de Moravie et de Silésie* (1746—1751). Ensuite, le docteur Van Swieten, rédigea, à la demande de l'impératrice Marie-Thérèse d'Autriche, un rapport médical sur les vampires (1755) ce qui montre à quel point ce problème préoccupait les autorités. Il y conteste l'existence de ces morts-vivants, montrant que les terreurs nocturnes des témoins étaient dues à leurs angoisses et hallucinations. Il conteste les rapports des commissions d'Olmütz qui ne comprenaient pas d'autorités médicales aptes à apprécier l'état des corps. D'autre part, la conservation des corps peut être un phénomène naturel dans certains sols ou dans des périodes de grands froids.

Avec les légendes de Vlad Tepes, Bram Stoker s'est inspiré de trois fictions littéraires pour écrire son *Dracula* : *Le Vampire* de John William Polidori (1819), *Varney le Vampire* de James Malcom Rymer (1840) et le superbe *Carmilla* de Joseph Sheridan Le Fanu ((1872). Le XIXe siècle fut fort influencé par les histoires de vampires.

Polidori était le secrétaire de Lord Byron qu'il quitta d'ailleurs en 1817, ne pouvant plus le supporter. Sa nouvelle a été rédigée dans le cadre du pari qui avait conduit également Mary Shelley à écrire *Frankenstein*. Lord Ruthwen, le vampire libertin et débauché devait être une caricature de Lord Byron lui-même. Le vampire n'est plus alors le monstre hideux et malfaisant, mais un beau séducteur fascinant, même s'il est foncièrement mauvais. Polidori, qui inspirera Charles Nodier et Alexandre Dumas avec son vampire, aura fait entrer le romantisme dans la légende.

Varney est un feuilleton énorme dont le sous-titre, *La Fête du sang*, exprime bien le contenu. *Carmilla*, dans une nouvelle, met en scène une femme vampire qui aime sa victime (une femme) dans une grande passion. Théophile Gautier avait déjà mis en scène une femme vampire dans sa nouvelle *La Morte amoureuse* (1836) : la belle Clarimonde, morte, mais amante, vampirise le prêtre Romuald.

D'autres écrivains ont été fascinés par les vampires. Prosper Mérimée traite de la question dans *Lokis* (1869) ; Gœthe, déjà, dans *La Fiancée de Corinthe* (1797) ; le grand Ernst-Théodor-Amadeus Hoffmann avec *La Vampire* (1828) ; Charles Nodier dans *Le Vampire de bien* (1831) ; Edgar-Allan Poe dans *Berenice* (1835) ; Gogol dans *Vij, le Roi des Gnomes* (1835) ; Tolstoï dans *La Famille du Vourdalak* (1847) ; Alexandre Dumas dans *Les Mille et un fantômes* (1849) ; Robert Louis

Stevenson dans *Ollala* (1855) ; Fritz-James O'Brien dans *Qu'était-ce ?* (1859) ; Lautréamont dans *Ton ami le vampire* (1868) ; Marcel Schwob dans *Les Striges* (1891). Un autre genre de vampire, psychique celui-là, est traité avec grand talent par Guy de Maupassant dans *Le Horla* (1885) et par Kipling, en plus terrifiant avec *Dans la Cité des morts* (1885). Le thème sera encore copieusement traité par les écrivains du début de notre siècle, comme Gustave Le Rouge dans *La Guerre des vampires* (1909) et Rosny Ainé dans *La Jeune vampire* (1920), jusqu'à nos jours. Lovecraft traite du vampirisme avec originalité dans sa très belle nouvelle *La Maison maudite* (1924) et dans son court roman *L'affaire Charles Dexter Ward* (1927).

Les contes populaires parlent aussi beaucoup de vampires sans les nommer : l'ogre du petit Poucet, par exemple, et surtout Barbe Bleue, magnifique allégorie, basée sur la curiosité des enfants envers les relations sexuelles de leurs parents. La tache de sang sur la clé ressemble étonnamment à la goutte de sang qui coule de la lance dans le château du roi Pêcheur de la légende du Graal.

D'ailleurs, les nombreux textes de la légende arthurienne sur la quête du Graal constituent les premières œuvres littéraires connues sur le vampirisme. Cette quête n'est-elle pas une quête du sang ? La scène célèbre du bol de sang (le Graal) et de la lance qui saigne dans le château du roi Pêcheur, alors que Perceval n'ose pas poser de question, est une scène d'offrande du sang pour accéder à l'éternité. Si Perceval ne pose pas de question, c'est qu'il se souvient des conseils de son maître en chevalerie : *« Il faut se garder de trop parler »*... Hélas ! Parler, questionner aurait sauvé de la malédiction le roi Pêcheur et son royaume, redonné du sang neuf au roi qui se saigne lentement. Un roman de ce cycle, *L'âtre périlleux*, montre une scène de vampirisme. Le chevalier Gauvain, neveu du roi Arthur, passe la nuit dans le Cimetière du Grand Péril. Assis sur une tombe, la pierre se met à bouger sous lui. Une belle jeune fille, très pâle, apparaît dans son cercueil. Dans le passé, le diable l'avait guérie d'un mal mystérieux et depuis, en échange : *« Il prenait de moi son plaisir chaque nuit, et chaque jour, je gisais seule dans ce tombeau »*. Voilà (avant l'heure ?) une histoire qui ressemble diablement à une histoire de vampire.

Que contient le Graal ? Le sang du Christ que Joseph d'Arimathie a recueilli lors de la descente du corps de la croix... Or, le Christ a ressuscité. Donc, boire de ce sang rend éternel.

Voilà donc la question. La légende part des morts-vivants qui viennent hanter leurs proches, parfois les dévorer. D'abord, ce sont simplement des monstres. Puis, ces non-morts étant éternels, il faut bien y trouver une explication merveilleuse. La quête du Graal l'apporte : le sang rend éternel. Ce sang est dans un chaudron (la féminité) et coule de la lance (la masculinité) ; le sexe entre également dans la légende du vampire grâce à la légende arthurienne. Puis, une sombre affaire politique développe ces thèmes à propos d'un chef de guerre et seigneur de Valachie. Nous arrivons ainsi à Dracula.

Terreur de la mort, christianisme et légende du Graal, personnages historiques terrifiants, tous ces ingrédients mélangés par l'écrivain dans le vaste chaudron de la création, donnent le mythe merveilleux du vampire. La fascination qu'il exerce a produit le mot « vamp », tiré de vampire, et qui désigne une femme dont l'attrait est irrésistible.

Voilà pourquoi on ne s'en lasse jamais : le mythe prend sa source au fond même de notre culture.

Et c'est pourquoi le cinéma s'en est bien vite emparé.

Le premier film de vampires a été réalisé par Georges Méliès en 1896. Ce film s'appelait *Le Manoir du diable*. Puis, l'honneur viendrait aux Américains avec *The Vampire Dancer* d'Ingvald C. Oes en 1912 et *The Vampire* de Robert Vignola en 1913. Les Français ont également commencé tôt, en 1916, avec le feuilleton cinématographique de Louis Feuillade : *Les Vampires*, dans lequel, d'ailleurs, il n'y a pas à proprement parler de vampires. Voyons ce qu'en dit Louis Aragon dans *Projet d'histoire littéraire contemporaine* : « *Tout ce qui tou-*

chait proprement à la guerre, tout ce côté « Illustration », cet exhibitionnisme de l'horreur, nous répugnait si fortement que je ne crois pas mentir en disant que jamais la guerre ne fut loin des cœurs des jeunes gens qu'en ces jours qu'elle dominait les adultes. Ce qui nous attirait, c'était ce dont nous privait une morale imposée, le luxe, les fêtes, le grand orchestre des vices, l'image de la femme aussi, mais héroïsée, sacrée aventurière. Il y a un document précis de cet état d'esprit, c'est à lui que je veux en venir. L'idée que toute une génération se fit du monde se forma au cinéma, et c'est un film qui la résume, un feuilleton. Une jeunesse tomba tout entière amoureuse de Musidora, dans "Les Vampires".
« C'était l'œuvre d'un piètre metteur en scène, Louis Feuillade, qui s'est depuis cette époque signalé par la nullité de sa production. [...] Mais d'admirables acteurs, et le choix d'un sujet qui tombait par hasard à pic, à cette époque, firent de ce qui aurait pu être une platitude, l'une des épopées qui marquèrent, plus vivement que la Marne ou Verdun, l'esprit de quelques hommes. [...]... Voilà qui posait pour la première fois d'une façon grandiloquente et manifeste le problème intellectuel de la vie qu'on a voulu depuis réduire à quelques petits cas littéraires : Leibniz, Rimbaud ou Barrès. Il était facile de généraliser du cas de Moreno ou

Irma Vep[6] à celui de toute créature humaine : l'impossibilité d'éviter la catastrophe terminale. [...] Et pour rendre plus exaltante cette constatation, cet enthousiasme défendu, les journaux dénonçaient le cinéma "école du crime".

« À cette magie, à cette attraction, s'ajoutait le charme d'une grande révélation sexuelle »...
Cette longue citation d'un écrivain que l'on n'a pas l'habitude de voir écrire sur ce thème constitue une très bonne introduction à cette réflexion sur le cinéma et les vampires. Car que traite le film de vampire, sinon de sexe et de mort ?

Après quelques autres films moins connus, Murnau réalisa en 1922 son *Nosferatu*, film qui fait l'objet d'une étude au chapitre *Zoom sur des chefs-d'oeuvre*.

C'est en 1931 que commence la très grande carrière de vampire du comédien Bela Lugosi, désormais irremplaçable dans le rôle de Dracula. Le superbe réalisateur Tod Browning voulait tourner *Dracula* avec son acteur préféré Lon Chaney, interprète célèbre du *Fantôme de l'opéra* et de nombreux autres films de Browning. Hélas pour lui, Lon tomba malade d'un cancer des bronches, et, heureusement pour lui, ce fut Bela Lugosi qui fut choisi. Bon début de carrière pour un vampire ! D'autant

---

[6] L'actrice Marguerite Moreno, épouse de Marcel Schwob – Irma Vep, anagramme de vampire.

plus que ce Dracula-là fit une grande carrière commerciale, débuts prometteurs du personnage. Il fut adapté de la pièce d'Hamilton Deane, d'après le roman de Bram Stoker. Tod Browning réalisa ensuite son fameux *Freaks* (*La monstrueuse parade*), un des meilleurs films fantastiques que j'aie jamais vu (voir également au chapitre *Zoom sur des chefs-d'oeuvre*)...

Au début du parlant, Bela Lugosi, très bavard d'autant qu'il jouait déjà ce rôle au théâtre, interprète un vampire dandy et séducteur de ces dames. On connaît bien cette image du Dracula élégant et séducteur, d'une séduction mortelle (cela se lisait dans ses yeux...). Ce film de Browning est décevant, malgré le succès qu'il obtint auprès du public, contrairement à *Freaks*. L'histoire du roman de Stoker a été modifiée, car c'est Reinfield qui revient avec Dracula (Jonathan n'y va pas) et le comte est tué, le cœur percé, à Carfax Abbey : il n'y a donc pas de poursuite jusqu'en Transylvanie, le film de Murnau est passé par là... Avec ce rôle qu'il interpréta de nombreuses fois, Lugosi devint un mythe vivant. Si bien qu'on dit qu'à la fin de sa vie, il s'y crut et dormait seul dans un cercueil... Mais ce n'est qu'une légende. Revers de la médaille, ce grand acteur ne put se réaliser vraiment dans un autre rôle... Lugosi joua encore le vampire dans *La Marque du vampire* de Browning ; *The Devil Bat* ; *Le retour du vampire* ; etc. jusqu'à son dernier film en 1956 : *The Black Sleep*. Il meurt lors du tournage du film *Plan 9 from outer space* (1959) d'Ed Wood, film qualifié *« de plus mauvais film de l'histoire du cinéma »*. (Voir le film de Tim Burton : *Ed Wood* – 1994). Dans ses débuts en Europe, il tourna dans *Der Januskopf* (1920), une adaptation par Murnau, du *Dr Jekyll et Mr Hyde* de Stevenson. On se souvient également de lui dans le rôle du docteur Mirakle dans *Double assassinat dans la rue Morgue* de Robert Florey (1932). Ce film, très librement adapté de la nouvelle d'Edgar Allan Poe, traite également de problèmes de sang. L'abominable professeur Mirakle enlève les charmantes jeunes filles pour leur transformer le sang afin qu'elles puissent s'accoupler avec un grand singe intelligent et faire des petits. À la fin du film, après la mort de l'affreux professeur, le singe emporte la jeune fille sur les toits. Introduction au célèbre *King Kong*, réalisé en 1933 par Cooper et Schœdsacki ?

Désormais, le comte Dracula commence une carrière grandiose. Mais, il n'est pas le seul vampire à posséder les écrans et l'esprit des spectateurs.

Dès l'année suivante, le *Vampyr* de Carl Dreyer (*Der Traum des Allan Gray* : *le rêve d'Allan Gray*) se place à la hauteur du *Nosferatu* de Murnau. Gray découvre le vampirisme dans un vieux château où l'a emmené un vieil homme mourant. *Vampyr* se regarde comme un cauchemar éveillé. Notons d'abord que le prénom du personnage principal varie : dans les versions anglaise et française, Gray se prénomme David, dans les versions allemandes et danoises, il se prénomme Allan, alors que dans le scénario, son prénom était Nikolas. C'est le premier film parlant de Dreyer qui en attribue le scénario à deux nouvelles de Sheridan Le Fanu. Or, quand on connaît ces deux textes de l'écrivain irlandais, on ne trouve pratiquement aucun rapport avec le film ! Il ne fait aucun doute que ce film est une totale création de Dreyer et de lui seul. Alors pourquoi n'ose-t-il pas avouer que c'est lui-même qui a inventé cette histoire ? Le cinéaste répondra lui-même, plus tard dans son autobiographie : *« Avec Vampyr, je voulais créer sur l'écran un rêve éveillé et montrer que l'effroyable ne se trouve pas dans les choses autour de nous, mais dans notre propre subconscient. Si un événement quelconque a provoqué en nous un état de surexcitation, il n'y a plus aucune limite aux inventions de notre imagination ni aux interprétations insolites que nous conférons aux choses réelles qui nous entourent. »* D'ailleurs l'affirmation brutale de la censure de son surmoi sur son inconscient a conduit Dreyer, un an après la sortie de son film, à une grave crise psychologique nécessitant une hospitalisation psychiatrique. Cette analyse de l'œuvre lui donne incontestablement le statut de fantastique, même si ce film d'épouvante ne nous épouvante guère, mais nous dérange au plus profond. Le flou qui met encore mieux en valeur le noir et le blanc, flou provenant d'un mauvais tirage de la pellicule que Dreyer a voulu néanmoins conserver, la bande-son qui ne produit pas de rupture avec les films muets précédents, l'ambiance onirique en fait un film d'avant-garde selon la revue Film-Kurier de l'époque qui ajoute : « *Dans le monde réel du récit, Dreyer fait entrer le sentiment de l'irréel, qui dissout l'espace et le temps. Il bat tous les surréalistes français.* » Cette incursion des images dans l'inconscient du spectateur le conduit, dans certains cas à une réaction violente de rejet, ce qui n'a pas manqué de se produire à la première sortie du film à Berlin en 1932.

En 1935, Tod Browning récidive avec *La Marque du vampire*. Des images très fortes dans un cadre très gothique font croire jusqu'au bout à l'existence du vampire qui hante les lieux avec sa fille, vampire elle aussi. Mais, tout cela n'était qu'un coup monté pour découvrir un assassin ! Quelle déception à la fin où l'on découvre que Bela Lugosi joue son propre rôle de... comédien qui joue le vampire. On sent que cette fin a été rajoutée, le scénario modifié au dernier moment. D'ailleurs, remarquez que la tempe du vampire porte une plaie sanglante. Le film n'explique pas que cette plaie est le résultat du suicide d'un père qui venait de tuer sa fille après l'avoir violée ! Ce père est devenu un vampire et sa fille aussi. Pourquoi cet épisode terrifiant du scénario n'a pas été retenu alors que le maquillage de l'acteur subsiste ?

Le cinéma américain a poursuivi sa production de films de vampires pendant la guerre, à raison de sept films. Le mort-vivant aux dents acérées continue à envahir les écrans sans laisser de grands souvenirs jusqu'à la très productive période anglaise de la Hammer Films qui consacra un autre interprète célèbre de Dracula : Christopher Lee. Cette société de production fut fondée en 1950 par James Carreras et Anthony Hines, au départ pour la télévision. Leur premier film *Le Monstre*, très lovecraftien, raconte la mésaventure d'un astronaute revenu sur terre, seul survivant de l'expédition et se transformant petit à petit en monstre en absorbant toute matière vivante située à sa portée. Devant le succès du téléfilm, ils en firent un film pour le cinéma appelé : *X l'inconnu*, D'où l'idée d'occuper le terrain du fantastique dans le cinéma...

Terence Fisher réalisa en 1958 : *Dracula* (*Le Cauchemar de Dracula* en Français ; pourquoi le cauchemar ?) avec notre inimitable Christopher Lee. Suivi en 1961 des *Maîtresses de Dracula* toujours par T. Fisher et avec C. Lee, puis, en 1964, *Dracula prince des ténèbres*, toujours par le même et avec le même.

Ce dernier film commence par la fin de *Dracula* : il meurt lorsque son bourreau ouvre les rideaux du château pour laisser entrer la lumière (décidément, Murnau fut bien plus imité que Stoker en ce qui concerne la fin du vampire...) Puis, Van Helsing (ici un moine...) raconte comment les gens de la contrée combattent les vampires. Une jeune vampire est exorcisée par le pieu. Des voyageurs innocents passent par là. Une voiture vide les incite à y monter à la tombée de la nuit. Ils sont amenés au château de Dracula. Il est mort, soit ! Mais il suffit d'un peu de sang (beaucoup) versé dans son cercueil pour qu'il reprenne forme et... vie (si l'on peut dire !) Pour obtenir ce résultat, le domestique assomme un voyageur, le pend par les pieds au-dessus du cercueil et le saigne. On entend le sang couler à flots. Une forme se dessine et une main émerge de la caisse... Les aventures commencent. Reinfield, oublié dans le premier film (Christopher Lee le regrettait) fut introduit dans le scénario. C'est lui, recueilli dans un monastère, qui fera entrer le vampire et la jeune voyageuse vampirisée... Bref, le comte ne mourra, cette fois, ni par le pieu, ni par les rayons du soleil, mais par l'eau, car les balles tirées par le moine casseront la glace sur laquelle le vampire se tient ; il s'enfoncera dans l'eau claire des douves du château, ce qui, paraît-il, fait mourir les vampires. Tous les *Dracula* de la Hammer commencent par la fin du précédent, la mort du vampire, puis, ce dernier renaît...

Le Masque du démon (1960) de Mario Bava utilise une histoire de vampires comme prétexte à une angoissante péripétie gothique. (Voir au chapitre des chefs-d'œuvre)

En 1964, un film reprend l'idée du roman de Richard Matheson, *Je suis une légende* (*The last man on earth*) de S. Salkow. Le héros est

le seul être humain restant sur la terre où tous les autres sont devenus des vampires. Puis, Roman Polanski semble tenter de clore définitivement la fiction du vampire au cinéma en le ridiculisant avec son *Bal des vampires* (1967). Ce projet (que je lui prête) est raté, mais le film est superbe !
Ensuite, nous entrons dans une période nouvelle avec le *Dracula* de John Badham, en 1979, avec Franck Langella dans le rôle du vampire charmant et séducteur. Cette fois, le bateau qui transportait son cercueil fait naufrage aux abords de Whitby. Dracula est sauvé par Mina qui le découvre, échoué sur la plage... l'histoire recommence. Les personnages sont tout inversés par rapport au roman : Lucy, la fiancée de Jonathan Harker, est la fille du docteur Seward et, Mina, première à être vampirisée (et exorcisée dans un souterrain du cimetière) est la fille de Van Helsing, personnage un peu ridicule. Le réalisateur semble vouloir jouer sur le complexe d'Œdipe pour mieux déranger. Frank Langella n'est pas très crédible en Dracula... Cette année-là, Werner Herzog réalise son *Nosferatu*.

Francis Ford Coppola, lui, déclare respecter le scénario du roman de Stoker avec son *Dracula* (1993). Il fait perdre tout mystère au mythe en apportant en début de film une explication sur l'état de vampire du comte dont il fait une victime, un amoureux vivant son éternel amour en non-mort éternel. Et, s'il s'intéresse à Mina, c'est qu'elle est la réincarnation

d'Elisabeth, son premier amour (Coppola a-t-il choisi volontairement le même prénom que celui de la fiancée du docteur Frankenstein ?). Le romantisme y gagne, mais le fantastique y perd. On voit bien, dans ce film, l'influence d'un écrivain comme Fred Saberhagen qui a fait de Dracula un personnage positif, une victime et un justicier (*Un vieil ami de la famille*). Le comte Dracula n'est pas le seul représentant de la gente vampire au cinéma. Nous avons déjà parlé de *Vampyr* et de *La Marque du vampire*, *Entretien avec un vampire*, en essayant de renouveler le genre, ne fait que l'affadir en un banal film d'action, enlevant tout mystère au vampire. Je préfère nettement un film plus ancien, le très beau *Aux Frontières de l'aube* (1981) de Kathryn Bigelow. Le jeune Caleb, par une chaude soirée de fin d'été, drague une belle jeune fille. Cédant à son insistance, elle l'embrasse et lui mord le cou (« *Quel baiser !* » s'exclame-t-il subjugué...). Il deviendra donc un vampire, enlevé par une bande de vampires, horde sauvage qui tue pour vivre éternellement. Mais Caleb ne veut pas tuer. Il refuse son état de vampire. Dans une des premières scènes, inspirée du *Dracula* de Stoker, quand le comte dit à Jonathan : « *Vous les entendez ? Ce sont les enfants de la nuit...* », la jeune vampire admire la nuit :
— *La nuit, elle est noire et elle brille... Elle va t'aveugler...*
— *Je ne vois rien*, répond Caleb.

— *Écoute ! Tu entends !*
— *Non, je n'entends rien du tout.*
— *Écoute bien ! Tu entends la nuit, c'est assourdissant !*

Très beau dialogue dont la noire poésie annonce la nature monstrueuse de la fille. À propos de ce film, on parle souvent du trucage de la scène de la combustion du jeune vampire. Je préfère mettre en avant la scène dans le bar qui devrait être inscrite dans l'anthologie du cinéma. Elle reprend le rock et la violence de *Graine de violence* (Richard Brooks – 1955) pour exacerber l'idée que ces vampires sont, comme certains délinquants, de véritables parasites qui se nourrissent de nous. Dans ce lieu clos, ce qui fait horreur, c'est que les victimes sont immédiatement averties de leur sort, inéluctable malgré leur volonté de lutter. Le remplissage du verre avec le sang de la serveuse égorgée, remplissage qui se fait pour une part hors champ, place bien le thème des vampires à notre époque moderne au cours de laquelle on boit dans un verre, même du sang. On peut être un tueur sauvage, mais être civilisé. Sévéren, le vampire en blouson noir, tee-shirt taché de sang et lunettes noires, avant de mordre le cou d'un consommateur du bar, déclare : « *Ah ! ça me dégoûte ces mecs qui sont pas rasés* », puis croque la veine jugulaire, absorbe le sang et rote bruyamment. Cette scène du bar, composée de plusieurs plans-séquences, qui commence par un rythme lent pulsé par le rock des Comets, est une scène de pure terreur. Plus tard, une autre scène frappe les esprits. Les vampires craignent la lumière du soleil. Dans leur bungalow ils sont encerclés par la police qui tire, mitraille vers eux. Dans la chambre rendue obscure par les rideaux, les trous des balles lancent de multiples traits de lumière qui blessent cruellement les vampires alors qu'ils ne craignent pas les balles. Ce magnifique film est gâché par la fin un peu niaise... Happy end oblige ? *Vampires* de John Carpenter est de la même qualité. Je vous renvoie à ma critique dans le chapitre sur les films. Enfin en fin de siècle et début du troisième millénaire c'est le chasseur de vampires qui devient le héros du cinéma. Dans la série des *Blade,* le chasseur est lui-même demi-vampire et s'attaque à des races de vampires de plus en plus évoluées. Dans tous ces films, comme *Underworld* aussi, les combats sont très violents et très acrobatiques.

Les femmes vampires ont aussi enchanté les amateurs. D'abord, l'héroïne de Joseph Sheridan Le Fanu : *Carmilla* a été portée de nombreuses fois à l'écran, notamment par Roger Vadim dans : *Et Mourir de plaisir* en 1960 ; je n'ai pas vu le film n'étant pas spécialement attiré par ce cinéaste, même quand il traite du problème des vampires. Mais il y a aussi (de loin) *Vampyr* de Dreyer, *The Vampire Lovers* de R. W. Baker, etc. Rappelons que *Carmilla* fut une des sources d'inspiration de Stoker pour son *Dracula*.

Si le saphisme vampire peut exciter notre imagination, les horribles manies de la comtesse Erzébeth Bathory, véritable vampire humain qui a existé en... Transylvanie ont aussi inspiré le cinéma. En 1970, le cinéaste belge Harry Kumel s'inspira de la sanglante comtesse interprétée par la grande Delphine Seyrig, dans son film *Les Lèvres rouges*. Ce réalisateur a créé également un superbe film à partir du chef-d'œuvre de Jean Ray : *Malpertuis* (1972). *Les lèvres rouges* conte les exploits vampiriques de la comtesse. Il commence par une superbe scène d'amour dans un train-couchette et finit par la mort définitive de la comtesse, éjectée de sa voiture (cela se passe à notre époque, la comtesse étant parvenue jusqu'à nous grâce à son vampirisme) elle s'empale sur le piquet d'une clôture du bord de la route. Le réalisateur Borowczyk narre également ses aventures dans ses *Contes immoraux*.
Enfin, dans le domaine du vampire femme, ici irremplaçable avec sa beauté glaciale, Catherine Deneuve, dans *Les Prédateurs* de Tony Scott, joue plutôt avec David Bowie le rôle d'une "sérial killer" qui boit leur sang et mange ses victimes. (1983) Seule la fin est véritablement vampirique lorsqu'on s'aperçoit que tous les compagnons de la vampire, depuis des siècles et des siècles, ne cessent de mourir, infiniment, dans de nombreux cercueils empilés dans le grenier. David Bowie y était déjà installé lorsque la nouvelle compagne de

la vampire (Sarah, médecin qui lutte, justement, contre le vieillissement...) le rejoindra dans l'agonie éternelle. Les premières images du film montrent deux singes qui se dévorent vivants... *Innocent Blood* présente une gentille vampire (interprétée par Anne Parillaud) en lutte contre une bande de gangsters-vampires et leur chef qu'elle a elle-même vampirisé (1992).

Werner Herzog a fait des émules dans l'allégorie politique à partir de l'action du vampire. En 1972, l'allemand H. W. Geissendorfer réalise : *Jonathan (le dernier combat contre les vampires)*. Là, Dracula est carrément assimilé à Hitler. Les premières scènes montrent la perquisition grossière des agents du vampire chez un opposant, manières assimilables à celles de la Gestapo. Le nazisme n'avait-il pas fasciné certains par son sadomasochisme (voir le film *Portier de nuit*) ? Le film de Paul Morrissey, *Du Sang pour Dracula* (1974), lance également un message politique. Le comte Dracula, fatigué et usé, ne peut survivre qu'en suçant le sang des vierges. Il se rend en Italie (où il croit qu'elles sont plus nombreuses) et s'installe dans une famille dont la mère veut lui offrir une de ses filles en mariage. Hélas ! le domestique de la maison, un beau jeune homme (d'opinion nettement communiste), les a toutes déflorées... Et, finalement il exécutera Dracula, mettant ainsi fin au règne du saigneur...

Le cinéaste canadien David Cronenberg renouvelle complètement le mythe avec son film *Rage* (1976) dans lequel une jeune femme qui a subi une greffe de la peau et une transfusion sanguine se transforme physiquement et ne peut que se nourrir de sang à l'aide d'un appendice nouveau qui lui a poussé sous le bras et qui ressemble à un phallus... Elle pompe le sang de ses victimes en les serrant dans ses bras... En le faisant, elle leur transmet une rage contagieuse. En parlant de son film, David Cronenberg a déclaré : « *Je me souviens avoir vu le Dracula de la Hammer quand j'étais gosse. Ils avaient accentué à fond les éléments sexuels... J'étais très ému par cette découverte.* »
L'actualité politique, dans la fin des années quatre-vingt, se chargea de remettre sur scène le pays des vampires. Les évènements de Roumanie de l'hiver 1989 : l'effondrement d'un régime épouvantable, les scènes (aujourd'hui nous savons qu'il s'agissait, justement, de mise en scène) des cadavres de Timisoara, l'exécution médiatisée des époux Ceausescu, tout cela, par l'intermédiaire du petit écran de la télévision, a remis au goût du jour les histoires de vampires, car ces images étaient vues au travers de l'inconscient collectif porteur du Dracula, "autorité" (un comte, un seigneur, un saigneur) qui pompe notre énergie psychique, Ombre Jungienne du Moi. Cela me rappelle une pitoyable tentative allant dans ce sens avec un film télé réalisé par Stuart Gor-

don, *La Légende des ténèbres* (1989), dans lequel joue Anthony Perkins. L'action se passe en Roumanie, sous le régime de Ceaucescu. Les vampires sont installés dans les caves d'immeubles de Bucarest. Ils ne sucent pas le sang en perçant les veines avec leurs dents, mais avec l'extrémité de leur langue... La peste brune est devenue rouge.

Puis, il nous faut bien aussi en parler, nous avons du mauvais : en 1986, Tobe Hooper réalise *Les vampires de Salem* d'après un roman de Stephen King (le vampire est carrément copié sur Nosferatu...) ; du bien meilleur avec, en 1987, *Vampire vous avez dit vampire* ? de Tom Holland et sa suite réalisée en 1988.

The Addiction (1996) d'Abel Ferrara, mets le discours philosophique au service du vampirisme dans un film en noir et blanc, mais pas un noir et blanc contrasté comme dans les films expressionnistes, un noir et blanc tout en grisailles comme *Vampyr* (1932) de Carl Th. Dreyer.

Enfin, nous avons pu nous régaler avec *Vampires* (1997) de John Carpenter, *Blade* (1998) de Stephen Norrington (et ses suites), *Underworld* (2003) de Len Wiseman, *Van Kelsing* (2004) de Stephen Sommers.

Le vampire est un mort-vivant, il y a donc toutes les histoires de morts-vivants... Aucune n'a encore égalé le fameux film (aujourd'hui mythique) de George Romero : *La Nuit des morts-vivants*, réalisé en 1968 (voir chapitre des chefs-d'œuvre). On s'éloigne des vampires, mais c'est un très grand film en noir et blanc. Lors de la séance au CNP de Lyon où je suis allé le voir à sa sortie, j'y ai vu un vampire parmi les spectateurs : un homme, les yeux exorbités, voyait ce film pour la septième fois ! Alors qu'à moi, il était apparu comme insoutenable la seule fois où je l'ai vu. (Je me suis endurci depuis...)

Enfin, il y a les films dans lesquels on parle de vampires ou de quelque chose d'approchant comme dans *Histoires de fantômes chinois*, très beau film chinois. Dans *Predator*, le monstre invisible qui extermine les soldats dans la jungle n'est-il pas un peu vampire ? Et le psychiatre cannibale du *Silence des agneaux*, magistralement interprété par Anthony Hopkins (qui interprétera Van Helsing dans le Dracula de Coppola), n'est-il pas également un vampire ?

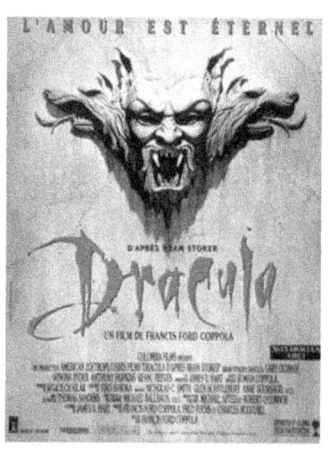

Dracula : portrait des principaux protagonistes du roman

Jonathan Harker

Vient de réussir son examen de "solicitor" (mélange de notaire et d'avoué) et travaille au cabinet de Peter Hawks. Celui-ci l'envoie chez le comte Dracula en Transylvanie, dans les Carpates. Ce dernier veut acquérir une propriété à Londres : le domaine de Carfax.
"Carfax est une forme corrompue du vieux français : quatre faces. La maison tourne chacun de ses côtés en direction d'un point cardinal.
Maison moyenâgeuse jouxtant une ancienne église. Cette maison se trouve à proximité d'un asile d'aliénés (celui de John Seward).
Voici comment Peter Hawks décrit Jonathan dans une lettre adressée au comte Dracula : "Il s'agit d'un jeune homme, débordant d'énergie et de talent, à sa manière, et dont les dispositions ne sont plus à prouver. Il est discret, presque taciturne et a, sans exagération, grandi dans mon service."
Jonathan est, en effet, un jeune intellectuel qui a un solide estomac.
Lors de son voyage vers le château du vampire, ses repas sont pour le moins lourds à digérer.

À Klausenburg, après avoir "soupé" d'un poulet au poivre rouge (paprika hendl) qui lui donne soif toute la nuit, il prend, au petit déjeuner : "mamaliga" (sorte de porridge au paprika) et des aubergines farcies ("délicieuses, appelées impletata").
Il avale tout en vitesse (!) pour aller prendre le train...
À Bistritz, au pied du col de Borgo (où la voiture du comte viendra le chercher) qui mène en Bukovine, pays de Dracula, il mange (toujours le soir !) : le steak du brigand ("lard, oignon et bœuf, assaisonnés de poivre rouge, piqués sur des bâtonnets et rôtis à la flamme") arrosé de vin (Madiash Doré). Cela n'est pas étonnant qu'il dorme mal !
Par contre, il ne boira pas la "slibovitch", alcool de prune assez fort que lui propose l'infernal cocher de Dracula, en réalité le comte lui-même.
Arrivé au château, il y sera séquestré par Dracula et les trois femmes vampires, composant le harem du comte, essaieront de le vampiriser.
Pendant la journée, Jonathan est suffisamment courageux pour escalader le mur du château et aller dans la crypte où repose le vampire dans son cercueil plein de terre. Il réussit à s'évader.
Recueilli par des nonnes, il épouse sur son lit d'hôpital à Budapest, Wilhelmina (Mina) Murray le 24 août (l'année n'est jamais précisée).

Mina a laissé seule son amie Lucy pour rejoindre son fiancé.
À leur retour, Jonathan prend la succession de son patron après son décès.
À la fin, aidé de Quincey, il exécutera Dracula qui fuit vers son château, en présence de Mina qui est sous l'influence du vampire, de ses amis John Seward et Arthur Holmwood et du professeur Van Helsing.

Le comte Dracula

Au XVème siècle, le comte Dracula repoussa les Turcs, "franchit le Danube pour aller battre le Turc sur son propre terrain."
Il déclare lui-même à Jonathan : "Nous, les Szeklers, (...) dans nos veines coule le sang de maintes races courageuses. Les tribus engriennes d'Islande, les Huns ; le sang d'Attila coule dans ces veines."
Van Helsing raconte son histoire au fur et à mesure du déroulement de l'action.
"Le voïvode Dracula a gagné son surnom pendant la guerre contre les Turcs.
On l'a considéré comme un homme supérieurement intelligent, rusé, comme le plus vaillant des fils habitant le pays "par-delà la forêt". Cet esprit supérieur et cette résolution que rien ne peut ébranler, il les a emmenés dans la tombe.
(Les Dracula) auraient appris des secrets infernaux à Scholomance, parmi les montagnes qui dominent le lac d'Hermanstadt où le diable

estime détenir des droits sur un dixième de ses disciples.
Un esprit supérieur, une érudition au-delà de toute comparaison, un cœur qui ne connaissait pas plus la peur que le remords."
Et voici comment Jonathan le décrit lorsqu'il le voit pour la première fois : "Son visage donnait une impression de force, avec son nez fin aquilin, des narines particulièrement larges, un front haut et bombé, des cheveux qui se clairsemaient aux tempes, mais, ailleurs, épais et abondants. Les sourcils, massifs, se rejoignaient presque à l'arête du nez et paraissaient boucler, tant ils étaient denses.
La bouche, pour autant que je puisse l'entrevoir sous l'épaisse moustache, présentait quelque chose de cruel, sans doute en raison des dents éclatantes et particulièrement pointues. Elles avançaient au-dessus des lèvres elles-mêmes dont le rouge vif soulignait une vitalité étonnante chez un homme de cet âge. Les oreilles étaient pâles et se terminaient en pointes. Le menton paraissait large et dur et les joues, malgré leur maigreur, donnaient toujours une impression d'énergie. L'impression générale était celle d'une extraordinaire pâleur.
"Étrange constatation aussi, je remarquais des poils au milieu des paumes.
"Le comte a l'haleine fétide..."
Et Van Helsing, presque à la fin du roman, alors que les héros poursuivent le monstre, explique en détail ses forces et ses faiblesses :

"Nosferatu (c'est-à-dire Dracula) ne meurt pas comme l'abeille, dès qu'il a frappé. Bien au contraire, son forfait accompli, il est plus fort encore, dispose d'une puissance accrue pour perpétrer le
mal.
"Il tire aussi de nombreuses ressources de la nécromancie, soit... la divination par le biais des morts.
D'ailleurs, tous les morts dont il peut s'approcher s'inclinent devant lui et se mettent à son service. Il est brutal... Il est vicieux... "Dans certaines limites... il peut apparaître où il veut et sous la forme qu'il désire. Il peut aussi se rendre maître de certains éléments – la tempête, le brouillard, le tonnerre. Il peut commander à des créatures inférieures...
"Il peut grandir et se rapetisser...
"Il continue son existence aussi longtemps qu'il peut se gorger du sang des vivants.
"Mieux... il rajeunit, reprend des forces.
"... il ne projette pas d'ombre... et... ne se reflète pas dans le miroir... Il peut se transformer en loup. Il peut prendre la forme d'une chauve-souris.
Dans les rayons de lune, il arrive sous forme de grains de poussière... Il peut voir dans le noir.
"Il ne peut pas entrer spontanément quelque part : quelqu'un doit en effet l'inviter à entrer dans la maison. Dans la suite, nul ne pourra l'empêcher d'entrer. Ses puissances cessent... au moment du jour.

"Certains éléments l'indisposent au point de lui arracher tout pouvoir:... l'ail... (le) crucifix... Une branche de rosier sauvage posée sur son cercueil lui interdit de quitter sa tombe..."
Le jour, il dort allongé dans un cercueil plein de terre. La nuit...
Il vit, très vieux, dans un château en compagnie de trois femmes vampires qui se matérialisent dans les rayons de lumière blafarde de la lune. Il rampe le long des murs comme un lézard.
Alors que Jonathan est prisonnier dans son château, Dracula se fait emmener par des Tziganes jusqu'au port de Varna où il embarque sur un navire russe. Tout l'équipage meurt pendant le voyage. Le bateau accoste à Whitby (Angleterre). Lui et ses caisses de terre - dans l'une d'entre elles, il dort - sont livrés à Londres dans la maison de Carfax par une société de transports.
Lors de son court séjour à Whitby, il commence à vampiriser Lucy profitant de ses crises de somnambulisme.
"Dans l'esprit d'enfant qui est le sien, déclare Van Helsing, il avait depuis longtemps conçu l'idée de venir dans une grande ville... Il est venu à Londres envahir un pays nouveau."
Le comte Dracula meurt, une épée enfoncée dans le cœur et la tête coupée par Jonathan et Quincey.

Wilhelmina Murray, puis, épouse Harker (Mina...)

C'est, au début, la fiancée de Jonathan, puis son épouse. Le personnage principal du roman, après Dracula.
Elle étudie assidûment la sténographie pour aider Jonathan dans son travail.
Cela lui servira à rédiger son journal, nœud principal, articulation du roman.
Elle attend le retour de Jonathan (qui se trouve chez Dracula), assise au milieu des tombes des marins face à la mer, à Whitby où elle s'est rendue avec Lucy. Un vieil ivrogne lui raconte que presque toutes les tombes sont vides, car les marins sont morts en mer.
Elle épouse Jonathan à Budapest.
Dracula la vampirise (contre son gré, contrairement au scénario du film de Coppola) en s'introduisant dans l'asile du Dr Seward où elle loge alors avec son mari et tous ses amis, chasseurs de vampire. C'est Renfield qui invite Dracula à entrer.
Une hostie posée sur son front par Van Helsing y laissera une brûlure indélébile, signe de l'état de vampire qui envahit petit à petit la jeune femme. Cette cicatrice disparaîtra après la vraie mort de Dracula.
Elle manifeste une volonté farouche de ne pas se laisser emporter par l'esprit du vampire en fuite vers son château. Elle demande à Van Helsing de l'hypnotiser pour qu'elle dise ce que fait Dracula ; mais, par la même occasion, celui-ci apprend les faits et gestes des hommes

qui le pourchassent. Ils doivent alors tenir Mina ignorante de leurs plans.
En épilogue, elle aura un enfant de Jonathan et Van Helsing dira :
"Ce gaillard saura un jour quelle mère courageuse il a ! Déjà, il connaît sa tendresse et son amour.
Plus tard, il comprendra que plusieurs hommes l'ont aimée au point d'oser, pour son salut, ce qu'ils n'auraient jamais osé autrement."
C'est vrai, la courageuse Mina méritait bien cela, plutôt que l'horrible amour de Nosferatu, comme l'a inventé Coppola dans son film, affadissant plutôt que modernisant le thème développé par Murnau en 1922.

Lucy Westenra

Très belle et douce jeune femme. Très séduisante. Amie de Mina Murray.
Courtisée par trois hommes qui l'ont demandée en mariage le même jour : le docteur Seward, Quincey P. Morris et Arthur Holmwood.
C'est ce dernier qui aura sa préférence... Les trois hommes sont très amis.
Mina parle souvent de son amie dans son journal : "Lucy, ce jour, (le 1er août) paraissait merveilleusement charmante, avec sa robe de baptiste blanche ; depuis qu'elle est ici, elle a pris un teint superbe...
"D'ailleurs, elle est d'une gentillesse telle...

"Lucy est si douce, si sensible qu'elle ressent certaines influences avec plus d'acuité que les autres." (Ce n'est pas la Lucy, belle putain, du film de Coppola...)
A Whitby, lors de son séjour avec Mina, elle reprend ses crises de somnambulisme à l'approche de Dracula dans son bateau.
Elle se fait vampiriser la première fois au cimetière de Whitby qui fait face à la mer. Cardiaque, sa mère qui dormait avec elle pour l'accompagner dans son sommeil agité meurt lors d'une visite de Dracula. Pour tenter de sauver Lucy exsangue, tous les hommes lui donnent de leur sang par transfusion (bon appétit Dracula !)
Plus tard à Londres, elle deviendra vampire elle-même. Elle sera exorcisée dans sa tombe par ses trois amoureux et le Dr Van Helsing : pieu enfoncé dans le cœur (et laissé planté) et tête tranchée ; bouche bourrée d'ail.
Au pied de son cercueil, Van Helsing explique : "Un vampire l'a mordue quand elle était en état d'hypnose - crise de somnambulisme... Et quand elle était en transe, il pouvait, bien entendu lui sucer le sang avec plus de facilité ! Elle est morte en état d'hypnose et elle est toujours en état d'hypnose dans son état de non morte."
Après la séance d'exorcisme, John Seward la décrit : "Dans le cercueil ne gisait plus l'odieuse Chose que nous nous étions pris à haïr au point que l'anéantir était devenu un privilège pour celui que nous avions choisi,

mais bien Lucy telle que nous l'avions connue dans sa trop courte vie, avec son visage d'une douceur et d'une pureté sans égale."

Arthur Holmwood

Fiancé de Lucy depuis le 24 mai.
Absent de Londres pendant la vampirisation de la jeune fille, car il a été obligé de se rendre au chevet de son père mourant.
A la mort de son père et de Lucy, il revient pour participer à toutes les aventures de nos héros... Il devient Lord Godalming après le décès de son père. Sa richesse, ainsi que celle de ses amis, joue un très grand rôle comme le souligne Mina à la fin du livre, lors de la poursuite de Dracula : "Les voir agir m'a aussi fait réfléchir sur la merveilleuse puissance de l'argent ! Que ne peut-il, employé à bon escient ? Quelle menace, entre des doigts intelligents ! Je suis si heureuse que Lord Godalming soit si riche, de même que Mr Morris, et qu'ils dépensent tous deux aveuglément pour notre cause ! Sans leur générosité, notre petite expédition n'aurait pu partir si rapidement et si bien munie..."

Quincey P. Morris

Amoureux de Lucy qui ne partage pas cet amour.
C'est Lucy qui en parle le plus : "Un bien gentil garçon... Si jeune, si innocent qu'il est impossible qu'il ait déjà visité tant de lieux... Très bien éduqué et ses manières sont exquises..."
Et John Seward le décrit également : "Quincey Morris restait ce qu'il était : un flegmatique qui accepte tout, dans un esprit de froide détermination, bien que prêt au pire."
Cet Américain du Texas sera tué lors du dernier combat contre Dracula.

Docteur John Seward

Amoureux de Lucy qui ne partage pas cet amour.
Directeur de l'asile d'aliénés situé à côté de Carfax, il ne craint pas d'utiliser le chloroforme ("moderne Morphée", dit-il), pour se "calmer" quand cela va mal...
Lucy le décrit ainsi : "Un homme à la mâchoire puissante et au front haut... à la droiture exemplaire."
Il tente de soigner Lucy qui souffre d'un "mal" étrange.
Ami de longue date de Van Helsing. Un de ses patients est Renfield.

R.M. Renfield

Un patient du Dr Seward, interné dans son asile d'aliénés.

John Seward en parle souvent dans son journal enregistré au phonographe : "Tempérament sanguin, énorme force physique, terriblement excitable. Périodes de dépressions qui se terminent en idées fixes... Je l'appellerai un maniaque zoophage."

Il mange des mouches ; en attrape pour nourrir des araignées avec lesquelles il nourrit des moineaux. Comme Seward ne veut pas lui donner un chat (pour manger les moineaux) il finit par les manger lui-même et en fait une indigestion.

Il est subjugué par Dracula. Dans une scène très intense, très émouvante du roman, il tente de convaincre le Dr Seward et le Pr Van Helsing de le libérer le soir même quand Mina est hébergée dans les appartements du directeur de l'asile. Seward refuse, car Renfield ne donne pas d'explication rationnelle. Or, le malade mental sait que, subjugué par Dracula, il invitera celui-ci à entrer dans l'asile où il pourra alors s'occuper de Mina.

Il meurt, exécuté dans sa cellule par Dracula. (Cette scène est ridiculement westernienne dans le film de Coppola...)

Professeur Abraham Van Helsing

Parfois appelé professeur, parfois docteur. Il porte le même prénom que Stoker...
Autrefois, il fut sauvé de la mort par le docteur Seward. Il exerce à Amsterdam.
De nombreux personnages du roman le décrivent.
John Seward : "Au premier abord, cet homme semble très tyrannique, mais cette tyrannie est due au fait qu'il sait mieux que quiconque ce dont il parle.
"... C'est un philosophe, métaphysicien, un des hommes de science les plus avancés de cette époque, un de ces rares hommes qui, en dépit de son monstrueux savoir, ait gardé un esprit ouvert. Ajoutez à cela des nerfs d'acier, un tempérament que rien ne vient briser, une résolution indomptable, une maîtrise de soi, une tolérance sans pareille et enfin, un cœur d'or..."
Voilà un portrait bien plus flatteur que celui de Coppola qui fait de Van Helsing un gros bon vivant paillard. Il est vrai qu'il a fait aussi de Lucy une putain...
Appelé par Seward, Van Helsing se rend à Londres au chevet de Lucy.
Au tour de Mina Harker de faire son portrait : " C'était un homme de taille moyenne, bâti en force - larges épaules, poitrine puissante. La forme de son visage aussi bien que son allure désignent immédiatement un personnage débordant d'énergie et de vitalité. Tête noble

harmonieuse - elle frappe, vraiment. Le visage, rasé de près (le
Van Helsing de Coppola est toujours mal rasé...) présente un menton dur et carré, une grande bouche toujours en mouvement un nez assez droit, mais avec des narines sensibles, toujours palpitantes, qui paraissent s'ouvrir lorsque les sourcils broussailleux se rapprochent et que la bouche se ferme. Le front est haut et harmonieux ; il s'élève d'abord tout droit puis semble fuir entre deux protubérances assez éloignées l'une de l'autre. Un front tel que les cheveux roux ne peuvent pas retomber devant - aussi sont-ils tirés en arrière et sur les côtés. De grands yeux bleu sombre assez écartés l'un de l'autre, vifs, tendres ou durs selon l'humeur du personnage."

Il préparera la bataille contre le vampire en rendant "inhabitables" les nombreux cercueils pleins de terre que Dracula avait répartis en plusieurs lieux de Londres.

Organisera (avec l'aide de Mina en relation psychique avec Dracula) la poursuite et l'exécution du comte.

Van Helsing personnifie la connaissance au service de la lutte contre le mal...

Marie Céleste bateau maudit

Oui, les vaisseaux fantômes ont existé. On en trouve les preuves dans « le livre des navires perdus »...
Ce livre (un vrai livre en « chair et en os » si je puis dire...) est celui qui est tenu par la Lloyd's, célèbre compagnie d'assurance créée par Edward Lloyd, qui n'était pas du tout un grand capitaliste, mais un simple tenancier de Pub situé Tower Street à Londres. L'aventure commença en 1688. Ce type est devenu petit à petit, par passion de la mer et des marins, l'informateur et l'entremetteur officiel à propos des navires perdus. Et il ouvre ce fameux livre et engage même un clerc pour le tenir. Cet homme fut donc le premier à avoir eu l'idée de recenser les accidents et les drames de la navigation. Et il finit par créer cette célèbre institution qui existe toujours. Il meurt en 1713.
C'est donc dans ce livre que l'on prend connaissance des aventures de la *Marie Céleste.*
Ce brick-goélette de 282,28 tonneaux, de 31 mètres de long, fut dès le départ un bateau maudit. Un de ces bateaux qui sont, disent les marins, conduits par le capitaine *Davy Jones,* nom dont le diable était affublé par les gens de la mer. D'abord elle s'appela *L'amazone.* Suite à de nombreux accidents, elle finit par échouer sur l'île du Cap-Breton, fut renflouée et rebaptisé « Marie Céleste », en essayant ainsi de

conjurer le mauvais sort. Mais le Diable veillait et les malheurs continuaient.

Tout commença par une engueulade entre Briggs, le capitaine de la *Céleste* et son second Hullock. L'harmonium de la femme du cap'tain l'avait écrasée lors d'un roulis particulièrement violent et Briggs accusait son second... La démence de Briggs fut contagieuse, et un tribunal s'improvisa. Ils condamnèrent... l'harmonium à mort et le jetèrent à la mer. Le lendemain il arrive ce que craignent tous les marins : le vaisseau heurta une épave ! L'avarie fut minime et personne n'eut besoin de s'introduire dans les restes, ce qui évita d'y découvrir bien des horreurs qu'on découvre habituellement dans ce genre d'objet maritime. À partir de ce moment, le capitaine Briggs disparut avec sa fille (*une enfant...*) Un dénommé Venholt accusa Hullochk et ce dernier le jeta à la mer ! Ensuite ils ratèrent leur rendez-vous avec *Deo Gracias* qu'ils croisèrent le 4 décembre 1872, quelques jours plus tard. Un navire sans capitaine vaut de l'or pour celui qui le « recueille ». Ce que fit Moorehouse, l'ami de Briggs. Constat d'abandon, car les seuls hommes d'équipage restant étaient ceux prêtés par Moorehouse... et ce dernier prit possession du brick. Il toucha l'assurance (ce qui explique que les détails de l'affaire soient retranscrits dans le fameux livre...)

Le 3 janvier 1885 la *Marie Céleste* entra dans le golfe de Gonave à Haïti. La capitaine Parker choisit le mauvais chenal et emmena volontai-

rement le brick à s'empaler dans le récif de corail nommé *banc du Rochelois*. Puis, il fit arroser le navire échoué avec du pétrole et on y mit le feu. Voilà comment les capitaines courageux et superstitieux terminaient la carrière d'un bateau maudit ! La capitaine fut condamné, un des marins devint fou et un membre de la compagnie se suicida...
Vous pouvez encore aller plonger sur le *banc du Rochelois* vous y verrez les restes calcinés de la *Marie Céleste*...

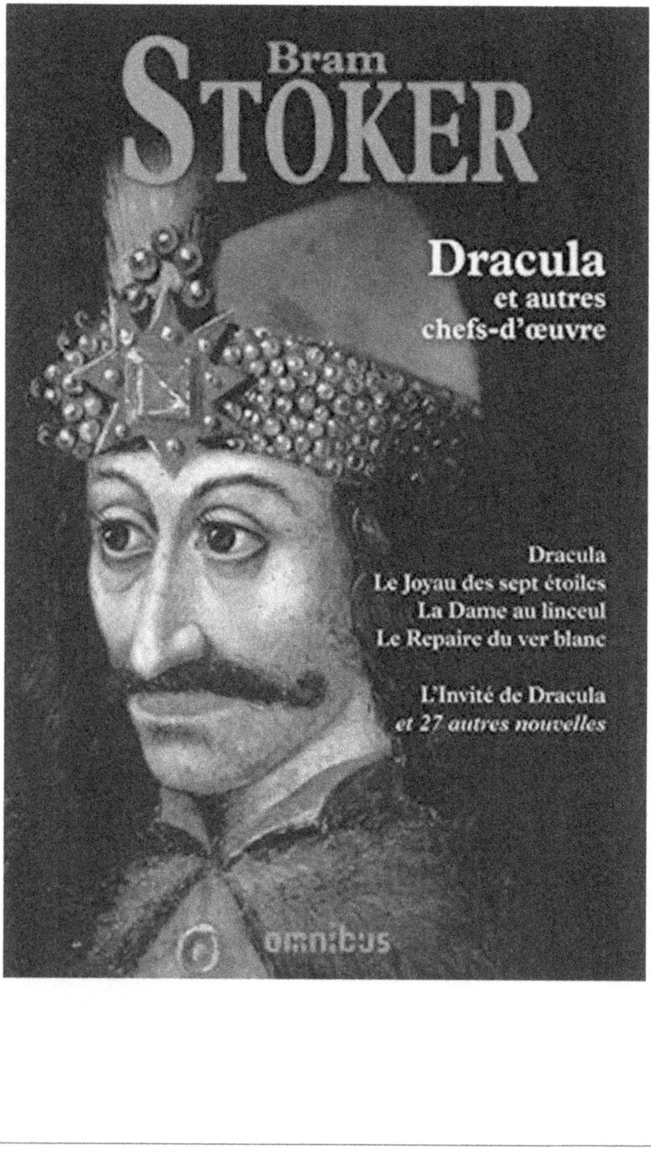
Bram
STOKER
Dracula
et autres
chefs-d'œuvre
Dracula
Le Joyau des sept étoiles
La Dame au linceul
Le Repaire du ver blanc
L'Invité de Dracula
et 27 autres nouvelles
omnibus

Les Origines

Nosferatu

Nosferatu est un mot employé par le professeur Van Helsing dans le roman de Bram Stoker pour désigner un non-mort *(« Car tout ce qui meurt victime d'un non-mort devient non-mort à son tour et fait des autres sa proie »).* Dans le tombeau, au pied du cercueil où gît

Lucy transformée en vampire par Dracula, il fait un exposé sur la « *malédiction de l'immortalité* ». « *Nosferatu* » est un mot roumain qui désigne un mort-vivant, un revenant, un vampire.

Friedrich Wilhelm Murnau, né en 1888 et mort en 1931, était un réalisateur allemand. Son vrai nom était Plumpe. C'était un grand cinéaste expressionniste. Voici ce qu'en disait Werner Herzog qui réalisa un remake du Nosferatu de Murnau en 1979 : « *Je me sens très proche de Murnau. C'est mon metteur en scène préféré. Je le place bien au-dessus de Fritz Lang, par exemple : Fritz Lang voit les choses de façon trop géométrique.* Nosferatu *de Murnau, réalisé en 1922, est le plus visionnaire de tous les films allemands. Un film prémonitoire, qui a prophétisé l'arrivée du nazisme en montrant l'invasion de l'Allemagne par Dracula et ses rats porteurs de peste. Il a donné une légitimité au cinéma allemand qui fut perdue à l'époque de Hitler. C'est en cela que ce film revêt, pour moi, une telle importance* »

Murnau tourna également en 1920 : *Der Januskopf*, adaptation du *Dr Jekyll et Mr Hyde* au cinéma, puis, après *Nosferatu*, *Phantom* en 1922 et un superbe *Faust* en 1926.

Un des plus grands cinéastes de notre siècle.

Il est mis en scène dans le film *L'ombre du vampire* consacré au tournage du film *Nosferatu. L'ombre du vampire* est un film assez effrayant – voir plus loin ma critique de ce film réalisé par Elias Mehrige (2000) –, dans lequel le réalisateur développe la thèse que l'acteur (Max Schreck) qui a joué le rôle d'Orlok était un vrai vampire... Le ralistauer Murnau est montré comme un homme sans scrupule prêt à sacrifier la vie de ses collaborateurs pour parvenir à tourner ce film.

Dans la copie actuellement disponible de *Nosferatu*, Murnau annonce la couleur en inscrivant dans le générique de son film : « *D'après le roman "Dracula" de Bram Stoker* ». Mais, on va le voir, si le scénario s'est inspiré de la trame du récit, en utilisant surtout les voyages, l'histoire elle-même et les personnages ont été complètement changés. D'ailleurs, il ne s'agit même pas du comte Dracula, ni de l'Angleterre (mais de l'Allemagne). Murnau, qui n'a jamais caché ses sources d'inspiration, ne prit pas la précaution d'acheter les droits de l'œuvre aux héritiers. Ainsi, Florence Stoker, veuve de Bram Stoker, traîna le cinéaste en justice et gagna. En juillet 1925, la Compagnie Varna fut condamnée à détruire toutes les copies existantes du film ! Néanmoins, en 1930, on peut constater l'existence de quatre copies plus ou moins différentes de l'original : une française datant de 1928, une anglaise intitulée « Dracula » et dans laquelle on a repris les noms des personnages du roman de Bram Stoker (!), une version américaine et un film allemand intitulé *La Douzième heure* dont le visa de censure est daté du 14 novembre 1930. On ne peut que se réjouir que la loi ne fût pas respectée dans ce cas, car un pur chef-d'œuvre cinématographique aurait disparu !

Mais regardons-le. Il s'agit ici de la copie reconstituée par Enno Patalas, conservateur du Filmmuseum du Münchner Stadtmuseum, la plus récente et la plus fidèle à l'original.

Son titre : « *Nosferatu, eine Symphonie des Grauens* ».

Nosferatu, une symphonie de l'horreur.

Le film commence par l'image d'un livre sur lequel est écrit : « Description de la grande épidémie à Wisborg en l'an 1838. » Les textes sont en allemand, nous vous en offrons la traduction. La page est tournée et voici à l'écran la page suivante :

« Nosferatu ! Ce nom résonne comme le cri d'un rapace nocturne qu'on ne prononce jamais à haute voix sinon les images de la vie rejoindraient le monde des ombres. Tu ferais des rêves étranges qui se nourriraient de ton sang. »

Page suivante : « J'ai étudié l'origine et la propagation foudroyante de l'épidémie qui s'est abattue sur ma ville natale de Wisborg. En voici l'histoire.

« Hutter et sa jeune épouse, Ellen, vivaient à Wisborg. »

Voilà tracés le cadre historique et les décors, par un texte dense et très suggestif. Toute l'histoire est une histoire de mort, de deux

mondes : celui de la lumière et celui des ombres, celui de la vie et celui de la mort.
Ellen et Hutter vivaient très heureux à Wisborg. Le jeune Hutter cueille des fleurs à Ellen qui lui reproche : « Pourquoi as-tu laissé mourir... les jolies fleurs ? »
Hutter se rend à son travail. Il est employé chez un étrange marchand de biens appelé Knock. Il est étrange, mais il paie bien. Sur le chemin, le jeune homme rencontre une personne qui lui dit : « Pas si vite mon jeune ami ! Personne n'échappe à son destin. »
L'inquiétant Knock vient de recevoir une lettre du comte Orlok, de Transylvanie (ce qui signifie : « Au-delà de la forêt »). Il appelle Hutter : « Le comte Orlok souhaite acheter une jolie maison dans notre petite ville. Vous pourriez en tirer un bon pécule. Cela ne vous coûtera qu'un peu d'effort, un peu de sueur et peut-être... un peu de sang. »
Knock éclate de rire. Hutter s'approche d'une carte de l'Europe affichée au mur pour regarder où se trouve la Transylvanie.
Et Knock poursuit : « Il souhaite une très belle maison isolée. » Et l'on voit une hideuse maison presque en ruines, comportant quatre pignons et cinq étages. « Cette maison, celle qui est juste en face de la vôtre. Proposez-lui donc ! Partez vite vers le pays des esprits ! »
Knock rit très fort, d'un rire de fou...
Malgré le chagrin d'Ellen, Hutter s'en va. Ellen n'était pas la seule à avoir du chagrin. Il y

avait aussi l'ami, le riche armateur Harding et Ruth, sa sœur.

Le cavalier approche des Carpates dont les fiers et sombres sommets sont montrés à l'écran. Arrivé dans une auberge, il presse le service en criant : « Le dîner, vite ! Je devrais déjà être au château du comte Orlok ! » À entendre cela, les personnes présentes dans la salle sont effrayées. Un vieux monsieur s'approche de Hutter et lui dit : « Vous ne pouvez aller plus loin maintenant, la bête gronde dans les bois. »

Dehors, les chevaux s'affolent dans les prés. On voit rôder la bête, moitié hyène et moitié loup... Des vieilles effrayées font le signe de croix. Hutter a pris une chambre. Il s'installe après avoir bien ri des superstitions des villageois.

(Cette scène est inspirée d'un passage de « Dracula » que Bram Stoker n'a pas laissé dans le roman et qui a été publié plus tard sous forme de nouvelle avec le titre : « L'invité de Dracula ». Jonathan s'est perdu la nuit dans un cimetière sous la neige et a failli être dévoré par un grand loup (la « bête »). C'est un message de Dracula aux gens du pays qui les a conduits vers lui pour le sauver...)

Hutter trouve un livre dans sa chambre. Son titre : « Des vampires, esprits maléfiques et sortilèges et des sept péchés capitaux. »

On lit à l'écran ce que raconte ce livre : « De la semence d'un démon naquit le vampire Nosferatu qui se nourrit du sang des hommes.

Comme une âme errante, il habite d'affreuses grottes, des caveaux et des cercueils remplis de terre maudite par les serviteurs de l'ange des ténèbres. »

Mais Hutter rit : il ne prend pas ce texte au sérieux...

Le lendemain, il se lève au soleil et en faisant sa toilette, il retrouve le livre. Il éclate de rire et le jette à terre. Le voyage reprend. Il est long : on voit bientôt Hutter demander aux cochers d'accélérer l'allure, car il va faire bientôt nuit. Mais, ceux-ci s'arrêtent et refusent de continuer. Hutter poursuit sa route à pieds.

On le voit passer un pont et un carton montre l'intertitre suivant : « Kaum hatte Hutter die Brücke überschritten, da ergriffen ihn die unheimlichen Gesichte », texte désormais célèbre qui, sous la traduction suivante plut énormément aux surréalistes : « Quand Hutter fut de l'autre côté du pont, les fantômes vinrent à sa rencontre », et que l'on traduit littéralement par : « Quand Hutter eut traversé le pont, des visions inquiétantes le saisirent ».

Un sinistre château l'attend sur un éperon rocheux. Une voiture noire tirée par des chevaux noirs descend le chemin. Un cocher au visage caché par un vêtement la conduit et lui fait signe de monter. Il monte. Les scènes du parcours de la voiture sont montrées en négatif, donnant un contenu fantastique à ce court voyage qui le mène jusqu'à l'entrée du château où l'attend le comte Orlok. Un homme

maigre, voûté et pâle, le crâne aux longues oreilles pointues semble chauve sous la coiffe.
« Vous m'avez fait attendre pendant longtemps, il est presque minuit. Mes serviteurs dorment. » Un repas est servi dans la grande salle du château. Hutter mange, Orlok lit une lettre. L'horloge (un cadran surmonté d'un squelette qui sonne les heures) sonne les douze coups de minuit. Cette sonnerie surprend fort Hutter. Il se coupait du pain et se taille alors un peu le pouce ! Le sang coule... Orlok se lève, fasciné : « Vous vous êtes fait mal... le précieux sang ! « Et Orlok avance son visage livide vers le doigt et lui suce le sang ! Hutter retire sa main et se recule, terrifié.
Mais Orlok ne désarme pas : « Voulez-vous que nous restions un peu ensemble mon cher ? Il reste encore quelques heures jusqu'à l'aube et le jour, je dors d'un profond sommeil, très profond sommeil. » Hutter, toujours terrifié, s'assoit alors dans un fauteuil.
Lorsque le soleil se lève, Hutter se sent libéré des ombres de la nuit. Il se réveille seul dans le château. Le comte a disparu. En se regardant dans la glace, le jeune homme voit deux petits trous à son cou. Il n'en fait pas cas et fait ripaille avec le somptueux petit déjeuner servi avant son réveil. Il n'y a personne, pas un serviteur dans la maison. Puis, il écrit à son épouse : « Ma chérie, ma bien-aimée. Ne désespère pas, même si ton amour est loin de toi. Les moustiques sont une véritable plaie. J'ai déjà deux piqûres au cou, très proches

l'une de l'autre. On fait des rêves oppressants dans ce château sinistre, mais ne t'inquiète pas pour moi. » Hutter confie sa lettre à un cavalier passant à proximité.
Mais la nuit tombe. La lumière fantomatique du crépuscule semble réveiller les ombres du château. Dans la grande salle, Orlok et Hutter sont affairés avec des papiers. Le comte aperçoit sur la table le portrait d'Ellen. Il le prend et le regarde : « Votre femme a un joli cou... » et rend le portrait à Hutter. « J'achète la maison, la jolie maison isolée à côté de la vôtre. » Orlok signe l'acte d'une plume d'oie. Hutter embrasse le portrait de sa femme (la remerciant d'avoir ainsi contribué à la conclusion de l'affaire...) Il trouve le livre sur les vampires dans ses bagages. Pourtant, il l'avait jeté au sol dans la chambre de l'auberge... Voici ce qu'il lit : « À la nuit, Nosferatu s'empare de sa victime et suce le sang nécessaire à sa propre existence. Prends garde à ce que son ombre ne t'oppresse pas par des cauchemars. »
Le squelette de l'horloge sonne les douze coups de minuit. Nosferatu apparaît au bout du couloir, visage livide allongé avec deux dents pointues sur le devant de la mâchoire supérieure, crâne chauve sans la coiffe, longs doigts griffus. En approchant, il grandit lentement, très lentement dans le champ. Le monstre entre dans la chambre de Hutter qui tente de se protéger en plaçant son avant-bras devant son front. Au même moment, à Wisborg, Ellen dort dans son lit. Sans se réveiller,

elle se lève et se dirige vers la porte-fenêtre. Elle manque de tomber en bas du balcon à cause de son somnambulisme ; heureusement, elle est sauvée par Harding.
Mais l'ombre du vampire glisse sur le corps de Hutter, allongé sur le lit, les yeux fermés.
Ellen, que ses protecteurs ont couchée sur son lit, s'assoit en criant : « Hutter ! » Nosferatu s'arrête et tourne la tête. Il semble voir les bras tendus d'Ellen suppliante. Il renonce alors à sa proie et s'en va... Ellen, soulagée s'endort. Le docteur Sievers déclare : « Ce n'est qu'une légère congestion sanguine. »
Le narrateur déclare alors : « Je sais maintenant que cette nuit-là, le rapace nocturne s'était emparé de son âme. Déjà, Nosferatu avait déployé ses ailes. »
Le lendemain, Hutter parcourt le sinistre château et découvre Orlok dormant dans son cercueil plein de terre. Il fuit. Le soir, il voit par la fenêtre, dans la cour du château, Orlok charger de nombreux cercueils remplis de terre sur un chariot. Il se couche dans le dernier et referme le couvercle sur lui. Toute cette scène est tournée en accéléré. Puis, Hutter fuit grâce à une corde fabriquée avec des draps. Les cercueils poursuivent leur voyage sur un radeau qui descend le fleuve vers la mer (« le fleuve ne sait pas quel horrible fardeau il descend dans la vallée »), puis sont chargés au port sur un navire : le deux mâts « Empusa ». Hutter est recueilli dans un hôpital.

En alternance, on voit des scènes de l'embarquement, du voyage des cercueils pleins de terre et de rats et un enseignement du professeur Bulwer qui étudie les secrets de la nature et leurs surprenantes analogies dans la vie humaine. Notamment, le professeur Bulwer, relate à ses élèves l'existence d'une plante carnivore particulièrement cruelle. C'est avec des frissons d'horreur que les élèves observent les mystères de la nature.

La plante carnivore se referme sur une pauvre mouche dont on voit l'agonie au travers des longs cils. « Comme un vampire n'est-ce pas ? »

L'approche de l'égorgeur Nosferatu plonge le marchand de biens Knock dans les ténèbres. Le patient est enfermé à l'asile du docteur Sievers. Dans sa cellule, Knock attrape les mouches et les gobe vivantes ! « Le sang c'est la vie ! « Crie-t-il en se jetant au cou du docteur pour l'étrangler. Le gardien les sépare.

Ellen attend (qui ? Hutter ou Nosferatu ?) au milieu des dunes parsemées de croix, face à la mer. Harding et Ruth lui apportent la lettre de Hutter (qu'il avait écrite au château après sa première nuit avec le comte Orlok). Ellen est habillée en noir, tache de deuil au milieu des dunes claires. Scène très symbolique : les croix représentent les marins morts en mer (ou les victimes de Nosferatu) comme l'indique le journal de Mina dans le roman de Stoker...

Là-bas, Hutter, malgré sa grande fatigue, se lève de son lit d'hôpital et entame un nouveau voyage pour rejoindre sa jeune épouse.

Le voilier maudit vogue vers Wisborg. Un montage extraordinaire et de magnifiques plans suggèrent (rappelons que c'est un film muet !) la monstruosité que transporte ce bateau : parfois, le voilier traverse le champ de droite à gauche, d'autres fois, la caméra s'approche lentement et le voilier sort du champ lorsqu'il est en gros plan ; souvent, la caméra filme l'avant du navire à partir du pont avec un tangage extraordinaire... Ces vues alternent avec des images de Hutter en voyage...

Un moment, nous sommes dans la cellule de Knock. Le gardien balaie le local. Knock lui vole un journal qui dépasse de sa poche. Il lit :

« En Transylvanie et dans certains ports de la mer Noire comme Warna et Gala, s'est déclarée une épidémie de peste. Les jeunes gens sont fauchés par centaines. Chez toutes les victimes, on retrouve les mêmes étranges blessures au cou dont l'origine est une énigme pour les médecins. Les Dardanelles ont été interdites à tous les navires susceptibles de véhiculer la maladie. »

Retour au bateau, ensuite à Hutter traversant un torrent à cheval, de nouveau au bateau. Un à un les matelots meurent de la peste. Nosferatu s'est occupé d'eux. Bientôt, il ne reste que le capitaine et le premier maître. Les deux hommes cousent le dernier cadavre dans un drap avant de le jeter à la mer. Le premier

maître descend dans la cale. Il brise le couvercle d'un cercueil avec sa hache. Des rats sortent de partout. Il ouvre le cercueil d'Orlok. Celui-ci, dans une scène célèbre, se place lentement à la verticale, ses grands doigts griffus croisés sur son corps tout raide, ses talons restant dans le cercueil. Le marin est terrorisé. Il remonte sur le pont et se jette à la mer. Seul le capitaine reste à bord. Il s'attache à la barre. Nosferatu monte lentement de la cale et s'approche de lui, effrayant.
« Le navire de la mort avait un nouveau capitaine ! » S'exclame le narrateur.
Le navire s'approche de Wisborg et Hutter aussi.
Le navire accoste, Knock jubile (« le Maître approche... »), Hutter arrive...
Ellen se précipite. Knock assomme son gardien et s'enfuit. Nosferatu sort du bateau, un cercueil sous le bras. Hutter rentre chez lui et embrasse Ellen. Nosferatu passe devant chez eux. Il rejoint sa « maison » en face de celle d'Ellen...
Le narrateur : « J'ai longtemps cherché à comprendre pourquoi Nosferatu était venu avec des cercueils pleins de terre. Et j'ai découvert que les vampires ne pouvaient tirer leur pouvoir diabolique que de la terre maudite dans laquelle ils ont été ensevelis. »
Les autorités visitent le navire et trouvent le cadavre du capitaine attaché à la barre. Ils prennent connaissance du drame par le jour-

nal de bord et surtout du danger qu'ils courent tous : la peste !
C'est l'épidémie !
On marque d'une croix blanche tracée à la craie les portes des maisons où la maladie a frappé. Des hommes portant des cercueils circulent continuellement dans les rues.
Ellen lit le livre sur les vampires ramené par Hutter : « Il n'y a aucun moyen d'échapper au vampire. À moins qu'une femme pure de tout péché n'offre son sang au vampire et lui fasse oublier le premier chant du coq. »
À la lecture de ce texte, Ellen semble prendre une décision... Hutter arrive. Elle se jette dans ses bras et montre la maison de Nosferatu en face, de l'autre côté du canal. « Je le vois là, chaque soir... ! » Hutter regarde, Ellen pleure.
Un homme allume les lampes à gaz dans la rue : la nuit tombe.
« La peur rôdait dans toutes les rues de la ville. Qui était encore sain ? Qui était déjà malade ? »
Hutter va chercher le docteur Sievers. Ellen reste seule. La bonne, profondément endormie ne répond pas à ses appels. Dans la rue, des hommes nombreux portent des cercueils.
« La ville terrorisée cherchait une victime expiatoire. Ce fut Knock. » Une folle course poursuite s'engage entre les gens et Knock, d'abord dans les rues de la ville et ensuite dans la campagne. Les gens croient voir Knock dans un épouvantail...

Ellen brode une inscription sur une nappe :
« Ich liebe dich « (je t'aime...)
Plusieurs plans alternent : Nosferatu, presque pitoyable dans sa lividité malfaisante, est vu de l'extérieur à sa fenêtre ; la poursuite de Knock ; Ellen se lève de son lit et va à sa fenêtre ; elle l'ouvre en invitant ainsi Orlok... Nosferatu sort de sa maison maudite. Hutter est réveillé par Ellen qui lui dit : « Va chercher Bulwer ! « Hutter sort. Ellen s'approche de la fenêtre. Nosferatu s'approche. Son ombre glisse sur les murs de l'escalier, s'approche de la porte de la chambre d'Ellen. Hutter réveille Bulwer. Knock a été repris.

Plan fixe sur le lit d'Ellen. De l'autre côté, accroupi, sa tête monstrueuse dépassant de celle d'Ellen qu'il tient de sa grande serre griffue, Nosferatu suce le sang de la jeune femme. Le chant du coq retentit. Nosferatu relève la tête, inquiet...

Knock s'agrippe à la fenêtre de sa cellule, terrorisé : « Le maître ! Le maître ! «

Hutter et Bulwer se rendent chez Ellen. Au travers de la fenêtre de celle-ci, alors que Nosferatu suce toujours son sang, le soleil éclaire le haut de la maison du comte Orlok.

Plan général de la chambre : Nosferatu, sa main toujours posée sur la tête d'Ellen lève son regard vers la fenêtre ouverte au travers de laquelle on voit le pignon de la maison maudite éclairé par le soleil. Nosferatu se lève (on voit son reflet dans le miroir placé à côté du lit). L'astre du jour éclaire de plus en plus la maison d'en face. Nosferatu pose la main gauche sur son cœur. Il passe devant la fenêtre : un rayon de soleil l'atteint ; son corps se dissout dans l'air. Il ne reste plus qu'une fumée au-dessus de la flaque lumineuse sur le plancher.

Knock, ligoté sur le lit de sa cellule : « Le maître est mort ! »

Ellen reprend connaissance dans les bras de Hutter juste arrivé et retombe. Bulwer reste dans le couloir (il n'a servi à rien, contrairement à Van Helsing...)

Le narrateur : « Et, en vérité, à ce moment même, la grande épidémie s'éteignit et l'ombre de l'oiseau de mort s'évanouit avec les premiers rayons victorieux de l'astre du jour. »

Plan sur le château d'Orlok en ruines.
Fin.

Voilà toute l'histoire de Nosferatu. Elle diffère sur bien des points de l'histoire de Dracula racontée par Stoker. Il n'y a pas les trois vampires femmes constituant le harem de Dracula ; pas de séduction de Hutter ; pas de vampirisation de l'amie d'Ellen-Mina (Lucy). Le comte est une créature du diable et non pas un mort-vivant. Sa morsure ne transforme pas sa victime en vampire, mais lui donne la peste (sauf à Hutter, nous l'avons vu ; mais Werner Herzog mettra bon ordre à cette faille du scénario...). Henrik Galeen, le scénariste, n'a pas inventé le phénomène de la peste amenée par le vampire. Ce phénomène était relaté par les chroniques de l'époque. Ainsi, Michaël Ranft, auteur en 1728 d'un rapport sur *La Mastication des morts dans leur tombeau* cite le récit suivant : « *En l'an 1572, la peste se répand dans toute la Pologne. Le cadavre d'une femme est transporté depuis le village de Rhezur jusqu'aux faubourgs de Leopoldstadt pour y être enseveli près du sanctuaire de l'exaltation de la Croix. La peste ne tarde pas à sévir dans les maisons voisines. Les gens chargés des funérailles soupçonnent que la femme était une sorcière. Le cadavre est exhumé ; on le trouve complètement nu. On en déduit que la femme a dévoré ses vêtements. On lui coupe la tête avec une bêche et on l'enterre à nouveau. La peste cesse ipso facto.* » La seule motivation d'Orlok est de semer la mort sur son passage... Il ne meurt pas par un pieu enfoncé dans le cœur ou la tête tranchée, mais parce qu'une pure jeune femme le retient jusqu'au lever du jour. Murnau développe l'idée des deux mondes : celui du bien et celui du mal, de l'ombre et de la lumière. Pitoyable est Nosferatu, être du monde des ténèbres condamné, pour vivre, à semer la mort. Alors, la non-mort est-elle éternelle ? C'est la nouvelle question que pose Werner Herzog dans son *Nosferatu, Phantom der Nacht*,

Nosferatu, fantôme de la nuit.
Herzog, qui réalisa ce remake en 1979, en hommage au film de Murnau, a vu dans cette

œuvre une prémonition de l'œuvre de mort du nazisme. Peut-être... À chacun d'y voir ce qu'il veut bien y voir. C'est en tout cas une œuvre puissante, effrayante. Comme c'est un film muet, les textes et l'image prennent toute leur importance. Ce film eut une légende : on a dit et raconté que l'acteur qui joua Nosferatu n'existait pas... Heureusement, Max Schrek, un grand acteur existait bien. Ce film eut un grand succès en France (les Allemands étaient alors occupés par leur histoire...) Les surréalistes furent enthousiasmés. Pour rendre hommage à Murnau, Herzog a presque parfaitement respecté le scénario de Henrik Galeen. Il a même, en hommage, purement reproduit certaines scènes. Klaus Kinski est remarquable dans le rôle de Nosferatu (ici, il s'agit du comte Dracula), pitoyable dans sa quête de la mort. Le maquillage a respecté l'apparence du comte Orlok : longs doigts griffus, crâne chauve livide surmontant un visage cadavérique, de la petite bouche rouge duquel dépassent les deux petites dents pointues serrées sur le devant. La jeune femme (Lucy Harker dans ce film) qui viendra à bout du monstre en y perdant la vie est interprétée par Isabelle Adjani. L'horreur, c'est l'épidémie de peste. L'approche de la mort rend les gens hystériques : *« Approchez. Voulez-vous boire avec nous ? Nous avons la peste. Ainsi chaque jour qui nous reste à vivre est une fête. »*
Images magnifiques du château du comte (Jonathan parcourt à pied la distance entre

l'auberge et le château de Dracula, contrairement à Hutter dans le film de Murnau), images somptueuses des quais et du bateau fantôme, images terribles de la peste. Herzog insiste beaucoup plus sur l'épidémie, car il y voit, bien sûr, nous l'avons noté, une symbolique politique. Lucy retiendra Nosferatu jusqu'au chant du coq, jusqu'à la vraie mort du vampire, sa disparition. Son jeune époux, attaché dans la pièce du bas prendra alors la relève, car vampirisé par Nosferatu, épargné par la peste, il est lui-même devenu Nosferatu, la mort éternelle... « *Il est toujours fécond le ventre qui engendra la bête immonde...* » Le professeur, jusque-là sceptique, contrairement au Van Helsing de Stoker, finit par être convaincu et monte dans la chambre où gît Dracula, terrassé par le chant du coq et lui enfonce un pieu dans le cœur. Du moins, on entend le « *TOC* » de la pièce de bois sur le plancher alors que la caméra nous montre Jonathan, prisonnier, enfermé dans un cercle d'ail. Geste inutile qui tue un mort et lui coûtera la vie. Lorsque le professeur descend avec le pieu ensanglanté à la main, Jonathan le dénonce aux autorités arrivées entre temps, comme l'assassin du comte Dracula. Ils l'arrêtent alors comme un criminel. Allégorie de celui qui entre trop tard dans la lutte alors que le rapport des forces n'est plus favorable... Échappé de la vie, échappé de la mort, le jeune vampire quitte la ville en chevauchant : « *J'ai beaucoup de travail à faire désormais...* »

Certaines critiques ont très mal accueilli cette belle œuvre, hommage à un chef-d'œuvre du cinéma. Je comprends que le point de vue de Werner Herzog puisse agacer. Mais c'est ainsi. Lisons une de ses déclarations : « *Nous appartenons à une génération orpheline de cinéastes privés de tout recours et ne pouvant s'appuyer sur aucune tradition. (Dans les autres pays)... une continuité culturelle a pu être assurée. En Allemagne, au contraire, il s'est produit un hiatus, un vide que rien ne viendra jamais combler. Mais il existe une certaine affinité entre notre cinéma actuel et celui des années vingt. Il ne s'agit pas tant d'une similitude de style que d'une attitude semblable en face de la réalisation, une façon commune d'envisager le cinéma comme un art, un moyen d'expression sérieux.* »

Nosferatu, eine Symphonie des Grauens (1922) Film allemand de Friedrich Wilhelm Murnau. Muet, noir et blanc. Durée 110 minutes. Prod. Varna Films. Sc. Henrik Galeen ; déc. et cost. : Albin Grau. Dir. Ph. Fritz Arno Wagner. Avec Max Schreck (Nosferatu, comte Orlok) ; Alexander Granach (Knock) ; Gustav von Wangenheim (Hutter) ; Greta Schrœder (Ellen) et G. H. Schnell, Ruth Landshoff, Gustav Botz, John Gottowt...

Nosferatu, Phantom der Nacht (1978) Film franco-allemand de Werner Herzog. Couleur. Durée 105 minutes. Interdit au moins de treize ans. Sc. Werner Herzog ; photographie : Jörg Schmidt-Reitwein. Déc. Henning von Gierke ; cost. Gisela Storch. Montage : Beate Mainka-Jellinghaus ; son : Harald Maury. Eff. sp. Cornelius Siegel. Mus Popol Vuh, Florian Fricke, Richard Wagner, Charles Gounod, Vok Ansambl Gordela. Prod. Werner Herzog et Filmproduktion Gaumont. Avec Klaus Kinski (comte Dracula) ; Isabelle Adjani (Lucy Harker) ; Bruno Ganz (Jonathan), Roland Topor (Renfield), et Jacques Dufilho, Walter Landengast, Dan Van Husen, Jan Groth, Cartsen Bodinus.

Vampyr

Ce film de Dreyer occupe une place fondamentale dans l'histoire du cinéma. Il fait le lien entre l'expressionnisme pur du *Cabinet du docteur Caligari*, expressionnisme des décors que Murnau a voulu dépasser avec *Nosferatu* et que Dreyer a développé avec ses cadrages et ses mouvements de caméra et le *Kammerspiel*[7].

Premier film parlant de Dreyer, les dialogues en sont presque inexistants et seule la musique joue un rôle dramatique qu'elle savait d'ailleurs déjà jouer dans le cinéma muet. Le cinéaste utilise des intertitres et, surtout, les pages d'un livre pour guider à la fois son héros et le spectateur dans le dédale de la quête de David Gray.

Carl Theodor Dreyer (1889—1968) est un grand réalisateur danois à la carrière internationale. Grand artiste à l'idéologie réactionnaire – son deuxième film *Pages arrachées au livre de Satan* est un pamphlet contre la Révolution française et le bolchevisme – il tourne en France ses deux chefs-d'œuvre : *La Passion de Jeanne d'Arc* et *Vampyr*, le premier étant considéré comme un des meilleurs films de

---

[7] Le *Kammerspiel* est une école cinématographique allemande des débuts du cinéma, école qui s'opposa à l'*expressionisme*. La première manifestation du *Kammerspiel* fut de supprimer tous les sous-titres, le spectateur devant deviner la psychologie des personnages par le moindre de leurs petits gestes. Le *Kammerspiele* est « *intimiste, psychologique [...] Il comporte de préférence un nombre limité de personnages se mouvant dans une ambiance quotidienne.* ». (D'après *L'écran démoniaque* de Lotte H. Eisner – Ramsay). *Kammer* en allemand signifie "chambre" et *spiel* "jeu".

l'histoire du cinéma. *Vampyr*, très controversé, y compris par les amateurs de fantastique, fut un échec et marqua une interruption dans la carrière de Dreyer.

Vampyr, à sa sortie à Berlin le 6 mai 1932, produisit de violentes discussions entre les spectateurs, les uns utilisant le quolibet et les autres manifestant un très grand enthousiasme. Voyons quelques critiques. Par le journal de gauche *Welt am Abend* qui développe sa critique sur l'angle politique, et non pas cinématographique : « *Le ratage est incontestable. Un travail sans intérêt, superficiel. Dreyer en tirera-t-il la leçon ? Une modification de sa position idéologique en serait la condition.* » Par contre, le quotidien spécialisé *Film-Kurier* présente une autre appréciation : « *Le film de Dreyer est [...] une œuvre d'avant-garde, discutable dans ses détails, mais qui dans l'ensemble reste une tentative audacieuse et novatrice, à savoir, l'ambiguïté mélodramatique juxtaposée au plus pur expressionnisme cinématographique.* » Et, le même journal affirme que « *Dans le monde réel du récit, Dreyer fait entrer le sentiment de l'irréel, qui dissout l'espace et le temps. Il bat tous les surréalistes français.* » À sa sortie en France, le 23 septembre 1932, Francois Mazeline, dans *L'ami du peuple du soir*, écrit : « *Le criminel de Lang relevait de l'asile. Celui de Carl Dreyer entre en enfer.* » Bel hommage, non ?

Enfin, pour compléter cette présentation du film et de son réalisateur, je voudrais citer Dreyer lui-même, citations rapportées par Philippe Parrain (Études cinématographiques N° 53/56). « *Imaginez que nous soyons assis dans une pièce ordinaire. Tout à coup, l'on nous dit qu'il y a un cadavre derrière la porte. En un instant, la pièce où nous sommes assis est totalement modifiée ; tout ce qui s'y trouve a pris un autre aspect ; la lumière, l'atmosphère ont changé, quoiqu'elles soient physiquement les mêmes. C'est que nous avons changé, et les objets sont comme nous les concevons. C'est l'effet que j'ai voulu obtenir dans mon film...* » Et « *dans une telle atmosphère, l'effet maximum est atteint avec un objet banal : la faux, au début du film ; le cigare que le docteur allume en face de la bière où repose David Gray, plus macabre que tout autre dispositif de mise en scène.* »

Bien que plein d'admiration pour la prodigieuse étude de Philippe Parrain sur Dreyer, je ne partage pas l'affirmation suivante concernant le film : « *Vampyr est bâti à partir du plan général. S'il y a de nombreux plans (notamment les intérieurs) moins larges, il n'en est pas moins vrai que l'image-clé du film est celle de David marchant dans la campagne dans sa quête obscure : sur cette route, les scènes d'intérieur ne constituent que des étapes.* »

Non ! Parmi ces dernières, il y a celles qui constituent au contraire la deuxième image-clé du film, celle de la porte qui s'ouvre sur David (ou un autre personnage) qui tente ainsi d'accéder à la compréhension intérieure de sa quête... L'un ne va pas sans l'autre, et le cadrage de l'image par les portes et fenêtres est le pendant du plan général, d'ailleurs souvent très flou...

En effet, ce qui caractérise le film de Dreyer, ce sont d'abord les décors naturels – il est ainsi la continuité du *Nosferatu* de Murnau – et ensuite le cadrage qui prend une importance considérable. Dreyer ne semble pas vouloir se contenter du cadre « naturel » de la pellicule, il en rajoute : Gray est toujours surcadré par une ouverture : porte-fenêtre, fenêtre, regard du couvercle du cercueil... Le récit est littéralement ponctué par l'ouverture et la fermeture de portes qu'utilisent tous les personnages, mais le plus souvent Gray. Ce rythme soutenu (près de soixante-dix plans comportent une ouverture ou fermeture de porte) est brusquement brisé par le passage du cercueil de Gray par la porte de la maison du docteur. Ce plan n'est suivi que par quatre plans de portes. La dernière que l'on voit est une porte grillagée qui enferme le docteur étouffé par la farine qui tombe sur lui.

Toute l'action se déroule en une nuit, mais elle est tournée en plein jour, les nombreuses chandelles allumées par les personnages ne changeant absolument rien à l'éclairage, effet certainement voulu pour montrer que rien ne les éclaire sur leur situation. Un seul plan est traité différemment, celui du docteur passant une porte, une bougie à la main, l'éclairage étant calculé pour que l'environnement soit obscur et que seul le personnage soit éclairé par la bougie... Dans ce film d'ombres et de lumières, les ombres et les reflets dans l'eau prennent leur autonomie. Et c'est après eux que se déroule la quête de David.

Pourquoi cette orthographe curieuse de *Vampyr* ? Lorsqu'on lui a posé la question, Dreyer a simplement répondu qu'il avait écrit vampire avec un « y » pour faire plus étrange.

Le film a été financé par le Baron Nicolas de Gunzburg, qui joue le rôle de Gray sous le pseudonyme de Julian West.

La version de *Vampyr* que je présente ici est allemande. Le personnage principal s'y appelle Allan Gray. Au générique, l'orthographe de son nom est une fois *Grey*. Nous nous en tiendrons à *Gray*.

Vampyr
Der Traum un Allan Grey
(Le rêve d'Allan Grey)

Le film commence par un intertitre : « L'aventure d'un jeune homme passionné par l'étude des superstitions et la légende des vampires (orthographié Vampyr en allemand). Ses occupations l'entraînaient dans un monde où le réel et le surnaturel se côtoient. Un soir, le hasard le conduisit dans une auberge isolée près du village de Courtempierre. »

Au bord du fleuve, un filet sèche sur un poteau. Allan Gray entre dans le champ par la

droite. Il porte des instruments de pêche sur l'épaule. Léger travelling arrière.
Gros plan de l'enseigne de l'auberge vue à contre-jour : un dragon volant... (Le film est vaguement inspiré de la nouvelle de Sheridan Le Fanu : « La chambre de l'auberge du dragon volant »)
À l'intérieur de l'auberge, le bar est désert. On aperçoit, au fond, une porte vitrée qui cadre l'arrivée de Gray. Il essaie d'ouvrir : c'est fermé ! Il se penche vers la caméra et frappe à la vitre de la main droite. Il recule, regarde en l'air et sort du cadre de la porte par la droite.
Travelling extérieur sur le toit et plongée sur une autre porte-fenêtre éclairée de l'intérieur. Le voyageur entre dans le champ par la droite, de dos, toujours avec son matériel de pêche. Léger travelling arrière montrant une échelle posée à côté de la porte-fenêtre. Gray s'approche et s'apprête à frapper aux vitres lorsque la lumière s'éteint. Gray s'écarte à reculons et regarde en l'air.
Vue sur le toit, entre deux cheminées, une lucarne s'ouvre, le bras et la tête d'une femme apparaissent. Elle dit : « Faites le tour ». La lucarne se referme.
Nous sommes de nouveau à l'intérieur du bar, mais à un autre endroit, on voit la porte vitrée sous un autre angle. Gray entre par la droite dans le cadre constitué par la vitre. Il est flou... Il attend et regarde sur la gauche.

Vu de dos, un homme avec un grand chapeau tient une énorme faux. Il s'éloigne pour rejoindre la berge du fleuve.
Gray, toujours vu de l'intérieur, tourne la tête pour regarder vers nous. Vue de dos, une femme entre dans le champ par la gauche, rejoint la porte et ouvre.
L'homme à la faux qu'il tient sur l'épaule, en plan rapproché, agite une cloche que l'on entend tinter.
Gray marche, vu de profil à l'intérieur de l'auberge. Il tient son matériel de pêche de la main gauche et passe devant un fusil pendu au mur, passe une porte, tournant le dos à la caméra qui reste en deçà de la porte, le montrant enlevant son chapeau. La caméra entre et le suit.
Le moissonneur (la Mort ?) agite la cloche au bord du fleuve.
Vue de dessous une échelle, l'image présente un mur nu. Gray y entre par la droite émergeant d'une porte vue de profil. Il tient ses cannes à pêche de la main gauche et son chapeau de la droite. Il regarde en haut de l'échelle alors qu'une femme tenant une bougie le suit, émergeant de la même porte.
Le bac accoste à l'embarcadère à côté de la cloche. Le moissonneur (avec sa faux) monte à bord.
Précédé de la femme qui sort immédiatement du champ, filmé de face, Gray entre dans une nouvelle pièce en franchissant une porte dont on voit le battant ouvert. Mouvement tournant

de la caméra qui balaie le dos de la femme, puis suit Gray de profil lorsqu'il passe devant l'armoire de la chambre, pose ses affaires et se tourne vers les spectateurs. À sa droite, une grande fenêtre, des rideaux et une lampe de chevet. Il allume une bougie.
La femme tenant sa bougie se tient dans l'encadrement de la porte : « Bonne nuit », dit-elle et ferme la porte devant la caméra.
Gray, de profil devant la fenêtre allumant la bougie répond : « Bonne nuit ! » et se dirige vers la fenêtre.
Le moissonneur est vu de face, assis dans le bac, appuyant son bras sur la poignée horizontale de la faux tenue verticale. On distingue mal son visage encadré par la lame courbe de la faux.
Gray, de dos, regarde par la fenêtre.
Le moissonneur cadré différemment : la tête en bas à gauche et la lame de la faux en haut à droite.
Gray, filmé de dos, baisse les rideaux et fait le tour de la pièce. Il voit un tableau. Gros plan sur ce tableau avec la bougie en premier plan : une femme pleure et s'essuie le visage avec un mouchoir ; un prêtre donne l'absolution à un mourant ; la mort (représentée par un squelette) se tient derrière le lit.
Gray entend parler fort.
Il écoute en tournant la tête et pose la bougie devant lui, s'approche de la porte, l'ouvre. La caméra le suit de dos lorsqu'il va dans le couloir et monte un escalier.

Magnifique plan-séquence : gros plan en plongée sur le haut d'une porte qui s'ouvre et sur un vieillard qui sort. Gray, vu de face cette fois, fuit en descendant l'escalier, retourne fébrilement dans sa chambre, referme la porte et sort du champ par la gauche. Travelling avant sur la serrure. La main de Gray entre dans le champ et tourne la clé à double tour.
Intertitre : « Un étrange clair de lune donnait aux ombres une apparence irréelle. Allan Gray sentit l'angoisse l'envahir. La peur le poursuivait dans ses rêves. »
Une séquence de plans alternés montrant l'enseigne de l'auberge à contre-jour, Gray couché et la clé de la serrure de sa chambre, puis la porte qui s'ouvre laissant entrer un vieil homme. Gray, éveillé, interroge : « Qui êtes-vous ? » L'homme qui n'est qu'une ombre va ouvrir le rideau. Debout, au milieu de la pièce, en plan américain, il lève la main, s'approche du chevet et dit : « Il ne faut pas qu'elle meure, vous entendez ? » Plans alternés de Gray et du vieux.
Il s'approche de la table et se penche pour écrire sur une enveloppe ficelée : Ouvrir après ma mort.
En ombre chinoise, il quitte la chambre. Gray, toujours couché allume une bougie, et se lève. Il va lire l'inscription sur le paquet.
Intertitre : « Quel terrifiant secret lui était-il confié ? Il sentit qu'une âme en péril l'appelait à son secours. Il ne put résister à cet appel. »

La caméra suit Gray qui sort de sa chambre, puis de l'auberge en empruntant la porte vitrée du bar. La caméra reste à l'intérieur lorsqu'il referme derrière lui et sort du cadre de la vitre par la gauche.
L'enseigne.
À la surface de la rivière court un reflet, tête en bas, sur l'autre rive. Sur cette berge, Gray entre dans le champ par la gauche et observe le reflet. (Un reflet sans original reflété...)
L'enseigne.
Une ouverture rectangulaire dans un mur d'enceinte avec la rivière en second plan. Gray entre dans ce cadre par la gauche.
Plusieurs plans alternent : l'ombre d'un fossoyeur qui creuse, mais l'image se déroule à l'envers, des ombres fuient le long des murs, travelling sur la bâtisse aux vitres cassées, Gray entre (toujours cadré par une porte) et aperçoit l'ombre d'un homme à la jambe de bois. Elle s'éloigne, monte une échelle, Gray à sa poursuite, une vieille femme entre dans le champ (un couloir en enfilade) par la droite, l'ombre de Gray s'éloigne à sa vue.
L'ombre du fossoyeur avec le temps qui se déroule à l'envers.
Magnifique plan-séquence : cadrage par une ouverture étroite dans un mur blanc, au travers duquel on aperçoit Gray baissé qui regarde par une autre lucarne. Il se lève et quitte ainsi ce cadre. Léger pivotement de la caméra qui se cadre sur une deuxième ouverture, Gray y est montré après qu'il a passé

une porte en se baissant, monte quelques marches et regarde au travers de cette ouverture.

Plans alternés : un garde-chasse dort sur un banc, l'ombre à la jambe de bois s'approche et pose un fusil – Gray regardant au travers de l'ouverture.

Plan-séquence : On entend un appel et le garde-chasse se lève en prenant son fusil (ce n'était donc pas seulement une ombre ?) suivi par l'ombre à la jambe de bois qui est donc redevenue son ombre et sort du champ. La caméra s'attarde sur une ouverture de laquelle émerge la tête de la vieille. Le garde-chasse entre de nouveau dans le champ et la vieille lui parle sans que l'oncomprenne le sens de ses paroles.

Plusieurs plans montrent Gray regardant, la vieille dans la maison du docteur au mur de laquelle sont accrochées des roues. Image sur l'ombre du fossoyeur.

Deux plans-séquences montrent d'une part Gray qui découvre un atelier où l'on fabrique un cercueil et où il voit une pancarte avec l'inscription : Docteur, et d'autre part, il entre dans un local où se trouvent des crânes, fioles, squelettes miniatures et livres anciens. Ces séquences comprennent, à chaque fois, le passage d'une porte.

Puis, plusieurs plans montrent l'arrivée du docteur (annoncée par un gros plan de sa main sur une rampe) et de la vieille femme dans cette pièce. La vieille donne au médecin

un petit flacon dont l'étiquette comprend une tête de mort. Gray observe la scène.
Puis, il sort et court après des ombres dans les prés.
Intertitre : « Il se lança sur les traces de l'ombre fuyante et arriva à un château entouré d'un grand parc. L'homme qu'il avait vu à l'auberge habitait là, à l'écart du monde avec ses deux filles et quelques domestiques. »
Un plan-séquence nous montre un domestique passant une porte et la tête d'une jeune fille, en bas du cadre, le haut montrant une tapisserie. La jeune fille est couchée dans un lit.
Plans alternés : Leone est très souffrante bien que l'infirmière ait dit au domestique : « Les plaies sont presque guéries » – Gray arrive en courant – vu de l'intérieur au travers des fenêtres.
Très beau plan-séquence expressionniste : un rai de lumière au plafond, l'ombre d'une main qui ouvre la porte produisant cette lumière, cette ombre grandit et devient m'ombre d'un homme et d'un fusil qui est alors mis en joue, en bordure de la lumière une lanterne entre dans le champ.
Gray est vu de l'intérieur à travers la fenêtre et on entend un coup de feu.
Nombreux plans très brefs donnant un rythme élevé à l'action : Gray courant à l'extérieur, un domestique lui ouvrant la porte, ils courent vers le lieu où le coup de feu a été entendu, le corps bloque la porte, ils en empruntent une autre, un autre domestique descend l'escalier,

l'infirmière arrive, Gray donne à boire au blessé avec une petite cuillère, une domestique entre, Gisèle (la sœur de Leone) descend l'escalier, les deux hommes transportent le corps, la vieille domestique demande à Gray de rester avec eux, on allume des chandeliers, passe des portes et on voit Leone fuir à l'extérieur !
Gray sort le paquet de sa poche et l'ouvre. Il s'agit du paquet sur lequel le vieil homme (qui vient de mourir) avait inscrit : « À ouvrir après ma mort ». Il contient un livre.
Vue sur la couverture du livre : « DIE SELTSAME GESCHICHTE DER VampyrE »
(L'étrange histoire des vampires)
Le livre s'ouvre sur la première page imprimée : « De tout temps, on a parlé de ces horribles démons nommés vampyrs. Des êtres malfaisants ne trouvant dans la tombe ni paix ni repos surgissent les nuits de pleine lune pour s'abreuver du sang des enfants et des adolescents afin de prolonger leur ignoble existence. Le Prince des Ténèbres est leur allié et leur octroie des forces surnaturelles. »
Plusieurs plans montrent que Leone a disparu.
Retour au livre : « Ces monstres de l'abîme recherchent les vivants et répandent parmi eux la souffrance et la mort. On n'échappe pas à leur emprise. Une morsure au cou comme celle d'un rat est le signe de la malédiction. »
Gray lit, Gisèle regarde par la fenêtre et voit Leone. Ils partent à sa poursuite. Plusieurs plans montrent la course des jeunes gens et l'attente des autres.

Plan général : au pied de deux arbres, Leone est allongée sur un banc, un bras pendant. La vieille femme est penchée sur elle, la bouche sur son cou. Elle relève la tête dans un geste animal. Plans alternés de Gray et Gisèle accourant et de la vampire s'éloignant. Elle sort du champ par la gauche.

Le vieux domestique et l'infirmière emmènent le corps de Leone à l'intérieur.

Un magnifique plan-séquence à partir de la caméra installée dans le salon montre l'arrivée des personnages et leur disposition dans les lieux, la montée de l'escalier vers les chambres et la peine éprouvée.

Page du livre : « L'innocent devient vampyr à son tour. »

Plans où l'on voit l'infirmière désinfecter les plaies sur le cou de Leone qui réclame la mort, puis rit avec un air mauvais.

Après de nombreux plans montrant l'attente des personnages, une voiture arrive, dont le cocher est saigné à mort...

Alors que Gisèle s'est assoupie, Gray poursuit la lecture du livre : « La puissance satanique des vampyrs règne sur les fantômes des condamnés à mort. Même des vivants peuvent tomber sous leur domination. En Hongrie, le médecin d'un village devint complice d'un vampyr et l'aida à perpétrer de multiples méfaits. »

Comme Leone va de plus en plus mal, on appelle le médecin... Plusieurs plans, portes ouvertes et fermées, montée d'escaliers montrent son arrivée, et il ausculte la malade. Il prescrit une transfusion sanguine et demande à Gray, s'il est volontaire. Le docteur pratique la transfusion.

En attendant, le vieux serviteur s'est mis à lire le livre : « Dès que le vampyr a terrassé sa proie il essaie de la pousser au suicide pour livrer son âme au Malin. Car qui attente à ses jours, est perdu à jamais. Les portes dorées du ciel lui sont fermées. »

Plans qui montrent le docteur et l'infirmière en activité.

Lecture du livre : « Qui pourra sonder les profonds mystères du monde des ténèbres ? Aussi étrange que soit l'existence du vampyr, plus étrange est encore sa destruction. Ces trépassés à la recherche de la paix éternelle doivent être tués pour que l'humanité soit délivrée.

Plans montrant la faiblesse de Gray après sa transfusion.

Lecture : « Comment les rendre inoffensifs ? Dans le village de Vrisilova où un vampyr sévissait sous l'apparence d'une vieille femme, on opéra de la manière suivante : on ouvrit la tombe à l'aube et on transperça son cœur d'un pieu pour fixer son âme odieuse au sol. Elle mourut pour de bon et le mauvais sort fut écarté. Au siècle dernier, une épidémie meurtrière fit onze victimes au village de Courtempierre. Les médecins lui trouvèrent un nom scientifique, mais la rumeur l'attribua à un vampyr. Beaucoup de gens croient que Marguerite Chopin enterrée à Courtempierre serait ce vampyr. Elle fut, toute sa vie durant, un monstre. À sa mort, l'Église lui refusa les sacrements. »

Plans montrant le vieux serviteur qui se lève et sort avec sa lampe, le médecin qui monte l'escalier, la tête de Gray qui dort.

Une main de squelette entre dans le champ par la gauche. Elle tient un flacon dont l'étiquette montre une tête de mort.

Une main entre dans le champ et secoue l'épaule de Gray qui se réveille.

Succession de plans : Leone prend le flacon de poison, le médecin entre et assiste à la scène, Gray entre et arrache le poison des mains de la jeune fille, il sort ensuite à la poursuite des ombres.

Après que Leone s'est plainte : « J'ai peur de mourir. Je suis damnée. Mon Dieu... » Le serviteur se lève et sort.

Dehors Gray court après les ombres. Il s'assoit sur un banc et s'endort. Il se dédouble, son corps restant assis endormi et son double court la campagne.

Le serviteur va chercher des outils.

Le double de Gray arrive à la maison du docteur dans laquelle il voit un cercueil et une inscription sur le couvercle : « Tu es poussière et tu retourneras en poussière ». Dans le cercueil, allongé les yeux exorbités, il reconnaît son propre corps ! Il s'approche d'une porte vitrée derrière laquelle il aperçoit Gisèle les mains liées au montant d'un lit... Il voit le médecin entrer et prendre une clé dans une pendule pour ouvrir la porte derrière laquelle est enfermée Gisèle.

Plusieurs autres plans montrent l'arrivée du garde-chasse avec des outils de charpentier

Le docteur allume un cigare devant le cercueil de Gray. Le garde-chasse saisit le couvercle avec l'inscription.

Plan-séquence terrifiant : la caméra filme la planche tenue par l'homme et qui se tient derrière et se dresse pour regarder à travers l'ouverture aménagée sur ce couvercle pour laisser voir la tête du mort. On aperçoit ainsi la sienne. Il penche la planche pour la poser, l'ouverture cadre ainsi son visage et le spectateur comprend qu'il voit la scène avec les yeux du mort dans le cercueil !

Tous les plans qui suivent sont filmés selon le point de vue du mort. Le croque-mort (le garde-chasse) fixe le couvercle dont l'ouverture sert de cadre.

Plan-séquence : l'image est toujours cadrée par l'ouverture du cercueil selon le point de vue du mort ; le croque-mort pose une bougie allumée sur le couvercle et sort du cadre. Une main avec de la dentelle au poignet entre dans le cadre et saisit la bougie, un visage entre dans le cadre : celui de la vampire. Elle scrute à travers la vitre.

Puis, toujours selon le point de vue du mort, succession de plans montrant le transport du cercueil vers le cimetière avec de longs travellings en contre-plongée du mur de la maison, du ciel et des arbres, de l'Église.

Le point de vue change, car on voit le banc avec Gray assoupi dessus et les quatre hommes portant le cercueil passant derrière. Leur image se dissout et Gray se matérialise en se réveillant.
Une succession de plans brefs montre le serviteur avec des outils sur la tombe de Marguerite Chopin, l'ouvrir, aidé ensuite par Gray, et enfoncer un pieu dans le cœur de la vieille femme qui devient un squelette.
Leone se redresse alors en souriant dans son lit. Elle expire ensuite l'âme en paix.
Vue du ciel avec rayons de soleil.
Vue plongeante sur la tombe que referme le serviteur. Inscription (en français) sur la pierre tombale : Marguerite CHOPIN – Dieu de bonté – donnez-lui le repos éternel.
Successions de plans montrant le médecin et son acolyte, effrayés par des éclairs et un monstrueux visage apparaissant à la fenêtre. Ils fuient. L'homme à la jambe de bois tombe mort dans l'escalier pendant que le docteur fuit à l'extérieur. Gray entre et délivre Gisèle.
Le docteur court vers la rivière et son moulin.
Il sera enfermé et étouffé par la farine que le vieux serviteur fera couler sur lui. Les plans de la mise à mort alternent avec ceux des rouages du moulin et du serviteur.
Pendant ce temps, Allan (ou David...) et Gisèle prendront le bac pour rejoindre le château.
Les cinq derniers plans : le docteur est étouffé sous la farine, seuls le haut de sa tête et son bras dépassent – Allan et Gisèle se promènent

dans le parc – le docteur est dans la farine – les deux jeunes gens se promènent entre les arbres sous le soleil – les rouages du moulin s'arrêtent.

Vampyr. Der Traum des Allan Grey. (L'étrange aventure de David Gray) de Carl Th. Dreyer. Prod. Carl-Th. Dreyer, baron Nicolas de Gunzburg pour Tobis-Klangfilm-France. D'après le roman *In A Glass Darkly* de Sheridan Le Fanu. Sc. Carl-Th. Dreyer et Christen Jul. Déc. Hermann Warm, Hans Bittmann, Cesare Silvani. Phot. Rudolph Maté, Louis Née. Son : Dr Hans Bittman – Synch. Paul Falkenberg. Enr. Tobis-Klangfilm – Mus. Wolfgang Zeller. Julian West/baron Nicolas de Gunzburg (David Gray). Maurice Schutz (le châtelain), Sybille Schnitz (Leone), Rena Mandel (Gisèle), Henriette Gérard (Marguerite Chopin), Jean Hieronimko (le docteur), Albert Bras (le domestique), N. Babanini (sa femme), Jane Mora (la garde-malade).

Le Masque du démon (1960)

Le Masque du démon est le premier film de Mario Bava. Il dispose de moyens importants pour le réaliser et y exprime tous les thèmes qui lui sont chers. Le film est une histoire de vampires, mais d'une catégorie à part, sans crocs proéminents, sans volonté de conquête et de pouvoir, une histoire d'inceste comme le cinéaste le rappelle dans la dernière interview qu'il a donnée au journal Libération le 7 mai 1980. Mario Bava a laissé un fils spirituel, Dario Argento, dont les films *Suspiria* et *Inferno* sont traités plus loin. Dans un de ses Gialli, Dario Argento rend un hommage appuyé au thème le plus cher de Bava : le regard. Le titre du film est déjà cet hommage : *Quatre mouches de velours gris*, puisque ces insectes constituent l'image imprimée sur la rétine d'une victime assassinée dont on a extrait l'œil pour essayer de découvrir le coupable. L'œil, tel est l'image obsessionnelle de ce film *Le Masque du démon*. L'œil, cet organe qui sert à regarder, est à comparer, bien sûr, avec la caméra qui est un autre œil du spectateur, avec la différence essentielle que ce n'est pas lui qui le dirige, mais le cinéaste. Il est particulièrement curieux de constater qu'un autre film consacré à cet organe et à son double, la caméra, date de la même année que *Le Masque du démon*, il s'agit du film de Michael Powell, *Le Voyeur* (1960), dans lequel le tueur mêle dans son action de tuer, trois regards, celui de la victime se regardant mourir d'une mort atroce, celui du tueur, et celui de la caméra avec laquelle il filme la victime. Le spectateur peut rajouter deux autres regards : le sien et celui de la caméra qui filme tout cela, c'est-à-dire celui du cinéaste.

Le Masque du démon (1960)
(La mascheria del demonio)

Prologue qui se poursuit jusqu'à la fin du générique :
Le grand Inquisiteur de Moldavie condamne deux vampires : une femme, Asa Vajda et un homme, Igor Iavutich. La lettre « S » (comme Satan) est gravée au fer rouge sur la peau de la vampire. La jeune fille maudit l'Inquisiteur qui n'est autre que son frère, et toute la lignée des Vajda. Le visage de la jeune fille est recouvert du Masque du démon (un masque métallique avec des pointes à l'intérieur) et un bourreau l'enfonce violemment d'un coup de massue. (La violence de cette scène a gêné la censure en son temps...) On tente de brûler son corps sur un bûcher, mais une pluie violente éteint le feu. Le corps du vampire Igor est enterré et celui d'Asa inhumé dans la crypte de ses ancêtres.
Le générique se termine.
Un professeur, le docteur Kruvajan, et son assistant, Andreï Gorobec, voyagent en diligence. Ils se rendent à Moscou pour assister à un congrès et sont en retard. Pour gagner du temps, Kruvajan paie le cocher afin qu'il aille au plus court à travers la forêt. Ce dernier a peur de rencontrer la sorcière dans ce lieu maléfique.

La voiture perd une roue. Les deux voyageurs entrent dans une construction en ruines et descendent dans une crypte. Un mouvement de caméra suggère qu'une mission particulière attend ces voyageurs curieux. Ils trouvent le tombeau de la sorcière. Une vitre avec une croix laisse voir le Masque du démon qui recouvre le visage de la sorcière. Andreï sort. Le professeur reste seul. Il est attaqué par une chauve-souris et tire dessus avec son pistolet ; une pierre tombe sur la vitre de la tombe et la casse. Kruvajan, curieux, enlève le masque et se coupe à la vitre cassée : une goutte de sang tombe sur le visage de la sorcière. Ce dernier est resté intact, sauf ses yeux absents qui ne laissent que des orbites vides.
Dehors, Kruvajan et Gorobec rencontrent une belle jeune fille avec des chiens. Katia, la fille du prince Vajda qui ressemble étonnamment à Asa... Les deux hommes emmènent une icône de la crypte. La caméra retourne dans le tombeau pour un gros plan sur les orbites vides de la morte qui grouillent de vers.
Au château, Katia joue du piano, le prince Vajda médite, sombre devant le feu, en présence du jeune frère Costantino. Deux tableaux au mur, dont l'un est celui d'Iavutich (ce qui semble indiquer qu'il faisait partie de la famille). Un tableau a changé : désormais, un dragon (un griffon) est mort. C'est la Saint George : il y a deux siècles que la malédiction est lancée. Le prince Vajda raconte comment, il y a un siècle, la princesse Macha, qui res-

semblait également à la sorcière, a été tuée par elle. Dans l'alcool de son verre, il voit le Masque du démon !

La caméra retourne au tombeau : des yeux poussent à la sorcière.

Kruvajan et Gorobec sont à l'auberge. Une adolescente doit aller traire les vaches à l'étable près du cimetière (qui n'a pas eu peur, enfant, quand un parent a ordonné d'aller chercher quelque chose en pleine nuit à la cave ?). Elle a très peur d'y aller. Longue scène au cours de laquelle la fille effrayée rejoint l'étable dans la nuit. Kruvajan se promène en fumant sa pipe et lance un caillou dans l'eau. L'eau fait des ronds dans lesquels s'incruste le visage de la sorcière qui parle : « Iavutich : lève-toi ! lève-toi ! »

Retour à l'étable. Des coups de tonnerre éclatent. De l'intérieur de l'étable, la caméra filme le vieux cimetière au travers du cadre que forme la fenêtre : la terre d'une tombe remue, une main émerge, une autre et le Masque du démon apparaît. L'homme fait quelques pas et arrache son masque.

Au château, le prince se réveille, un courant d'air secoue tout dans la grande pièce... et la porte de sa chambre s'ouvre sur Iavutich, un dragon en forme de S brodé sur sa poitrine (il y a le même au fond de la cheminée). Il s'approche menaçant, mais le prince le repousse en lui montrant une croix.

Le sorcier se rend à l'auberge chercher le docteur Kruvajan en lui faisant croire que le prince avait besoin de lui. Il l'emmène en carrosse au château où ils empruntent le passage secret qui mène à la crypte. Ce passage se trouve au fond de la cheminée derrière le dragon en forme de « S ». Kruvajan est laissé seul. Asa est toujours dans son tombeau, mais, cette fois, elle a retrouvé ses yeux. Le docteur, effrayé, tente de fuir. Le tombeau se disloque et la vampire s'exclame : « Je t'attendais ! » elle l'hypnotise (toujours le pouvoir des yeux...) et le vampirise par un baiser. Elle a besoin de tout son sang pour vivre...

Le professeur Kruvajan apparaît à la famille Vajda réunie au complet au château. Il hypnotise le prince bien qu'ayant peur du crucifix. Dans la crypte, le vampire Iavutich explique à Asa qu'il faut tuer Katia. Au château, Katia restée seule avec le docteur vampirisé et son père le prince va se coucher...

Toutes les portes grincent...

Au petit jour, le prince est mort... Kruvajan, devenu vampire, a disparu. Les gens du village trouvent un cadavre au bord de la rivière. Andreï Gorobec se lève et ne voit plus le professeur Kruvajan. Il se rend au château pour aller aux nouvelles. Le cadavre découvert au bord de la rivière s'avère être celui de Boris, le cocher du château.

Au château, Katia s'évanouit et Andreï la porte sur son lit et la soigne. Il dégrafe son corsage...

L'adolescente qui s'était rendue à l'étable a vu la voiture, non pas conduite par Boris, mais par le vampire Iavutich, exécuté il y a deux siècles.

Andreï qui est également docteur constate, en examinant les corps, qu'ils ont été saignés à blanc. Au pope présent, il explique l'affaire du tableau.

À minuit, le passage secret au griffon (le dragon au fond de la cheminée) s'ouvre pour laisser passer le professeur Kruvajan et le vampire Iavutich. Ce dernier ordonne : « Va ! »

Chambre de Katia : elle se déshabille et, derrière elle, les rideaux bougent.

Chambre d'Andreï : l'icône tombe au sol.

Chambre de Katia : elle enlève la croix qu'elle portait et une main sort de derrière les rideaux ; elle crie et appelle les jeunes hommes au secours. Andreï va alors chercher un calmant et rencontre Kruvajan à qui il montre l'icône qui le fait fuir. Les chiens ont été saignés. Le pope essaie de comprendre ce que signifie l'icône. Scène romantique entre Katia et Andreï devant une fontaine.

Un cierge enflamme un rideau. Un domestique tente d'éteindre ce début d'incendie et crève le portrait d'Iavutich : il y a un passage secret derrière ! Costantino (le frère de Katia) actionne un levier qui fait s'ouvrir le passage derrière la cheminée. Andreï et lui l'empruntent et la porte se referme derrière eux laissant seul le domestique qui se fait étrangler avec une cordelette. Andreï et Costantino arrivent dans la crypte et voient Asa, la vampire. Costantino rebrousse chemin, mais se heurte à

la porte fermée du passage de la cheminée. Iavutich apparaît et Costantino disparaît dans une oubliette. Andreï et le pope vont au cimetière et trouvent la terre de la tombe d'Iavutich retournée et le Masque du démon. Dans le cercueil, se trouve le corps de Kruvajan. Le pope pose la croix sur son front qui brûle. Le religieux a compris l'icône : pour sauver l'âme du vampire, il faut lui traverser le crâne par l'œil gauche.
Katia erre dans le château et appelle : « Ivan ! (le domestique) Costantino ! » Elle trouve Ivan pendu et crie : « Au secours ! Au secours ! » Elle pleure sur le corps de son père dans son cercueil. Le prince ouvre les yeux et lui dit qu'il n'est plus son père. Elle s'évanouit. Le prince essaie de la mordre au cou, mais Iavutich l'en empêche et le jette dans la cheminée où son corps brûle. Le vampire emmène Katia vers Asa la vampire... Andreï, revenu, trouve le cercueil du prince vide. Asa prend le bras de Katia. Iavutich empêche Andreï de passer ; ils se battent au bord de l'oubliette. Les plans alternent entre le combat des deux hommes et la scène entre Katia et Asa. Celle-ci tente de mordre son sosie, mais elle porte une croix. Andreï est vainqueur et on retrouve Costantino.
Andreï accourt et retrouve Katia. Mais, non ! c'est Asa ! Il va crever l'œil gauche de Katia ! mais il voit la croix... et comprend sa méprise. Il la pose sur le front de la jeune fille et rien ne se produit. En écartant la cape d'Asa, il voit

que son corps n'est qu'un squelette. Asa essaie de l'hypnotiser. Le pope arrive avec la population en colère. Ils brûlent la sorcière. Quand elle meurt, Katia revit... Dernier plan sur le bûcher.
Asa revit-elle dans le corps de Katia ?
Fin.

Le Masque du démon (1960) (La Mascheria del demonio). Réal. Mario Bava. Ass. Réal. Vana Caruso. Sujet de Ennio De Concini et Marcello Coscia d'après la nouvelle de Nicolas Gogol : *Vij*. Sc. Ennio De Concini, Mario Serandrei, Mario Bava et Marcello Coscia. Dir. Ph. Mario Bava. Op. Ubaldo Terzano. Script Girl : Bona Magrini. Mont. Mario Serandrei. Dir art. Giorgio Giovannini et Mario Bava. Cost. Tina Loriedo Grani. Mus. Roberto Nicolosi. Prod. Galatea et Jolly Film. Prod. Dél. Massimo De Rita pour Galatea. Premier ass. Prod. Paolo Mercuri, second ass. Prod. Amando Govoni. Filmé aux studios Titanus. Avec Barbara Steele (Asa et Katia), John Richardson (Andreï Gorobec), Andrea Checchi (le docteur Kruvajan), Ivo Garrani (prince Vajda), Arturo Dominici (Iavutich), Enrico Olivieri (Costantino Vajda) et Antonio Pierferderici, Tino Bianchi, Clara Bindi, Mario Passante, Germania Dominici, Renato Terra. Film noir et blanc.

La Nuit des morts-vivants (1969)

Il y avait déjà eu *White Zombie – les morts-vivants* (1932) de Victor Halperin, avec Bela Lugosi.
La Nuit des morts-vivants (1968) est le film qui donna sa célébrité à George Romero qui sut magnifiquement puiser dans ce nouveau mythe pour en faire une vraie trilogie : *Zombie* (1978) – produit par Dario Argento – et *Le Jour des morts-vivants* (1985). *La Nuit des morts-vivants* pourrait être défini comme le

néoréalisme au service du fantastique, ce qui ne manque pas de contradiction, mais apparente seulement. En effet, Romero a tourné avec peu de moyens, sur le mode du reportage, dans un décor naturel absolument réaliste. C'est l'opposé du film gothique, car l'horreur ne vient pas du décor, mais de la situation. Il rend ainsi crédible cette histoire de morts-vivants. L'originalité, à l'époque, réside aussi dans le fait que le personnage principal, héros positif, seul maître de lui-même, est un noir. À l'époque où le film sortit en salle, on en sortait bouleversé et terrorisé. Les deux suites sont en couleurs et encore plus terribles, car, la fin reste totalement ouverte. Ce thème a fait la fortune d'autres cinéastes. Le scénariste Dan O'Bannon réalise en 1984 *Le Retour des morts-vivants*, parodie terrifiante du thème cher à Romero, dans laquelle seul le cerveau des vivants est consommé et surtout, au fur et à mesure que l'action se déroule, le mal s'étend et aucune solution n'apparaît, au contraire, la situation s'aggrave de minute en minute jusqu'à la catastrophe finale. Le responsable de tous les maux est bien sûr l'armée américaine. Tant qu'on peut se défouler sur elle dans des films... *Le Retour des morts-vivants 2* (1987) de Ken Wiederhorn et *Le Retour des morts-vivants 3* de Brian Yuzna participent de la même terreur, avec de moins en moins de parodie. Enfin, les Italiens reprennent le thème pour en faire des films assez originaux comme Lucio Fulci dans les années

soixante-dix et Michele Soavi, plus récemment. George Romero, décidément insatiable sur ce sujet, a produit un remake en couleurs avec quelques variantes de scénario : *La Nuit des morts-vivants* (1990) de Tom Savini.
La Nuit des morts-vivants semble exaucer un souhait du grand cinéaste français, Jacques Tourneur, qui avait dit : « *Le véritable film de terreur n'a jamais été fait. J'ai un projet qui n'a jamais été tourné : la guerre entre les morts et les vivants. Nous sommes combien sur Terre aujourd'hui ? Quatre milliards. Et combien y a-t-il de morts ? Nous, les vivants, sommes une minorité. Pour moi, il y a trois mondes parallèles. Tous ces mondes sont enchevêtrés les uns et les autres et se développent parallèlement. J'en suis persuadé !* » Et puisque nous sommes dans les citations, voici celle de Stephen King dans son essai *Pages noires*, édité en 1981 aux États-Unis : « *Les histoires de goules et de cannibales nous entraînent au cœur d'un territoire authentiquement tabou – voir les réactions suscitées par* La Nuit des morts-vivants *et* Zombie *de George Romero.* »
Il est vrai qu'aujourd'hui, pratiquement plus personne ne conteste le statut de chef-d'œuvre à ce film. Mais il n'en était pas question à l'époque de sa sortie. C'est que dans le domaine du cinéma, il en est de même (moins aujourd'hui) que dans le domaine de la littérature : la critique s'intéresse peu au fantastique, sauf pour le dénigrer. Je ne suis pas le

seul à le penser, Stephen King le dit également, avec beaucoup plus de talent : « ... *Maints critiques [...] se conduisent avec notre genre d'élection (le fantastique) à la façon de ces riches dames yankees qui visitaient les enfants dans les usines de Nouvelle-Angleterre pour leur apporter des paniers de victuailles, de la dinde à Thanksgiving et des œufs en chocolat à Pâques. Ces critiques-là, qui sont aussi inconscients de leur élitisme arrogant que de leur ignorance des ressources et des qualités de la littérature populaire, perçoivent parfaitement le caractère ridicule des chaudrons de sorcières, des chapeaux pointus et autres clichés du surnaturel, mais ils ne peuvent pas – ou ne veulent pas – reconnaître les archétypes universels présents dans les meilleures œuvres du genre.* »[8]

Avant de regarder le film, savourons la bande-annonce.

Les extraits les plus terrifiants du film sont commentés par une voix off dramatique dans une ambiance musicale dramatique : « *La nuit des morts-vivants. Les morts qui se nourrissent de la chair des vivants. Les âmes mortes qui viennent traquer les vivants. Les vivants, la seule nourriture de ces créatures du diable. La nuit des morts-vivants. Un voyage au bout de la peur. Une aventure plus terrifiante que vos cauchemars les plus horribles. La nuit des morts-vivants.* »

---

[8] Pages noires

La Nuit des morts-vivants.
 Sous une musique étrange et lancinante, plan général qui montre une route dont on voit loin les virages. Nous sommes en automne, car les arbres ont perdu leurs feuilles. Le temps est gris. L'image reste fixe longtemps jusqu'à ce que le spectateur aperçoive la voiture qui arrive sur la route. Elle passe devant la caméra et l'image change pour la montrer qui s'éloigne. Le générique démarre par le titre. Les plans alterneront ainsi pendant tout le générique, suivant le parcours de la voiture. En prenant son temps, il n'y a pas le feu ! (Ce type de prologue qui signifie : « ils vont vers un destin horrible ! » a, depuis, souvent été utilisé dans les films d'horreur ; je pense notamment à « Evil dead » de Sam Raimi). Juste avant la fin du générique, la caméra pivote, car la voiture tourne pour s'engager dans un chemin de traverse en côte. Quand elle entre dans le cimetière, le drapeau américain flotte au premier plan. Divers plans du parcours automobile dans les allées du cimetière. Les passagers sont frère et sœur qui viennent sur la tombe de leur mère pour la Toussaint. (C'est Halloween). Il est huit heures du soir et les deux jeunes gens se disputent un peu. Quelques reproches... Il plante une gerbe alors que le tonnerre gronde. Il y a des éclairs. Le frère aperçoit, au loin, un homme de grande taille qui marche dans une allée. Puis, filmé en plan rapproché, le frère dialogue avec sa

sœur, située hors champ, et dont on entend les réponses. Il se souvient, quand ils étaient enfants, qu'il faisait peur à sa sœur en ces lieux. Puis, alors que la jeune femme traverse le champ, il s'aperçoit qu'elle a toujours peur. Et il s'amuse de cette peur :
— Ils viennent te chercher Barbara !
— Arrête ! Tu ne sais pas ce que tu dis...
— Ils viennent te chercher Barbara !
L'image montre une stèle au premier plan. Barbara entre dans le champ par la droite au-delà de la stèle (à l'extérieur de l'espace sépulcral), elle est de face. Le frère entre dans le champ, filmé de dos, devant la stèle et s'appuie sur elle. Au fond, le même type déambule...
...
— Regarde, dit-il, en voilà un qui vient !
Toujours le même type qui déambule au milieu des stèles.
— Il va t'entendre, s'inquiète Barbara.
— Moi, je me tire ! Réplique son frère.
Au premier plan, sur la partie gauche de l'image, le type de dos regarde la scène en s'avançant. Le frère court et traverse le champ vers la droite, Barbara est de face...
Le type l'attrape ! Son frère, Johnny (elle l'appelle au secours) revient à la rescousse. Ils se battent, et Barbara assiste à la scène. Johnny tombe et sa tête heurte une pierre tombale.
L'action commence !

Poursuivie, Barbara fuit, tombe, se relève, échappe à son poursuivant acharné ! Elle entre dans la voiture : pas de clé de contact ! Elle ferme les portes. L'agresseur frappe sur les vitres de ses mains (filmé au grand-angle). Puis, il ramasse une grosse pierre et brise la vitre avant droite. Il tente d'attraper la fille par l'ouverture. Elle a l'idée de desserrer le frein à main et de laisser rouler la voiture en roue libre dans la pente. Mais le volant se bloque et la voiture se coince contre un arbre. L'agresseur continue sa poursuite d'une démarche maladroite. Elle court, court, complètement terrorisée. Une maison au loin ; elle passe devant une pompe à essence. Elle atteint la maison, toujours en courant. La porte est fermée, elle fait le tour et trouve une porte ouverte. Elle entre. La visite de toutes les pièces lui montre que la maison est déserte. (Il y a toujours le tonnerre) Le téléphone ne marche pas. Elle regarde dehors : il fait nuit et l'agresseur est arrivé près de la maison. D'autres personnes bizarres marchent vers la maison, d'une démarche raide et lente... En haut de l'escalier, elle trouve un cadavre dont le visage semble avoir été dévoré. Terrifiée, elle fuit et sort. Éblouie par des phares. Un homme de couleur (Ben) sort de la voiture... Elle doute un moment de ses intentions (et de sa nature) et voit qu'il est dans la même situation qu'elle. Il cherche de quoi manger pour fuir.
— Que se passe-t-il ? Demande Barbara.

— Je n'en sais rien...
Les agresseurs cassent les phares de la voiture. Barbara pique une crise... Ben tue l'un d'eux à coup de clé de monteur en charpente métallique (une clé d'un côté et une pointe de l'autre). À l'intérieur, un agresseur, du sang sur la bouche (celui qui a dévoré le visage de la personne du deuxième étage ?) s'approche de Barbara effondrée dans un fauteuil. Il gémit. Ben survient et l'empêche d'aller plus loin, le plaque au sol et lui plante sa clé dans le crâne (du moins, le devine-t-on, car cela se passe hors-champ, le spectateur ne voit, au bas de l'image, que la clé plantée par Ben). L'homme repousse encore un autre agresseur. Maintenant, ils sont nombreux dehors. Ben et Barbara doivent s'enfermer, il est difficile de partir... Barbara fixe, hallucinée, la tête du mort au crâne percé montrée en gros plan et qui se met à glisser alors que Ben lui dit : « Ne regardez pas ! » en tirant le corps par les pieds. Il sort le corps, l'arrose de pétrole et enflamme.
(Ce film a quelque chose d'expressionniste dans les ombres et la lumière)
Les préparatifs de défense du siège sont soigneusement montrés : outils, clous, planches pour barricader les fenêtres. Les protagonistes sont désormais enfermés dans un lieu clos. Ben a remarqué qu'ils avaient peur du feu. Il raconte un accident qu'il a vu et comment il a échappé aux créatures. Barbara raconte son

aventure et veut aller chercher son frère, « là dehors ».

« Là dehors, c'est l'enfer ! » Rétorque Ben. Il a allumé la radio qui donne des informations : des meurtres nombreux ont été perpétrés par des assassins inconnus ; certains parlent de monstres difformes. Les forces de police sont débordées. Les autorités envisagent de faire appel à l'armée. Elles conseillent aux gens de rester chez eux... Mais c'est l'affolement général et les gens fuient par les routes... Ben déplace un fauteuil devant la maison et y met le feu pour éloigner les créatures qui les assiègent. Le journaliste de la radio annonce une réunion gouvernementale avec le FBI, la CIA et des scientifiques de la NASA. On entend toujours la radio, telle une voix off, alors que l'on voit Ben continuer ses travaux de protection. Barbara s'est allongée. La radio parle de massacres. La caméra montre la porte de la cave dans un plan très court...

La radio : « Pour certains, les meurtriers ont l'air de gens normaux, pour d'autres, ce sont des monstres. Ils ressemblent à des humains et agissent comme des bêtes ». Ben trouve une carabine et des cartouches. Sont travail de protection est terminé : « Nous sommes en sécurité ici, les secours finiront bien par arriver, » dit Ben. Mais Barbara est hébétée. La radio : « Les victimes ont été en partie dévorées. » Ben va cacher dans une pièce le cadavre du premier étage. On voit que c'est une femme. La radio : « Les tueurs mangent la chair de leur victime. » Soudain, des gens sortent de la cave ! Un homme d'âge mûr (Harry Cooper) et un jeune (Tom). Ben leur reproche de l'avoir laissé faire le travail de barricade tout seul, mais ils se sentaient plus en sécurité dans la cave. Harry Cooper veut y redescendre rejoindre sa femme et sa fille qui est malade. Débat tactique entre Ben et Harry : l'un veut fuir et l'autre s'enfermer dans la cave. Tom est d'accord avec Ben qui veut essayer de fuir. Les créatures qui assiègent la maison sont de plus en plus nombreuses. Certaines parviennent à passer leurs bras au travers d'une fenêtre. Ben tire sur l'une d'entre elles, par deux fois, mais elle ne meurt pas ! Il lui tire une balle dans la tête et elle meurt. Un grand nombre de créatures avancent lentement vers la maison. Certaines sont monstrueuses. Une vieille mange un insecte. Nouvelle dispute entre Ben et Cooper. Cooper refuse de donner un coup de main. « Pauvre gamine, dit Ben, avoir un père aussi idiot. » La fiancée de Tom, Judy, arrive également de la cave. Finalement, Cooper descend dans la cave et s'y barricade avec sa femme, Helen, et leur fille malade qui est allongée sur un établi. Le dialogue entre les époux montre clairement le peu d'estime que la femme porte à son mari. « C'est cela qui compte, être le seul à avoir raison. » Lui dit-elle. Helen veut rejoindre les autres. Cooper va ouvrir et Helen monte alors que Judy descend garder la petite fille.

Ils trouvent une télé alors que Cooper refuse toujours de faire quoi que ce soit. Ils allument la télé. Les informations : « Les premiers témoins n'étaient pas crus. » [...] Le journaliste donne connaissance d'un communiqué de la défense civile à Washington : « On a établi que ces crimes sont le fait d'individus morts récemment et revenus à la vie. Une enquête auprès des morgues et des hôpitaux a conclu que les cadavres qui n'ont pas été enterrés reviennent à la vie pour tuer. » Il ajoute ensuite : « La situation a évolué. Il y a de nouvelles instructions. La défense civile a établi des refuges où vous trouverez de la nourriture, des soins et la protection des soldats. » Une liste de refuges avec adresses défile sur l'écran. Cette information encourage le camp de ceux qui veulent fuir. Ils décident donc de tenter une sortie avec la camionnette de la maison pour prendre de l'essence et s'en aller, alors que la télévision poursuit ses informations : « Pourquoi consulte-t-on des experts de l'espace ? On pense généralement qu'il y a un rapport avec l'explosion de la sonde spatiale envoyée vers Vénus. Cette sonde aurait disparu pendant son retour sur terre. La sonde avait fait le tour de Vénus et fut détruite par la NASA en raison de ses radiations très élevées. Ces radiations sont-elles la cause de cette vague de meurtres ? ... « Reportage en direct à la sortie de la réunion gouvernementale : confirmation est donnée (non officiellement) par les experts de la relation entre le phéno-

mène des morts-vivants et la sonde spatiale (« C'est la seule explication logique ! » regrette l'un d'eux.) Ben et les autres continuent à discuter sur la possibilité ou non de partir. Helen veut trouver le moyen de soigner sa fille... La télévision montre l'interview d'un médecin : « Nous ignorons l'évolution de ces blessures. « Ben demande à Helen de redescendre auprès de la petite fille et de faire remonter Judy. À la télévision, le médecin poursuit : « À la morgue de l'université, nous avions un cadavre amputé des quatre membres. Ce matin, il a ouvert les yeux et commencé à bouger. » Helen est descendue dans la cave, elle s'assoit au chevet de sa fille et Judy remonte. La petite fille gémit et dit qu'elle a mal... Le médecin de la télévision : « Il faut se débarrasser du corps en le brûlant.
— À quel moment intervient la réaction ?
— Deux minutes après la mort (!)
[...]
— Arrosez-les d'essence et brûlez-les. [...] C'est de la viande morte et dangereuse. »
Ben organise la préparation de cocktails Molotov. Tom a trouvé les clés de la pompe à essence. Ben va accompagner Tom. Ce dernier conduira la camionnette. Tom va voir Judy qui découpe des lanières de drap pour confectionner les cocktails Molotov. Une discussion s'engage entre eux sur la nécessité de partir. Judy doute que ce soit la solution de sortir.
Barbara et Judy descendent à la cave. Cooper monte à l'étage avec un carton de cocktails

Molotov, Ben et Tom tentent la sortie. « Bonne chance » et ils déclouent les planches qui barricadent la porte. Cooper jette les cocktails Molotov qui effraient les morts-vivants par leurs flammes. Certains brûlent. Ben et Tom sortent. Judy les rejoint... Ben tient une torche pour éloigner les morts-vivants ; il monte sur la plate-forme de la camionnette pendant que les deux jeunes gens montent dans la cabine. Ils sont constamment agressés par des morts-vivants. Le camion s'éloigne au milieu des morts-vivants et arrive devant la pompe à essence. Tom descend et essaie d'ouvrir avec la clé. Ce n'est pas la bonne clé ! Ben pose sa torche et tire sur la serrure. Tom décroche le tuyau et d'un geste ample pour se tourner vers la camionnette, envoie un cercle d'essence autour de lui, essence qui touche la torche posée par Ben et qui s'enflamme ! Tom remonte dans la camionnette pour l'éloigner, mais le feu a déjà pris à l'arrière, vers le réservoir de carburant. Le véhicule éloigné, il fait le geste de descendre, mais le blouson de Judy est coincé... et l'explosion les tue tous les deux ! Ben maintient les morts-vivants éloignés avec sa torche pour rejoindre la maison. Il est toujours entouré d'une bande de monstres très agressifs, quoique lents. Il réussit à atteindre la porte, mais elle est fermée à clé ! Il hurle, mais Cooper n'ouvre pas ! Ben défonce la porte, entre et casse la gueule au lâche ! Dehors, les morts-vivants s'approchent de la camionnette maintenant éteinte et se

jettent sur les restes de Tom et Judy qu'ils dévorent : quartiers de viandes, tripes, mains... Ben n'a pas abandonné l'idée de partir. Il se demande s'ils ne peuvent pas utiliser la voiture de Barbara, mais elle est trop loin. À la télévision, un reportage montre une opération de destruction de ces monstres par une équipe dirigée par le shérif de Butler. Très rassurant : on peut tuer un monstre en détruisant son cerveau... Le shérif : « On en a tué dix-neuf ce matin, plus trois autres. » Il ne sait pas quand ça sera fini...
Soudain, les lumières s'éteignent dans la maison. Plus d'électricité ! Cooper a encore plus peur. Il pense à récupérer la carabine. Les morts-vivants ne sont plus effrayés par la lumière et deviennent plus agressifs encore et essaient de démolir portes et fenêtres, leurs bras dépassent les ouvertures mal barricadées. « Venez m'aider ! » Hurle Ben à Cooper. Il hésite et s'approche d'un coup pour... subtiliser la carabine ! Il y a confusion, ce qui permet à Ben de lui sauter dessus et de lui reprendre l'arme à feu et à tirer sur lui. En attendant, les morts-vivants commencent à réussir à démolir les portes et fenêtres. Cooper, blessé, descend dans la cave. Helen est attrapée par les mains qui dépassent d'une fenêtre. Elle ne parvient pas à se dégager ! Barbara, dans un éclair de lucidité, vient à son secours, lui permet de se dégager et de descendre dans la cave. Lorsqu'elle arrive en bas, elle voit sa fille en train de dévorer le bras de son père !

La bouche pleine de sang, le regard mauvais, elle s'approche de sa mère, mains aux doigts crochus en avant. « Oh ! Baby ! » Gémit-elle, désespérée, en reculant devant le monstre qu'est devenue sa petite fille. L'enfant prend une truelle pointue et assène de nombreux coups mortels à sa mère paralysée par la terreur. Le sang gicle contre le mur. En haut, Barbara est emportée par la marée des morts-vivants parmi lesquels elle reconnaît son frère. La petite fille est remontée et agresse Ben qui s'en débarrasse. Il descend dans la cave et barricade la porte. Les morts-vivants envahissent la maison.
Dans la cave, le cadavre de Cooper se met à bouger ; Ben lui loge une balle dans la tête. Il jette un coup d'œil sur Helen : elle ouvre les yeux ! Son cadavre subit le même sort. Ben s'installe dans la cave.
Le jour se lève, gris. Un hélicoptère montre, vus du ciel, les morts-vivants qui fuient dans un champ. L'équipe de destruction approche. Les morts-vivants sont abattus comme des lapins. (On prendrait presque pitié) Ben entend des bruits. Il sort de la cave. Les hommes préparent un bûcher. Ben regarde par la fenêtre, prudemment.
Le shérif (celui du reportage à la télévision) : « Vince, tire-lui entre les deux yeux ! » Il tire et tue Ben ! « Bien visé, il est mort ! »
Générique de fin sur des photos : gros plans sur un crochet de boucher utilisé comme une

gaffe, la tête de Ben, les cadavres brûlés, le crochet planté dans la poitrine de Ben...
Dernières images : ils emmènent Ben au bûcher, au milieu des morts-vivants (on en reconnaît certains).
Ultime image, mobile cette fois : le bûcher brûle...
Fin

La Nuit des morts-vivants (1968) (Night of the living dead). Un film de George Romero. Prod. Russel W. Streiner et Karl Hardman. Sc.: John Russo et George Romero. Dir. Prod. Vincent Survinski. Prod. Ex. George Kosana. Ph. The Latent image inc. Ing. son Gary R. Streiner et Marshall Booth. Eff. Sp. Regis Survinski et Tony Pantanello. Mix. Hardman Assoc. inc. Props Charles O'Dato. Tittle sequence The Animators. Script coord. Jacqueline Streiner, Script girl Betty Ellen Hanghey. Coif. Bruce Capristo, Ecl. Joseph Unitas. Avec Duane Jones (Ben), Judith O'Dea (Barbra), Karl Hardman (Harry), Marilyn Eastman (Helen), Keith Wayne (Tom), Judith Ridley (Judy) et Kyra Schon, Charles Graig, Bill Heinzman, George Kosana, Frank Doak, Bill « Chilly Billy » Cardille, A. C. Mc Donald, Samuel R. Solito, Mark Ricci, Paula Richards, John Simpson, Herbert Summer, Richard Ricci, William Burchinal, Ross Harris, Al Croft, Jason Richards, Dave James, Sharon Carrol, William Moggush, Steve Hutsko, Joann Michaels, Phillip Smith, Ella Mae Smith, Randy Burr. Tourné à Pittsburg. Noir et blanc.

Les Films

Nosferatu de Friedrich Wilhelm Murnau (1922), la version expressionniste du Dracula de Bram Stoker. On n'a pas fait mieux depuis. Voir le chapitre sur les chefs-d'œuvre. Voici ce qu'en disait Rudol Kurtz, dans son essai *Expressionnisme et cinéma* : « *Murnau [...] tente dans son film de créer l'impression inquiétante de l'atmosphère qui règne sur les esprits à l'aide d'éléments qui ne sont peut-être pas encore de l'expressionnisme en toute connaissance de cause, mais qui apparaissent semblables à ses formes. Cette aventure effrayante que Henrik Galeen avait transcrite de façon magistrale dans son manuscrit, et au cours de laquelle des visions superposées de rats, de bateaux pestiférés, de vampires, de voûtes obscures, de charrettes noires tirées par des chevaux à la vitesse de l'éclair, s'interpénètrent et s'entremêlent de manière démoniaque, échappait d'emblée à une interprétation naturaliste. Murnau en souligna le caractère irréel, sa mise en scène dépendait de visions élaborées avec art, et il réussit à traduire cette horreur que ne peuvent rendre des formes naturelles.* » Voilà le mot lâché : des formes naturelles. Ce qui fait hésiter Kurtz à qualifier ce film d'expressionniste (car pourtant, il l'est) c'est qu'il a été entièrement tourné en décors naturels. Ainsi, le Carfax du roman de Stoker, est, dans Nosferatu, le grenier à sel de Lübeck. Ce qui caractérise ce chef-d'œuvre de l'expressionnisme, c'est que ce courant artistique se traduit dans la manière de filmer (et particulièrement de la lumière, du montage et du cadrage) et non pas des décors naturels, qui sont rendus irréels, justement par l'art de filmer du cinéaste....

Les Mains d'Orlac de Robert Wiene (1924), les mains d'un assassin greffées sur un pianiste qui a perdu les siennes dans un accident de train. Orlac est interprété par Conrad Veidt qui joua le somnambule du Dr Caligari (1919). Autres versions : par Karl Freund en 1935 – Edmond T. Greville en 1961. Tobe Hooper développe le même thème, mais avec un œil au lieu des mains, dans le dernier sketch de *Body Bags* (1993).

Le Fantôme de l'Opéra de Rupert Julian (1925), un film avec Lon Chaney, c'est tout dire s'il est fascinant et extravagant. Curiosité due à une scène en couleurs...

La Volonté du mort de Paul Leni (1927), premier film américain du réalisateur allemand. Ce film est le précurseur des films fantastiques américains. On pourrait résumer ainsi le fondement de ces derniers : expressionnisme allemand mélangé avec polar américain donnent *Dracula* de Tod Browning.

La Chute de la maison Usher de Jean Epstein (1928 – 1929 pour la version sonorisée), avec ce film « *d'après les motifs d'Edgar Allan Poe* », comme l'annonce le générique, le cinéaste français répond à l'expressionnisme allemand. Grâce aux recherches sur les décors et la lumière, aux mouvements de caméra et aux rythmes nouveaux apportés, notamment par le ralenti, ce chef-d'œuvre marque l'histoire du cinéma. La scène du transport du cercueil en barque renvoie à *Vampyr* de Carl Th. Dreyer... qui sera tourné quelques années plus tard.

Dracula de Tod Browning) (1931), le moins bon de Browning qui tente de nous effrayer en éclairant les yeux de Bela Lugosi très bavard. Quelques scènes célèbres à noter : celle de la toile d'araignée, de l'escalier et de l'exécution de Dracula...

Frankenstein de James Whale (1931), prodigieux avec Boris Karloff ! De nombreux critiques comparent la scène célèbre et très émouvante du monstre avec la petite fille au bord de l'eau avec une scène du *Golem* de Paul Wegener (1920) où on voit une petite fille tendre un fruit au monstre. Film américain qui donnera une impulsion expressionniste au cinéma fantastique d'outre-Atlantique.

White Zombie de Victor Halperin (1932), Bela Lugosi est maître des zombies...

Le Fantôme vivant (The Ghoul) de T. Hayes Hunter (1933)
On croyait ce film disparu, mais on a trouvé une copie à Prague. Elle a été restaurée et elle à peu près lisible. Boris Karloff joue le rôle d'un mort-vivant (mais on apprend ensuite que ce n'était que de la catalepsie...) comme seul il savait le faire. Autrement ce film est monté comme un film muet sur plans fixes sauf qu'il manque les cartons d'explication, car on s'y perd facilement.

Les Mains d'Orlac de Karl Freund (1935), thème repris de nombreuses fois par le cinéma fantastique : deux mains greffées rendent un homme criminel, car elles appartenaient à un assassin. Avec le grand Peter Lorre dans le rôle du Dr Gogol, interprétation qui arracha cette exclamation à Charlie Chaplin quand il eut vu le film : « Lorre est le plus grand acteur vivant » ! John Huston présente un extrait des *Mains d'Orlac* dans son film *Au-dessous du volcan* (1984).

La Fiancée de Frankenstein de James Whale (1935).
Le meilleur de tous les *Frankenstein*.

Scène sublime d'humanité avec le violoniste aveugle et fabuleuse coiffure de la fiancée, coiffure reprise dans *Frankenstein junior* de Mel Brooks (1974).
Voir au chapitre des chefs-d'œuvre.

Le Mort qui marche de Michael Curtiz (1936), Boris Karloff interprète un génial et très humain « Mort qui marche » vengeur. (Il avait déjà interprété ce genre de rôle dans *Le Fantôme vivant* (voir ci-dessus).
La Charrette fantôme de Julien Duvivier) (1939), quand la mort s'approche de vous, vous entendez la charrette fantôme... gare à vous si vous mourez le dernier de l'année, car vous la conduirez toute l'année qui suit ! Autres versions, celle de Victor Sjöström (1921) et *Le Charretier de la mort* d'Arne Mattsson (1958).

Le Fils de Frankenstein de Rowland V. Lee (1939). Décors tordus et ombres expressionnistes comme dans Le Cabinet du docteur Caligari (1919 – Robert Wiene)

Le Spectre de Frankenstein d'Erle C. Kenton (1942)
Avec Bela Lugosi et Lon Chaney Junior.
La malédiction de Frankenstein plane encore sur le village.

Le Monstre n'est pas mort, « il a survécu à la mine de soufre ». Ygor le gardien emmène le monstre voir un des deux fils du docteur Frankenstein. Ce fils est psychiatre, il soigne les "fous". Ygor pense que ce docteur peut maîtriser la foudre qui pourrait guérir le Monstre. Une version fantastique de l'électrochoc. Enfin la solution sera cherchée dans la greffe d'un nouveau cerveau.
D'autre part, le Monstre s'intéresse à la jolie fille du docteur, qui est fiancée au procureur.
Comme d'habitude Lon Chaney Jr (qui n'est jamais arrivé à la cheville de son père) est très emprunté et Bela Lugosi cabotine.
Ah ! la fée électricité !
Scénario tiré par les cheveux, mauvais acteurs... mais ces vieux films de l'Universal ont gardé tout leur charme.

Le Fantôme de l'Opéra de Arthur Lubin (1941). Version à l'eau de rose. J'ai bien aimé les décors à la *Cabinet du docteur Caligari* de la chambre du violoniste et ceux des rues glissantes de Paris, ainsi que ses égouts.
Voir ci-dessous la liste des films du *Fantôme de l'Opéra* à la chronique de ce film réalisé par T. Fisher en 1962.

Son of Dracula de Robert Siodmak (1943). Un scénario assez original sur les vampires, un film tout en expressionnisme avec un délicieux noir et blanc, mais un Lon Chaney Jr pas vraiment à sa place en Dracula...

Frankenstein rencontre le loup-garou de Roy William Neill (1943). Malgré son titre racoleur, ce film n'est pas si mal. Il renvoie bien sûr au Frankenstein de James Whale, ou plutôt à sa suite La Fiancée de Frankenstein (1935) avec le prologue dans le cimetière et aussi au Loup-garou de Waggner (1941). Il y a tous les ingrédients des films d'horreur modernes : une explication "scientifique" ("c'est un lycanthrope") qui permet de rendre l'histoire rationnelle donc plus vraisemblable donc plus horrible... Il y a la Gitane qui sait. Le monstre est pris dans la glace et Bela Lugosi a enfin rencontré le rôle qu'il avait refusé pour le Frankenstein de Whale et accepté alors par Boris Karloff. Le docteur n'a pas besoin de la foudre, il utilise l'énergie hydraulique et tous les instruments de la science moderne de l'époque, même la radiographie !

C'est arrivé demain de René Clair (1943), film américain de René Clair dans lequel un journaliste de la fin du XIXe siècle parvient à connaître l'avenir grâce à un fantôme.

Vaudou de Jacques Tourneur (1943), être zombie, même quand on est une jolie femme, ne peut être guéri que par la mort. Noir et blanc somptueux dans de merveilleux cadrages. Un film qui reste gravé en vous jusqu'à la mort...

La Bête aux cinq doigts de Robert Florey) 1947, Peter Lorre est toujours formidable en distillant la terreur avec son jeu d'acteur et ses mimiques subtiles. La main d'un mort revient le venger. Mais, n'était-ce qu'un stratagème ? On retrouve souvent cette "Bête" dans de nombreux films humoristiques qui ont suivi... *La famille Addams*, par exemple.

Orphée de Jean Cocteau (1950), traversée des miroirs, poursuite de la Mort dans le monde intermédiaire dans lequel errent éternellement ceux qui ne l'ont pas trouvée. Féerie fantastique !
Deuxième volet d'une trilogie : *Le Sang d'un poète* 1930, *Orphée* 1950 et *Le testament d'Orphée* 1960.
Ce thème du poète qui doit mourir un peu pour créer a été repris par Marcel Camus dans le film *Orfeu Negro* (1959) et Jacques Demy dans Parking (1985).

Pandora de Albert Lewin (1951), chef-d'œuvre inspiré de la légende du « Hollandais volant ». « *La mort a dix mille portes de sortie. Leurs gonds sont géométriques, elles ouvrent dans les deux sens* », déclare le désespéré Reggie qui vient d'avaler un poison mortel pour se suicider par amour pour Pandora. Scène fantastique : on voit, loin en bas, le remous de la voiture de course que Stephen vient de pousser à la mer du haut de la falaise pour satisfaire Pandora qu'il veut épouser.

Quel sacrifice de la part d'un coureur automobile ! Au premier plan, à gauche, à contre-jour (il fait nuit...), la tête de la jeune femme qui regarde. Elle se retourne alors, couchée sur le dos au bord de la falaise, son beau visage éclairé dirigé vers le ciel. Une intense satisfaction brille dans ses yeux.
Le personnage de Pandora est joué par la merveilleuse Ava Gardner. On aimerait voir sa nudité lorsqu'elle nage vers le vaisseau fantôme. On devra se contenter de l'imagination du hors-champ. Puis, on peut encore rêver ce magnifique corps alors emballé dans une voile du navire. Superbe ! Il y a toujours un peintre dans les films de Lewin. Ici, c'est Hendrick Van der Zee, le Hollandais volant lui-même !
F. F. Coppola a repris (involontairement ?) le scénario de *Pandora* dans son film *Dracula* pour faire de cette histoire de vampire une histoire romantique.

La Revanche de Frankenstein de Terence Fisher (1958), le meilleur des Frankenstein de Fisher interprété par Peter Cushing, tous produits par la Hammer. C'est vraiment un très bon film. Le docteur Frankenstein utilise son hôpital comme « gisement » de pièces de rechange humaines.

Le Sang du vampire de Henry Cass (1958)
C'est le retour de la Hammer dans les salles. Donc Artus Films profite de ce regain d'intérêt

pour éditer des films de ce superbe studio relativement oubliés. Et c'est formidable.
Ce film contient donc tous les ingrédients du film d'horreur british des années 50 : l'assistant du vampire difforme, les belles serveuses aux profonds décolletés à la taverne, le chirurgien genre Frankenstein, et les couleurs, superbes couleurs ! Et aussi les chevauchées dans la forêt, l'arrivée au sinistre château qui est une prison et le laboratoire dans les sous-sols gothiques du château.
Tout cela relève des canons du roman Dracula et il y a même le portrait du fiancé du jeune homme qui attire le vampire. Enfin, ici c'est plutôt l'assistant monstrueux qui est attiré par la fille...
Chienne de vie ! Ou plutôt de mort !
Ce film est la version « continentale »avec des scènes érotiques « osées », la version anglaise étant plus soft...
Regarder le supplément qui apprend bien des choses sur ce film.
Par exemple, que le scénariste est aussi celui d'autres films de la Hammer : *Le Cauchemar de Dracula, Dracula prince des ténèbres, Les Horreurs de Frankenstein*, etc.

Hideous Sun Demon de Robert Clarke (1959)
Un scientifique exposé à des radiations réagit bizarrement aux rayons du soleil !
Il devient donc une créature de la nuit...

Comme dans *Nosferatu*, une femme le retiendra jusqu'au lever du jour...
Il y a aussi deux femmes dans sa vie, comme dans *Dracula* et une scène entre une petite fille et le monstre comme dans *Frankenstein*. Que de références !
Le monstre est un peu nul et les bagarres mal foutues, mais c'est rigolo.
Un ancêtre de Hulk ?

Histoire de fantômes japonais de Nobuo Nakagawa (1959). Superbe photo couleur ! Un sale assassin samouraï est hanté par ses victimes.

L'amante del vampiro de Renato Polselli (1959) est une tentative du néoréalisme italien de faire du fantastique et de l'horreur. Pas très réussi à part l'érotisme assez réussi. Faut dire que ce film manque de moyens à un tel point que cela en devient son atout et son charme. Un peu du Jean Rollin italien...

La Malédiction des Pharaons de Terence Fisher (1959), Peter Cushing est le gentil égyptologue et Christopher Lee la méchante momie.

Le Masque du démon de Mario Bava (1960), chef-d'œuvre du gothique, début du gore, ce film eut des ennuis avec la censure, car la première scène montre une violente exécution par une "vierge de Nuremberg" (un masque avec des pointes à l'intérieur appliqué sur le visage à coups de massue). Deux vampires exécutés autrefois par ce procédé cruel reviennent à la vie grâce à quelques gouttes de sang d'un voyageur. Formidables mouvements de caméra. Avec l'actrice fétiche de Bava : Barbara Steele. Extrait de *Vie des fantômes* de Jean Louis Leutrat : « *L'histoire se déroule au sein d'une même famille. Elle relie deux femmes de cette famille à deux siècles d'intervalle. Un mouvement de caméra allant de la fille au père insiste sur l'idée de lignée. Le père est celui qui a assuré la descendance, la filiation satanique. Lorsque la caméra filme son fauteuil de dos, tout en s'en approchant, il est difficile de ne pas penser à* Psychose *qui est la même année. Mais au lieu de révéler la momie d'une mère, ce mouvement aboutit à la figure d'un père catatonique.* » Voir au chapitre des chefs-d'œuvre.

La Cité des morts de John Moxey (1960)
Ce film est intéressant à plus d'un titre. Son scénario semblerait avoir inspiré ou s'être inspiré de plusieurs films : *L'Antre de la folie* (1994) de John Carpenter (avec le village maudit), *Rendez-vous avec la peur* (1957) de Jacques Tourneur (avec le sorcier et la malédiction), Le *Masque du démon* (1960) de Mario Bava (le retour de la sorcière)...
Le film est ultra fauché et remplace les décors par le brouillard cher à Roger Corman. Christopher Lee est bon comme à son habitude et,

de par l'intertextualité de ce film, on prend un certain plaisir à le regarder.

Maciste contre le fantôme de Sergio Corbucci et Giacomo Gentilomo (1961). Dé-li-cieux. Ah ! Il y en a eu des Maciste, du pire et du meilleur... Celui-ci fait partie de la seconde catégorie ! On ne pouvait faire mieux que Corbucci.

Les Innocents de Jack Clayton (1961), une maison hantée, des enfants sous la hantise et leur gouvernante.
Autre adaptation de Henri James : *Le Tour d'écrou* de Rusty Lemorande (1992)

Hercule contre les vampires de Mario Bava (1961), péplum vampirique un peu long. On note la prestation de Christopher Lee.

L'étrange histoire du juge Cordier de Reginald Le Borg (1962). La moins mauvaise adaptation de la nouvelle de Maupassant *Le Horla*. Avec le grand Vincent Price qui tourne beaucoup cette année-là. La culpabilité est la base de la hantise. Même celle du *Horla* ! Corbillard, chevaux noirs, brume dans le cimetière, portes et fenêtres qui s'ouvrent toutes seules, lueur verte dans les yeux. Le possédé dialogue avec l'invisible comme le schizophrène.

Carnival of souls de Harold "Herk" Harvey (1962), film culte qui a inspiré de nombreux cinéastes dont le moindre n'est pas Tim Burton avec la voiture qui tombe dans la rivière dans *Beetlejuice*... Par contre, Peter Staub a (honteusement ?) copié le scénario pour son roman *Ghost story* dont est tiré le film *Le Fantôme de Milburn* (1982) de John Irvin. Je ne dévoile pas le thème du film pour ne pas déflorer le sujet. Ce film est un chef-d'œuvre.

Le Fantôme de l'Opéra de Terence Fisher (1962). Un pendu sur la scène, une voix qui traverse les murs... un chasseur de rats, un fantôme borgne masqué, une espèce de Quasimodo tueur, une partition sur un paravent, un incendie dans une imprimerie, un producteur qui s'approprie l'œuvre musicale d'un disparu et... la vengeance de ce dernier. Il y a le fleuve aussi... Terence Fisher filme tout cela sans imagination... Autres films tirés du roman de Gaston Leroux : *Le Fantôme de l'Opéra* de Rupert Julian (1925) – *Le Fantôme de l'Opéra* d'Arthur Lubin (1941) – *Phantom of the Paradise* de Brian de Palma (1975) – *Terreur à l'Opéra* de Dario Argento (1987) – *Le Fantôme de l'Opéra* de Dwight H. Little (1990) – *Le Fantôme de l'Opéra* de Dario Argento en 1999...

La Tour de Londres de Roger Corman (1962). Remake du film de Rowland W. Lee (1939) avec Boris Karloff. Cette fois c'est avec Vincent Price toujours aussi bon. Les scénaristes (Leo Gordon, Amos Powell et James B. Gordon) ont rajouté les fantômes.

Trois visages de la peur de Mario Bava (1963), trois sketches expressionnistes de terreur : *Le Téléphone*, *Les Wourdalaks* et *La Goutte d'eau*. Le chef-d'œuvre de Mario bava. Le sketch sur le téléphone a inspiré tous les films d'horreur contemporains. N'est-ce pas Wes Craven ? Celui sur les vampires (*Les Wourdalaks*) crée une ambiance de terreur avec les éclairages en couleurs expressionistesn le cadrage des fenêtres : petit à petit tout le monde sera contaminé. Et *La Goutte d'eau* est une histoire de hantise surprenante.

La Maison du diable de Robert Wise (1963), une maison hantée, un film effrayant sans aucun effet spécial où le son est toujours vecteur de la terreur, en association avec l'image, bien sûr. Un escalier métallique en spirale qui mène à la mort et que l'on emprunte poussé par son angoisse... Un chef-d'œuvre qui touche le spectateur au fond de cette culpabilité qui existe en chacun de nous. Remake : *Hantises* (Jan De Bont) 1999. Ces films sont des adaptations du roman de Shirley Jackson *La Maison hantée.* Shirley Jackson se définissait elle-même comme une vraie sorcière.

Le Manoir maudit d'Antonio Bocacci (1963)
Le réalisateur a signé ce film du pseudonyme d'Anthony Krystie.
Un film en noir et blanc d'assez mauvaise qualité.

Un château en plan fixe qu'on voit souvent dans les films fantastiques italiens.

Deux jeunes filles qui y ont pénétré sont enlevées par un homme au visage difforme qui les torture à mort. Une autre jeune fille venue avec son père se retrouve dans la salle des tortures du château. Le pauvre spectateur a droit à un défilé de monstres en carton-pâte.

Les plans sont répétitifs. Avec la déambulation des personnages dans le château au travers de multiples portes, le réalisateur veut faire du Dreyer comme dans *Vampyr,* mais c'est raté.

Supplément du DVD de chez Artus films : « **la tombe des tortures** », par Alain Petit.

Bocacci n'a réalisé qu'un seul film, celui-ci. Mais l'année 1963 fut une belle année pour le gothique italien, avec deux Mario Bava (Le Corps et le fouet & Les trois visages de la peu) et des Margheriti (La Danse macabre & La Vierge de Nuremberg) et... La Crypte du vampire, etc., et quelques petits films « clandestins ».

À côté de ces géants : ce petit film. Un film ou un roman-photo ? Un film ! Le plus mauvais des films gothiques italiens ! Pourtant il a bien été diffusé à la télévision américaine.

La dernière demi-heure est intéressante, le monstre aussi... C'est Alain Petit qui le dit...

La Maison du diable de Robert Wise (1963), une maison hantée, un film effrayant sans aucun effet spécial où le son est toujours vecteur de la terreur, en association avec l'image, bien sûr. Un escalier métallique en spirale qui mène à la mort et que l'on emprunte poussé par son angoisse... Un chef-d'œuvre qui touche le spectateur au fond de cette culpabilité qui existe en chacun de nous. Remake : *Hantises* (Jan De Bont) 1999. Ces films sont des adaptations du roman de Shirley Jackson *La Maison hantée.* Shirley Jackson se définissait elle-même comme une vraie sorcière.

La Malédiction d'Arkham de Roger Corman (1963), Charles Dexter Ward renaît une fois de plus pour la malédiction de la petite ville d'Arkham. Bonne adaptation de Lovecraft. On annonce A. E. Poe au générique, mais c'était parce que Lovecraft n'était pas connu, et Corman était célèbre pour ses adaptations de Poe qui n'a rien à voir avec ce film.

Le Manoir de la terreur de Martin Herbert (Alberto de Martino) (1963)
Le titre de ce film a été aussi « Horror », et parfois daté en 1962. Autres titres : « Demoniac », « The Blancheville Monster »...
Le scénario est de Sergio Corbucci, pas moins !
Artus Film qui a édité ce film en DVD annonce une adaptation de La Chute de la maison Usher... Très tiré par les cheveux.
Nous sommes en Angleterre en 1884. Une jeune fille retrouve son frère en revenant dans le manoir familial avec une amie et le frère de celle-ci, qui est aussi l'amoureux de la jeune

fille. Leur père est décédé. Un mystère terrifiant plane dans ce manoir. Une hantise ? Une malédiction ?

Il devait faire très froid pendant le tournage du film à voir la vapeur qui sort de la bouche des acteurs quand ils parlent.

Quant à l'histoire, elle ne tient pas ses promesses. Le film est en noir et blanc et la photo n'est pas terrible. On sent une volonté de s'inspirer du style des films de la Hammer, mais ça manque d'inspiration !

Comme dans « Vampyr » de Dreyer (1932), il y a un cercueil avec une petite fenêtre sur le couvercle pour voir le visage du mort. Ce fut le cas aussi dans le film « L'effroyable secret du docteur Hichcock » de Riccardo Freda (1962, sous le pseudonyme de Robert Hampton)..

Le château est une maquette au début du film et le tournage a eu lieu en Espagne dans le château de « L'horrible docteur Orloff » de Jess Franco (1961).

Le plus grand talent d'Alberto de Martino a été d'être un très bon imitateur... Dans les suppléments du DVD, on apprécie une interview d'Alain Petit, comme toujours très intéressante. « Le film est contemporain de l'âge d'or » du gothique italien, dit-il.

Venus in Furs de Jess Franco (1963)

Ce film est publié en DVD en 2012 par Artus Films dans un coffret comprenant quatre films de Jess Franco dont deux sont des films pornos soft.

Revenons à **Venus in Furs**.
Dans les bonus du DVD il y a une interview de Alain Petit très intéressante. Il nous explique que ce film a été tourné en Turquie, qu'il est un chef-d'œuvre dans la carrière du cinéaste, chef-d'œuvre dans lequel tous ses univers sont regroupés. Il rappelle également que Jess franco partait tourner un film avec l'argent du producteur pour ce film et revenait souvent avec deux films ou trois ! Il savait très bien recycler les images et les rushes...
Nous sommes donc à Istanbul. Un homme déterre sa trompette. Il ne sait plus pourquoi il l'avait enterrée dans le sable sur la plage. Il trouve le cadavre d'une jolie fille apporté par la mer. Elle avait été assassinée sous ses yeux auparavant.
À Rio, il se remet à la trompette et dès qu'il en joue la femme réapparaît.
Jess utilise des images de reportages d'actualité sur le Carnaval de Rio et il filme les tableaux fixés au mur quand apparaissent les méchants.
Il est question de musique (jazz), de peinture et gravure, de photos.
Superbe film d'amour et de mort...
Avec Klaus Kinski.
Le même thème a été traité dans le film culte *Carnival of Soul* de Harold Herk Harvey (1962)
La Vénus à la fourrure est un roman masochiste de l'auteur **Leopold von Sacher-Masoch,** paru en 1870. D'ailleurs le terme de *masochisme* provient du nom de l'auteur !

Roman Polanski a réalisé une adaptation de ce roman dans son film homonyme ayant concouru au festival de Cannes 2013.

Twice-Told Tales de Sidney Salkow (1963). Salkow a réalisé l'année suivante "Je suis une légende" adapté du roman de Matheson. Twice-Told Tales, jamais projeté en France à ma connaissance (sauf à la télé) est un petit bijou de film d'horreur qui adapte trois contes de Nathaniel Hawthorne (donc, trois contes puritains...), ce qui est suffisamment rare, car c'est un auteur difficile à adapter à l'écran :
- *L'Expérience du docteur Heidegger :* De l'eau de jouvence trouvée qui sourd dans le caveau où repose le corps de Sylvia. Les deux frères retrouvent la jeunesse grâce à cette eau et redonnent vie à Sylvia. Mais cela va faire ressortir les cadavres des placards et la malédiction règne, car elle est la mère de la culpabilité.
- *La fille de Rappaccini :* Une très belle jeune fille dans un si beau jardin à Padoue. Mais cette jeune fille est empoisonnée ! C'est la punition de son père qui veut la préserver du péché et la garder pour lui seul.... Ah ! La culpabilité !
- *La Maison aux sept pignons :* Cette maison est le siège d'une malédiction. Et (donc) elle est hantée. Toujours la culpabilité. Et un amour interdit.

L'esprit puritain et le sentiment de culpabilité de Hawthorne dont un ancêtre fit brûler les sorcières de Salem sont vraiment bien rendus.

Les Maléfices de la momie de Michael Carreras (1964). Oui, comme les histoires de momies ne m'ont jamais emballé, je n'en dirais pas plus. Et comme j'aime ce que fait La Hammer...

La Crypte du vampire de Camillo Mastrocinque (1964)
Un joli noir et blanc avec Christopher Lee qui ne joue pas le vampire.
Le même château que dans *Le Cimetière des Morts vivants* et *Vierges pour le bourreau*.
Il y a trois jolies filles pas moins.
Un jeune restaurateur d'œuvres d'art arrive au château du comte Karlstein. Ce dernier veut enquêter sur une de ses ancêtres, exécutée autrefois pour sorcellerie. Il confie l'enquête au jeune homme, car il doit y avoir un tableau dans la maison qui montre le portrait de cette jeune femme ancêtre du comte.
Voilà une bonne idée de scénario.
La fille de Karlstein et sa gouvernante tentent de faire un cérémonial nécromancien pour découvrir si la jeune-fille n'est pas la réincarnation de la sorcière... Il semble que la jeune fille sorte possédée de cette cérémonie.
La fiche technique du film indique que le scénario est inspiré de la nouvelle *Carmilla* de Le Fanu. Soit. Mais il est aussi nettement inspiré

du film *Le Masque du démon* de Mario Bava (1960).
Ce film comporte quelques magnifiques plans : quand Laura (la fille du châtelain) dort dans l'obscurité son visage éclairé... La scène où les deux jeunes filles trouvent le clochard pendu à la cloche de la chapelle abandonnée...
Mais qui est le vampire ?
Le mystère vous tient jusqu'au bout.
Ce film est très bon. Le scénario est excellent.

L'orgie des vampires de Renato Polselli (1964)
Artus films s'est fait la spécialité d'exhumer des films complètement oubliés même si leur qualité peut laisser à désirer. Mais cela est un grand plaisir de cinéphile de voir ces réalisations et de les analyser.
Le titre italien du film est « Il monstro dell opera ». Traduction : « Le monstre de l'opéra »
En fait, s'il y a bien un vampire et son harem de vampires il n'y a pas vraiment d'orgie.
C'est un film en noir et blanc.
En prologue, une fille en chemise de nuit fuit dans la nuit... poursuivie par un homme en smoking qui ricane. On devine que l'homme en smoking est le vampire. Le smoking est une influence du film *Dracula* de Tod Browning (1931).
Une troupe de spectacles composée essentiellement de jolies filles s'installe dans un théâtre abandonné. Hanté par un vampire.

Les changements de perspective sont intéressants.
Lily ressemble à Laura la fiancée du vampire (cf Mina dans Dracula...)
Beaucoup de bavardages et d'explications (ah ces Italiens !)
La maîtresse de Stéphane est mariée...
Vivement que le film soit fini !
La copie du film en version française n'étant pas complète elle a été complétée par les passages manquants qu'on trouve en version originale et qui ont été sous-titrés par Artus films.
Ce film fait partie de la collection « Gothique » D'Artus Films.

Dracula prince des ténèbres de Terence Fisher (1964), la suite du *Cauchemar de Dracula* de Fisher et avec Chritopher Lee. Dracula est reconstitué avec le sang d'un pauvre voyageur qui s'est perdu dans la région.
Ce film est suivi d'autres produits par la Hammer et qui commencent par la fin du précédent suivie de la résurrection du vampire : *Dracula et les Femmes* de Freddie Francis (1969) – *Une Messe pour Dracula* de Peter Sasdy (1970) – *Dracula 73* d'Alan Gibson (1972). Avant *Dracula prince des ténèbres*, la Hammer avait produit un film dans lequel Christopher Lee avait refusé de jouer le rôle de Dracula, craignant d'être trop catalogué. Ce fut *Les Maîtresses de Dracula* de Terence Fisher en 1960. Contrairement à ce que suggère

le titre, Dracula n'est pas présent, mais Van Helsing si, sous les traits de Peter Cushing.

L'empreinte de Frankenstein de Freddie Francis (1964)
Film de La Hammer au Titre original : *The Evil of Frankenstein.*
Les prologues des films de La Hammer sont toujours très denses. Ici on assiste à l'enlèvement du corps d'un défunt par un individu peu recommandable d'apparence, ceci sous les yeux d'une innocente jeune fille. Le laboratoire du baron Frankenstein est très coloré et très animé avec moult vapeurs (produites par l'azote liquide du responsable des effets spéciaux). Les opérations post mortem, bien que seulement suggérées, sont terrifiantes. Peter Cushing en docteur de l'horreur est toujours aussi bon. « Le travail du diable » affirme le prêtre de la paroisse. Le château du baron ressemble à celui du comte Dracula. Quant à l'étincelle de vie, elle provient de la fée électricité comme l'avait indiqué Mary Shelley.
Dans un film de Frankenstein tout est dans la créature. Ici elle est plutôt ratée.
Nouveauté : cette créature aime la chair fraîche, du moins dans la première partie du film.
Une histoire à dormir debout, mais il y a Peter Cushing

Le Manuscrit trouvé à Saragosse de Wojciech J. Has (1964), des histoires qui s'emboîtent comme des poupées gigognes, des pendus, des fantômes, l'inquisition, la religion et l'amour, et beaucoup de profonds décolletés. Mais est-ce un rêve ou la réalité ? Merveilleux.

Je suis une légende de S. Salkow et U. Ragona (1964). Un beau petit film en noir et blanc dans lequel Vincent Price est excellent. Cette adaptation du roman de Matheson a certainement bien inspiré d'autres films comme, par exemple, *La Nuit des morts-vivants* (1968) de George Romero. Un seul être humain a survécu sur notre Terre peuplée de vampires.

Die Monster Die de Daniel Haller (1965). Daniel Haller fut décorateur de Roger Corman. Dans ses films (il en a peu réalisé) on reconnaît les brumes, les cimetières et les maisons des films de Corman, et pour cause ! Ce film se veut une adaptation de la nouvelle de Lovecraft « *La Couleur tombée du ciel* ». L'histoire au cinéma n'a gardé que l'idée centrale (une météorite tombée du ciel...) et tente de reconstituer l'ambiance lovecraftienne. C'était l'époque où les rythmes étaient lents et l'ambiance primait. Le film est assez agréable à regarder... Avec le grand Boris Karloff.

La Planète des vampires de Mario Bava (1965). Mario Bava réalise ce film avec son fils

Lamberto en utilisant les décors de *Hercule contre les vampires* (1961). Avec un budget de misère, Mario Bava réalise une œuvre qui est à la source d'autres grands films de science-fiction comme *Alien* (1979) de Ridley Scott et *The Thing* (1982) de John Carpenter, lui-même, remake de *La Chose d'un autre monde* (1951) de Christian Nyby.

Autre titre traduit directement de l'italien : Terreur dans l'espace.

Ce film est un grand classique. On en a beaucoup parlé en disant que c'est lui qui avait inspiré le scénariste O'Bannon pour le film **Alien, le 8ᵉ passager**...

Il a évidemment son côté ringard, daté, mais c'est vraiment accessoire : un poste de pilotage extrêmement spacieux, des cosmonautes dans des combinaisons très inconfortables avec de gros gants.

Un signal de détresse provenant d'une planète isolée parvient au vaisseau spatial qui effectue un atterrissage forcé sur un monde étrange. Plusieurs membres d'équipage semblent passagèrement possédés, agressifs, puis ne se souviennent de rien...

Ils sont victimes d'un vampirisme psychique. Leurs corps sont « habités », psychiquement, mais aussi physiquement, même après leur mort !

Ils trouvent un très ancien vaisseau extraterrestre échoué là depuis des siècles.

Les extraterrestres de la planète ne peuvent survivre que grâce aux corps des humains.

Bava réalise un exploit, comme toujours, en obtenant des effets spéciaux superbes avec quasiment aucun moyen ! Il utilise les reflets dans les miroirs, les cadrages étroits avec un objet, les peintures sur vitre et… la polenta !
Un très grand ce Mario Bava !
Évidemment, on reconnaît là le scénario du film *Alien*.
Mais pas seulement, on reconnaît aussi le thème du roman et des films *Body Snatchers*.

Vierges pour le bourreau de Max Hunter (1965)
En fait, Max Hunter est le pseudonyme de Massimo Pupillo.
En prologue on assiste à l'exécution du bourreau (très théâtral) dans une « vierge de Nuremberg » qui est scellée avec le corps dedans dans les caves d'un grand château (qu'on revoit dans *Le Cimetière des Morts vivants* du même Pupillo, tourné dans la foulée…)
Après le générique, une équipe arrive pour trouver une ambiance gothique afin de faire des photos d'illustrations de livres d'horreur… (en référence à un comics)
Et devinez ? Ils vont réveiller le bourreau !
Ils font des photos d'horreur, mais la réalité va les rattraper. Les séances photo sont longuettes et les séances de torture sont désopilantes.
Il y a beaucoup d'explications, de morts et des bagarres.

« Il ne faut pas exagérer avec la mort, car souvent elle se venge cruellement... » sont les paroles de ce petit film délicieux.
Mais où sont les vierges ?
Les suppléments du DVD sont particulièrement intéressants avec un exposé d'Alain Petit sur ce film, ses producteurs, son réalisateur et les acteurs. Superbe !
Ce film représente « une fin de course » du cinéma d'horreur italien, qui reprendra vie avec le Giallo en 1970. Alain Petit qualifie ce film d'ancêtre des tortures movies, si à la mode de notre temps...

Le Corps et le fouet de Mario Bava sous le pseudonyme de John M. Old (1965), terreur dans un château dans lequel deux frères s'affrontent pour l'héritage. Fantôme ou illusion ? Le sadisme est-il le produit de l'imagination du masochiste ?

Le Cimetière des Morts Vivants de Ralph Zucker (1965)
En fait c'est Massimo Pupillo qui a réalisé ce film. Ralph Zucker en est l'un des producteurs qui a tourné quelques scènes pour une version américaine. Pupillo n'a pas voulu le faire et a laissé tomber laissant même la signature du film à Zucker qui a également joué un petit rôle dans *Vierges pour le bourreau* réalisé par le même Pupillo au même endroit et la même année...
Là nous avons un superbe noir et blanc.

Et, oh ! quel plaisir, avec Barbara Steele en châtelaine mystérieuse...
Le titre original du film est *5 tombes pour un médium*.
Un notaire reçoit une lettre étrange pour enregistrer un testament auprès d'un reclus isolé dans un château.
En son absence, son associé s'y rend. Ce n'est pas sans rappeler le début de *Dracula*...
L'expéditeur de la lettre se nomme Jeronimus Hauff, nécromancien redouté de la région.
Comme souvent dans ces films, il y a un étrange domestique qui rôde par-ci par-là...
Ce lieu fut le théâtre, autrefois, d'une terrible épidémie de peste. Les cadavres avaient pollué l'eau. L'eau joue un rôle très important dans l'histoire, mais c'est un peu tiré par les cheveux.
Il en est question dans une comptine chantée par une apparition près du bassin.
Pas le moindre mort-vivant jusqu'à la fin ! Et encore on ne les voit pas.
Ces films d'épouvante italiens des années 60 sont délicieux.
Les bonus du DVD sont très intéressants : les scènes tournées pour la version américaine et l'interview d'Alain Petit qui apporte une mine d'informations sur ce film et aussi sur *Vierges pour le bourreau* (et vice versa...)

Les Amants d'outre-tombe de Mario Caiano (Allan Grünewald) (1966)

Un film gothique avec son château, sa crypte et ses fantômes. Mais aussi le docteur de l'horreur qui tue pour le sang des victimes qui permet à sa maîtresse de rajeunir...
Rien de bien original dans ce scénario de Caiano lui-même, sauf que, pour l'époque, les scènes de torture sont directes.
Dans ce château donc, un « scientifique » fait des recherches. Il y habite avec son épouse, une belle brune (Barbara Steele), l'homme à tout faire et aussi la vieille gouvernante qui va pouvoir rajeunir...
Le mari surprend les deux amants dans la serre, les torture et les tue. Il utilise le sang de la belle pour rajeunir sa maîtresse.
Le noir et blanc est superbe, les personnages entrent et sortent des pièces, ouvrent et ferment des portes... Il y a un peu du *Vampyr* (1932) de Dreyer dans ce film...
« Ce n'est pas mon cerveau qui vous intéresse ! » Déclare la (jeune) gouvernante au châtelain...
À l'affiche de ce film deux grands du cinéma : Barbara Steele et Ennio Morricone !
Artus Films offre deux suppléments au DVD : Alain Petit nous parle du « gothique italien » avec un peu de lassitude et, ô bonheur, Caiano lui-même est interviewé ! Il déclare par exemple : « Nous étions des artisans sans ambition. On inventait des choses. On faisait ce que l'on pouvait avec ce que l'on avait. »
Alain Petit quant à lui, s'il explique l'utilisation du noir et blanc par les mesures d'économie

nécessaire à ce film sans budget, il lui donne un rôle réel dans la création artistique, puisqu'il renvoie aux films muets allemands expressionnistes...

Le Bal des vampires de Roman Polanski (1967), superbe satire du genre. Un rire qui réussit à effrayer. La neige ne refroidit pas les ardeurs, la « non-mort » ne les refroidit pas non plus. Un vampire juif ne craint pas le crucifix....

La Nuit des morts-vivants de George A. Romero (1968), film culte, chef-d'œuvre qui ouvre la voie à une nouvelle ère du cinéma fantastique. L'action ne se déroule plus dans de vieux châteaux, mais dans nos espaces quotidiens... Voir au chapitre des chefs-d'œuvre. Les autres films de morts-vivants de Romero : *Martin* en 1977 – *Zombie le crépuscule des morts-vivants* en 1978 – *Le Jour des morts-vivants* en 1985. Tous terrifiants...

La Maison ensorcelée de Vernon Sewell (1968)
Curse Of The Crimson Altar
ou *Crimson Cult* ou *Reincarnation*
ou *Spirit of the Dead* ou *Witch House*
Une adaptation de *La Maison de la sorcière* de Lovecraft.
Il reste peu de choses de la nouvelle du reclus de Providence, si ce n'est la sorcière (mais ici

elle est bien plus classique que chez Lovecraft) et la pièce secrète dans le grenier.
Il manque surtout le rat Brown Jenkin !
Ne vaut que pour la participation de Barbara Steele, Boris Karloff et Cristopher Lee.

Les Vampires du Dr Dracula d'Enrique Lopez Eguiluz (1968)
Titre original : *La Marca del Hombre Lobo*.
Comme vous pouvez le comprendre sans être un spécialiste de la langue espagnole, le titre original parle de loup-garou alors que le titre en français parle de Dracula. Alors qu'il n'y a pas de Dracula dans le film !
Éclairages à la Mario Bava, fantastiques couleurs, superbes images, de vrais tableaux de Rembrandt...
« Je suis devenu une créature de Dracula ! » s'exclame Valdemar après être redevenu un homme, car il s'était transformé en loup-garou. D'où le titre français sans doute...
L'héroïne est filmée plusieurs fois au travers d'une grille en fer. Paul Naschy qui joue le rôle principal n'est pas très bon... Pour sauver Valdemar, ils font venir un vieil érudit et son assistante qui sont en réalité des vampires...
On se pose des questions logiques. Par exemple : pourquoi, mordu, Valdemar se transforme en loup-garou et pas les autres mordus...

Dracula contre Frankenstein de Tulio Demichelli et Hugo Fregonese (1969)

Pour envahir la Terre, des extraterrestres récupèrent les cadavres pour emprunter leur corps et ils tentent de libérer des monstres qui seront leurs troupes de choc. Scénario emberlificoté.
D'ailleurs, le film est très bavard au début pour expliquer le scénario.
« Les femmes très belles sont de très puissants aimants ». On aime ou on n'aime pas le jeu de mots avec « aimants »...
Un vampire renaît quand on enlève le pieu planté dans sa poitrine. Voilà déjà Dracula.
Les extraterrestres enlèvent une belle blonde pour en faire une esclave. Un policier enquête, car il y a eu un meurtre. Il est question d'un livre maudit aussi.
« Ça prend l'allure d'un très mauvais roman », déclare le policier. On ne le lui fait pas dire !
Vampire – loup-garou – momie – Frankenstein...
Le scénario est de Paul Naschi qui joue également le loup-garou.
Personne dans le film, ne s'appelle Dracula, ni Frankenstein... Mais c'est racoleur dans le titre.
Dans le DVD d'Artus Films, Alain Petit commente ce film avec toute son érudition sur les films de série B. Il nous raconte la carrière de tous les participants : acteurs, réalisateurs, scénaristes. Le scénario est très inspiré du film *Plan 9 from outher Space* et de *Plan X*.

Jonathan le dernier combat contre les vampires de Hans W. Geissendorfer (1969), très belle allégorie politique : les gens se mobilisent pour éliminer les vampires. Le comte Dracula ressemble à Hitler.

Les Nuits de Dracula de Jess Franco (1969). Klaus Kinski joue le rôle de Renfield. La langueur du cinéma de Jess se met au service du roman de Bram Stoker auquel il reste très fidèle.
Christopher Lee joue le rôle de Dracula.

Dracula contre Frankenstein de Tulio Demichelli et Hugo Fregonese (1969)
Pour envahir la Terre, des extraterrestres récupèrent les cadavres pour emprunter leur corps et ils tentent de libérer des monstres qui seront leurs troupes de choc. Scénario emberlificoté.
D'ailleurs, le film est très bavard au début pour expliquer le scénario.
« Les femmes très belles sont de très puissants aimants ». On aime ou on n'aime pas le jeu de mots avec « aimants »...
Un vampire renaît quand on enlève le pieu planté dans sa poitrine. Voilà déjà Dracula.
Les extraterrestres enlèvent une belle blonde pour en faire une esclave. Un policier enquête, car il y a eu un meurtre. Il est question d'un livre maudit aussi.
« Ça prend l'allure d'un très mauvais roman », déclare le policier. On ne le lui fait pas dire !
Vampire – loup-garou – momie – Frankenstein...

Le scénario est de Paul Naschi qui joue également le loup-garou.
Personne dans le film, ne s'appelle Dracula, ni Frankenstein... Mais c'est racoleur dans le titre.
Dans le DVD d'Artus Films, Alain Petit commente ce film avec toute son érudition sur les films de série B. Il nous raconte la carrière de tous les participants : acteurs, réalisateurs, scénaristes. Le scénario est très inspiré du film *Plan 9 from outher Space* et de *Plan X*.

Contronatura d'Antonio Margheriti (1969)
Le film est signé sous le pseudonyme d'Anthony Dawson.
Dès le début du film (l'arrivée d'un protagoniste dans une salle de jeu) on sent la classe du réalisateur : les plans, le montage, le cadrage, les mouvements des personnages et de la caméra, tout cela met immédiatement une ambiance gothique avec un soupçon de suspense.
Transition de plans, jeux de miroirs, angles de vue bizarres : l'influence de l'expressionnisme allemand se met au service de cette histoire de vengeance et de sexe.
Une histoire noire, très noire...
Supplément du DVD de chez Artus films : « **des cris dans la nuit** », par Alain Petit.
Ce film n'a pas sa place dans un courant.
Le gothique italien a vu sa fin en 1966 et Contronatura, qui date de 1969, est vrai film gothique qui aurait sa place à l'époque de l'âge d'or.

Contronatura est un grand film gothique !

Les Cicatrices de Dracula de Ray Ward Baker (1970)
Ce film constitue la suite de *Une Messe pour Dracula*, sa suite sera *Dracula 73*.
Travelling avant sur le château puis gros plan sur une cape pourpre étalée sur un autel de pierre. Une chauve-souris crache du sang qui fait renaître Dracula. Toujours la même méthode : le sang !
Résultat, quelque temps après on retrouve une belle jeune fille vidée de son sang. Les villageois organisent une expédition punitive vers le château.
On retrouve les thèmes classiques des « Dracula » de la Hammer : l'auberge, le sexe et l'horreur. Et dans ce film, en plus, c'est très dévergondé.
Une autre révision du *Dracula* de Bram Stoker. Le jeune Harker (Paul) fiancé (plus ou moins ici) se rend (par hasard ici) au château de Dracula où il est séduit par la maîtresse de ce dernier. Les scènes classiques de la découverte de Dracula dans son cercueil et de la photo de la « fiancée » de Paul (oui, ici il s'appelle Paul), Dracula qui rampe le long des murs…
On ne voit rien de la scène du dépeçage d'un corps, mais le procédé cinématographique nous le fait bien deviner.
Ici c'est l'inverse : ce n'est pas Dracula qui ira à elle, mais elle qui ira à Dracula.

Le Frisson des vampires de Jean Rollin (1970). Décidément je n'arrive pas à trouver de l'intérêt à ce film. *« On croirait un film d'amateur »* m'a déclaré une jeune téléspectatrice. Jean Rollin filme beaucoup les murs et objets du château, use et abuse du panoramique dans les pièces – sa caméra est constamment en rotation – le scénario est simpliste, les acteurs particulièrement mauvais. Les éclairages tentent de rappeler Mario Bava... mais sans vraiment y parvenir. On a aussi pu voir *La Morte vivante* (1982) de Jean Rollin...

Lâchez les monstres de Gordon Hessler (1970) avec le trio infernal : Vincent Price, Peter Cushing et Christopher Lee. Une histoire de savant fou qui crée une espèce nouvelle. Pas trop mal ficelé.

Vampyros Lesbos de Jess Franco (1970). Ce film est typique de Jess Franco (ici sous un pseudonyme : Franco Manera) : rythme lent, cadrages audacieux, couleurs symptomatiques, et puis soudain, pan ! un coup de zoom agaçant au possible. On rajoute du sexe pas vraiment conformiste (si vous aimez Lesbos) et puis voilà ! La version originale est en allemand, ce qui accentue l'impression d'étrangeté du film. Le "y" de Vampyros n'est-il pas un hommage à *Vampyr* de Dreyer à qui on avait posé la question :

– *Pourquoi ce "y" dans vampyr ?*
– *Pour faire plus étrange,* a-t-il répondu...

The Vampire lovers de Roy Ward Baker (1970). J'adore ces films de La Hammer. Celui-ci est un petit bijou du genre. Le générique annonce qu'il est inspiré du *Carmilla* de Le Fanu (avec quelques ingrédients de *Dracula).* Cette Carmilla se nomme d'abord Mircalla, puis Marcilla et enfin Carmilla. Avec les grands Peter Cushing (qui finit par tuer son vampire) et Ingrid Pitt qui joue merveilleusement et érotiquement Carmilla. Ah ! percer un si beau sein !

« *Il ya trop de contes de fées dans cette région* » déclare la gouvernante française. Oui, une fois de plus le rationnel sert à cacher l'irrationnel, à lui permettre de sévir sans être reconnu... Mais bon sang, pourquoi elles ne ferment pas leur fenêtre ! Le petit travelling arrière sur le trou de serrure devrait entrer dans l'histoire du cinéma !
Une petite suite :

La Mariée sanglante de Vicente Aranda (1970)
D'après « Carmilla » de Sheridan Le Fanu.
Des jeunes mariés arrivent à l'hôtel. La jeune femme est encore en robe de mariée. Elle se fait agresser en l'absence du mari et ne veut pas rester à l'hôtel. Ils vont donc s'installer dans le manoir de la famille du mari. Lors de la nuit de noces, la jeune femme n'acceptera pas

certaines pratiques sexuelles de la part de son mari. Elle trouve le portrait (sans visage) de Mircala dans la cave. Mircala Karstein.
Avec des citations de Platon et de Jung (sur les rêves) et le complexe de « Judith ».
« Carmilla » est une histoire de vampirisme lesbien.
Et la fin est grossièrement machiste. Normal pour un film espagnol ?

La Révolte des morts-vivants d'Armando De Ossorio (1971), il n'est pas toujours facile de voir des films fantastiques espagnols, qui, pour la plupart de ceux que j'ai vus, ne cassent pas des barres. Celui-ci ne brille pas plus que les autres...

Les Sévices de Dracula de John Hough (1971)
Cette fois Mercalla apparaît juste pour vampiriser le comte Krstein et ensuite on n'a plus aucune nouvelle d'elle dans le film ! (Il n'y pas de Dracula dans le film qui s'appelle *Twins of Evil* en VO). Un film assez étonnant, du pur Hammer avec l'immoralité qui lui va si bien (mais la fin est très morale). « Je n'aime pas les hommes honnêtes », déclare Frida l'une des belles jumelles. Mélange de vampirisme et de sorcellerie, les décolletés féminins y sont plus profonds que jamais. On retrouve avec plaisir toujours la même forêt présente dans les films de la Hammer. Le personnage joué

par Peter Cushing est plus ambigu que jamais….

Les Nuits de Dracula de Jesse Franco (1971)
Le titre est racoleur, je ne sais pas si c'est Franco qui l'a choisi.
Avec Christopher Lee dans le rôle de Dracula et Klaus Kinski dans le rôle de Reinfield.
Vues du château en hiver (sans doute piquée sur un autre film) avec musique pompeuse. À Burgos, on ne voit presque rien, car il y a du brouillard. C'est pourtant la scène où Dracula vient chercher Harker en calèche.
Le face-à-face Dracula Harker est très ampoulé. Christopher Lee semble dormir debout. La musique tonitruante est embarrassante. La scène du corbillard avec les quatre chevaux noirs qui entre dans le champ est superbe. La meilleure scène du film, mais elle ne dure pas longtemps.
Les raisons de la folie de Reinfield ont été changées par rapport au roman de Stoker. De même qu'il y a une simplification des lieux pour des raisons évidentes d'économie : tout se déroule à l'asile d'aliénés à Budapest en Hongrie après le retour de Harker du château de Dracula ! Franco a également modifié les personnages : Van Helsing est le directeur de l'asile et Seward (le directeur de l'asile dans le roman) est son assistant.
Jesse franco a dû recycler pas mal de métrage provenant d'ailleurs pour ce film. Mais malgré cela il a dû en manquer, car une scène com-

prend de multiples plans sur des animaux empaillés, ce qui lui a économisé des décors et des heures de comédiens. Et tout cela avec une sono épouvantable !

Franco était comme ça : il savait faire des films avec des bouts de ficelle et des raccords au rabais. Quand il partait tourner un film sur commande, il en profitait pour tourner des scènes d'un autre film qu'il avait en projet. Il ne se gênait pas de reprendre plusieurs fois certaines scènes ou plans d'un film pour d'autres films...

C'est pourtant un cinéaste important. Il a rendu quelques chefs-d'œuvre et réalisé un nombre incalculable de films.

C'est un modèle de création artistique qui ne se laisse pas arrêter par des contingences matérielles, y compris les fautes de frappe et les coquilles, celles du cinéma, bien sûr, qui existent tout autant.

NB. C'est écrit "Jesse" Franco au générique du film...

Capitaine Kronos contre les vampires de Brian Clemens (1972), *« Il y a autant d'espèces de vampires que d'animaux de proie »*, dit le docteur Grost. On s'attend donc a des vampires un peu spéciaux. Mais, on n'est pas très étonné... sauf par la méthode de chasse avec des crapauds morts ! On sent l'influence du western spaghetti et il y a quelques arrêts sur image étonnants. C'est le seul long métrage de l'auteur du feuilleton *Chapeau melon et bottes de cuir*.

Le Bossu de la morgue de Javier Aguirre (1972)
Le scénariste (Paul Naschy) semble parfois perdre le fil.
Un bossu amoureux fou d'une jeune fille pète un câble quand elle meurt. Il va conclure un pacte avec une espèce de docteur Frankenstein et péter un deuxième câble ! Le labo se trouve dans les souterrains qui servent de refuge au bossu.
Tout cela ne tient pas très bien la route, on rigole et on a des hauts le cœur...
Ils n'ont pas lésiné sur les effets spéciaux : ils ont brûlé vif des rats vivants !
Comme supplément au DVD chez Artus film, Alain Petit le spécialiste de ces films de série B analyse celui-ci et fait un petit historique de l'âge d'or du film d'horreur espagnol. Il date le départ de ce genre avec le film « Les Vampires du Dr Dracula » en 1968, cet âge d'or se terminant en 1975-76...

Baron vampire de Mario Bava (1972)
Le château est magnifique.
Le style emprunté de Mario Bava ainsi que le jeu des acteurs donne un certain style à ce film, bien qu'il le date également.

Comme toujours dans ses films, le spectateur est ébloui par certains plans d'expressionnisme de couleurs, spécifique de ce courant italien des films dits Giallo, repris et développé par Dario Argento. C'est le cas notamment pour la scène de l'arrivée au château et celle de l'incantation.

Bien qu'il y ait le mot « vampire » dans le titre, il ne s'agit pas d'un vampire, mais d'un revenant. Néanmoins, le scénario mélange les thèmes de Dracula, Bathory et l'affaire Charles Dexter Ward de Lovecraft...

Le Miroir obscène de Jess Franco (1973)
Attention il y a deux versions du film.
Commençons par la version française.
Une fille va se marier et ça ne plaît pas à sa sœur qui, du coup, se suicide !
Donc Annette ne veut plus épouser Arthur... Elle va exercer ses talents comme pianiste et chanteuse de cabaret.
Un soir le miroir lui donne des ordres avec la voix de sa sœur.
Des ordres stupéfiants auxquels elle doit obéir malgré elle.
Et Annette tue tous les amants qu'elle risque d'avoir ! Sans le vouloir, sans le savoir même...
Franco utilise force zoom comme c'est son habitude et ce n'est pas très bien foutu, par exemple dans la scène au cabaret le son n'est pas synchronisé avec l'image, car, en fait la musique a été faite après la sortie du film original pour cette version française...

Ce film est pervers et incestueux...
Donc, dans les suppléments, Alain Petit nous explique que la version française a été modifiée par le producteur et ils ont tourné de nouvelles scènes, dont plusieurs scènes érotiques avec la sœur d'Annette, personnage qui n'existe même pas dans le film original... La musique du film est différente de la version originale et l'histoire d'inceste se situe entre l'héroïne et la sœur (ce qui nous vaut quelques scènes de saphisme) alors que dans la version originale c'est entre le père et la fille.
J'ai donc regardé l'original et j'ai changé d'avis ! Ce film est excellent. La question sexuelle est traitée avec une certaine pudeur et la musique bien meilleure.
Voilà encore un exemple de trahison d'un artiste par le producteur...
Titre du film original : **Al Otro Lado Del Espejo**.
Artus Films propose les deux versions dans son DVD. Un épisode intéressant de l'histoire du cinéma...

Les Vierges de la pleine lune de Paolo Solvay (Luigi Batzella) 1973
Une fille court dans les bois en chemise de nuit : ultra classique !
À la recherche d'un anneau maléfique au pays des vampires. Au château de Dracula !
Ce château a été vu dans de nombreux films de même catégorie...

Le réalisateur tente quelques plans expressionnistes. Et des plans osés : les promenades solitaires dans le château sont filmées en contre-plongées au plafond.
Les scènes d'amour sont ennuyeuses.
À la photographie c'est Aristide Massaccesi, qui est un des nombreux pseudonymes de Joe D'Amato.

Horror Hospital d'Anthony Balch (1973)
(L'hôpital de l'horreur) A la Hammer chez Artus Films.
Un château perdu dans la campagne. Un docteur de l'horreur servi par un nain. Des « patients « zombiesques ». Belle ambiance gothique.
 On reconnaît bien les seventies : pantalons patte d'éléphant, cheveux longs et idées courtes, libres mœurs...
Les deux gardiens ont la tête protégée par un casque intégral. Pour accentuer sans doute l'étrangeté et la modernité du lieu...
Que de mystères. Une vieille tante assiste à l'enfouissement de corps ficelés dans des draps ensanglantés.
À part ça les bagarres sont nulles, c'est mal joué, et les effets spéciaux sont rudimentaires... enfin, le nain est excellent et Dennis Price aussi.
Quant au scénario : bof...
Et, dans le supplément, la science historique cinématographique d'Alain Petit est un peu vaine...

Phantom of the Paradise de Brian de Palma (1974), pacte avec le diable et fantôme de l'opéra, euh... du Paradise. Scène de la douche de *Psychose* légèrement adaptée. Il y a du Hitchcock, du Gœthe et du Proust (sans oublier Gaston Leroux).

Du Sang pour Dracula de Paul Morrissey (1974), merveilleux film baroque et parodique qui montre un Dracula au bord de la mort. Seul le sang d'une vierge pourra le sauver, car il ne peut plus en consommer d'autres. Pour trouver des vierges, il se rend en Italie, son cercueil posé sur le toit. Là, invité dans une grande maison, il pense trouver ce dont il a besoin, car il y a trois jeunes filles. Mais, elles ne sont pas vierges, car le jeune serviteur – certainement communiste – les aura toutes déflorées, condamnant Dracula à lécher le sang du dépucelage sur le sol.
Ce diable de serviteur débitera son corps en morceaux... Décadence et fin d'une société d'exploitation ?

Dracula et ses femmes vampires de Dan Curtis (1974)
Scénario de Richard Matheson (décidément, on le retrouve partout...)
Les scènes classiques : meute de loups, château, Dracula tout en noir, le col de Borgo...
Ici ce n'est pas Mina que convoite Dracula, mais Lucy.

Harker est un peu porté sur la bouteille et Dracula est toujours amoureux de sa bien-aimée morte depuis des siècles, mais qui semble réincarnée en Lucy.
Matheson a simplifié l'intrigue du roman de Bram Stoker. Le film est correct.
Mais il l'a respectée jusqu'à la moitié du film où l'on reconnaît sa superbe imagination pour finir avec la course poursuite de Dracula retourné en son château des Carpates.
Par contre, le château de Carfax n'est pas aussi inquiétant que celui du film *Nosferatu* de Murnau.
Van Helsing se promène sans se séparer de sa sacoche qui contient le pieu et le maillet.
Par contre, Jack Palance n'est pas terrible en Dracula... Christophe Lee en avait marre ?
Pourtant il reviendra dans la parodie *Dracula père et fils* d'Édouard Molinaro (1976)

Frankenstein junior de Mel Brooks (1974), merveilleuse parodie des *Frankenstein* de James Whale. La scène la plus délirante est celle où la gouvernante se présente avec la même coiffure que la fiancée de Frankenstein.

Chair pour Frankenstein de Paul Morrissey (1974)
Victor Frankenstein vit avec son épouse (sa sœur de lait...) Elisabeth et leurs enfants dans son château.
Il veut créer un homme viril qui pourra être le géniteur d'une espèce nouvelle.

Il décapite un pauvre homme en se trompant sur la "marchandise".

Horreur gore en trois dimensions : les organes s'écoulent des ventres ouverts, le sang gicle des corps décapités.

À la fin, le fils Frankenstein prendra la relève en brandissant fièrement un bistouri...

Nuits rouges de Georges Franju (1974)

Nous vivons dans un monde où règne l'illusion d'être en sécurité : voyez tout ce qu'il se passe !

Du vrai feuilleton à la française : coffre caché derrière un tableau, passages secrets, homme déguisé en vieille fille, maquillages...

Chirurgien fou (une petite obsession de Franju ?) et zombies qu'il fabrique, décors sombres de béton, de métal et de verre, portes coulissantes...

Société secrète en robes (les Templiers), couple de concierges mal réveillés, voiture téléguidée, caméra vidéo et mannequin, microémetteur dans les vases, femme masquée en combinaison noire sur les toits de Paris, une bande très organisée, égouts et souterrains, balade sur le toit d'un train...

Et les méchants ne sont pas punis ! Tout cela filmé en maître dans des couleurs à la Mario Bava.

On n'a pas fait mieux depuis !

Le Château des messes noires de Joseph W. Sarno (1974)

Film érotique allemand.
Prologue : des jeunes filles dénudées se font masser les seins par une « prêtresse » et même un peu plus que les seins... mais ça ce n'est que suggéré.
Un couple (le frère et la sœur...) se réfugie au château après une panne de voiture.
Il y a plusieurs centaines d'années, la baronne du château était une vampire. Elle fut brûlée et elle promit de se réincarner dans une descendante. Il lui faudra pour cela un médium...
Cette histoire de vampire n'est qu'un prétexte pour montrer des jeunes filles dénudées dont certaines simulent assez bien l'orgasme, ce qui est la seule chose réussie du film.

Le Massacre des Morts-vivants de Jorge Grau (1974)
Ce film a été tourné 6 ans après la sortie du film *La Nuit des Morts-vivants* de George A. Romero. Plusieurs scènes de ce *Massacre des Morts-vivants* sont tournées de manière à montrer au spectateur que le réalisateur rend hommage à Romero.
Il reprend les thèmes de Romero : les morts reviennent à la vie à cause d'une pollution, à cause d'une activité humaine néfaste...
Jorge Grau est espagnol. Le film est une co-production italo-espagnole-anglaise... très vampirisée par les Italiens. Il est sorti en salles dans de nombreux pays et donc affublé de nombreux titres aussi divers que variés.
Venons-en au film.

Le premier plan est très joli avec un beau mouvement de la caméra. Mais le reste ne sera pas toujours du même niveau.
Et puis alors, dès le début, il y a, ah ! Horreur ! une MACHINE qui envoie des ONDES...
Dès le début un petit hommage à Romero avec une jeune femme dans une voiture attaquée par un mort-vivant. Zombie que l'on retrouvera presque tout au long du film.
En général les acteurs ne sont pas bons à part le jeune homme, personnage principal du film, et dans une moindre mesure la jeune femme.
Comme il y a des morts violentes, la police s'en mêle avec un « commissaire » très borné. Ils l'appellent « commissaire »... Est-ce ainsi qu'on appelle ce genre de flic en Angleterre où se situe l'action du film ?
De fait, le scénario est très malin et habile (mais peut-être un peu lourd quand même) et fait en sorte que jamais le flic en question n'aperçoit le moindre mort-vivant, et persiste donc à croire que c'est le jeune le responsable de tous ces morts, victimes des zombies...
L'hôpital a l'air d'un château hanté alors qu'à l'intérieur il est très moderne. On ressent trop bien le tournage en deux lieux différents.
Les zombies sont un peu ridicules. Le responsable des effets spéciaux utilise beaucoup les abats d'animaux, et tout cela est plus dégoûtant qu'effrayant.
Enfin, les zombies s'enflamment comme de la paille. La fin est trop facile.

Je sais j'entends dire : « mais à cette époque ». Soit ! Le film mérite d'être vu, car c'est le précurseur du genre en Europe...
Il sera suivi plus tard des chefs-d'œuvre de Lucio Fulci, qui n'ont, je crois, rien à devoir à ce film.
À part, peut-être, *Zombi 3* sorti en 1988 (qui a aussi d'autres titres) dans lequel des produits chimiques zombifient les gens sur une île avec de méchants militaires comme dans *Le Jour des Morts-vivants* de Romero, sorti trois ans plus tôt. Un des plus mauvais films de Fulci... On ne peut pas toujours être bon.
Comme toujours aux éditions Artus films (ici en compagnie de Studiocanal) le supplément est particulièrement intéressant, avec David Didelot, qui récite sans erreur et sans jeter un œil sur un papier son savoir immense sur ce film, le réalisateur et ses acteurs, et sur l'histoire du cinéma bis. C'est excellent !
C'est donc notre ami David qui dit que ce film est le précurseur des films de zombies... En n'oubliant, comme il l'a dit lui-même, qu'il y a eu avant *La Nuit des morts-vivants*. En fait ce n'est que le deuxième précurseur.
Il y a une scène dans le film (pas très bien tournée) dans laquelle des bébés, semble-t-il contaminés par les radiations de la MACHINE, sont devenus agressifs et mordent le héros...

C'est assez original à cette époque. Et c'est la même année, en 1974 que Larry Cohen sort son film *Le Monstre est vivant*, dans lequel une femme enfante d'un bébé monstre qui tue tout le personnel médical dans la salle d'accouchement.

Prélude très saisissant, bien au-dessus de ce *Massacre des Morts-vivants*. Ce film de Larry Cohen sera suivi de deux suites et d'un remake bien des années plus tard. Ce thème du bébé monstre va se répandre dans le cinéma de genre comme la peste noire au Moyen-Âge...

David fait également un parallèle avec le film ultra ennuyeux de Jean Rollin *Les Raisins de la mort* tourné en 1978... Là ce sont les produits de traitement de la vigne qui zombifient les morts...

Enfin, bref, revenons à notre film *Le Massacre des Morts-vivants* : il est à voir comme un monument à la gloire du cinéma bis de morts-vivants qui a réussi le tour de force à faire des histoires de zombies, celles qui sont aujourd'hui les plus répandues et les plus regardées dans le genre fantastique...

Le Monde des morts vivants d'Amando De Ossorio (1975)

J'avais déjà vu du même *La Révolte des morts vivants* (1971).

Les ingrédients sont toujours les mêmes : belles filles plus ou moins dénudées (mais pas trop), brouillard parfois réalisé par traitement de la pellicule, et templiers morts-vivants.

Ici nous sommes dans un vaisseau fantôme, représenté par une maquette en carton-pâte, ou même parfois par un simple dessin et quelques gros plans en studio dans des décors sommaires. Des scènes interminables de filles qui crient, le recyclage de mêmes plans plusieurs fois, le couvercle des coffres s'ouvre d'une lenteur interminable en grinçant.

Vraiment le film fantastique Z espagnol des années 70 dans toute sa splendeur. Il reste donc une curiosité si vous voulez vous marrer. Heureusement les Espagnols ont fait bien mieux depuis. Ils ont même donné au cinéma de grands chefs-d'œuvre du fantastique et de l'horreur...

Leonor de Juan Bunuel (1975). Attention film dangereux : on peut mourir d'ennui ! Piccoli ne va pas du tout pour ce rôle, ni Liv Ullmann. Seule Ornela Mutti correspond. On se demande d'ailleurs comment on peut ne pas préférer Ornela à Liv. Enfin, question de goût. Je ne peux pas m'empêcher de rêver à ce qu'aurait fait Roger Corman de cette histoire tirée de la nouvelle de Ludwig Tieck. Avec Vincent Price et Barbara Steele, bien sûr !

Les Sept vampires d'or de Roy Ward Baker (1975), il y a eu le chef-d'œuvre d'Akira Kurosawa *Les Sept samouraïs* (1954), son remake westernien *Les Sept mercenaires* (1960) de John Sturges, et ce petit navet vampirique inspiré de la même histoire, ce qui lui vaut d'être cité ici.

Le Commando des morts-vivants (Shock Wave) de Ken Wiederhorn (1976)
Avec Peter Cushing qui joue le rôle de l'officier des SS morts-vivants.
Deux procédés sont utilisés pour donner l'impression d'être un documentaire : prologue "historique" et recueil d'un témoignage.
L'inquiétude règne dans un bateau affrété par des touristes. Il se passe des choses sous l'eau.
La nuit ils croisent un cargo tous feux éteints. Ils le retrouvent échoué au petit jour ainsi que le corps du capitaine noyé. Il y a un ancien palace sur l'île. De l'épave sortent des soldats SS allemands qui marchent sous l'eau sans se noyer. On s'ennuie ferme jusqu'à la quarantième minute. Les morts-vivants portent des lunettes de soudeur et ils ont caché des nazis dans un four !
Très ennuyeux ce film culte.

La Vénus d'Ille de Mario et Lamberto Bava (1978), une adaptation pour la télévision par le père et le fils d'une nouvelle célèbre de Mérimée. Extrait de *Vie des fantômes* de Jean-Louis Leutrat : « *Pour la statue du film (contrairement à celle de l'œuvre littéraire), Bava a préféré un geste qui rappelle celui de Diane sortant une flèche de son carquois. De fait, Vénus semble tenir l'attache de son vêtement qu'elle a dégrafé : son sein gauche est dénudé, le droit est encore couvert d'un voile, elle se dévêt dans un geste semblable à celui de Diane chasseresse ; l'équivalent « sur terre » de cette attache dégrafée est la jarretière de la mariée ôtée au cours du repas par un jeune garçon. Bava a bien su utiliser l'ambiguïté du style néoclassique, sa froideur et sa sensualité résumés dans un rêve de pierre...* »

Phantasm de Don Coscarelli (1978). Très jeune, le réalisateur s'est taillé un succès avec ce film dans lequel les zombies sont indestructibles, la meilleure invention restant les sphères brillantes et munies de plein d'instruments pire qu'un couteau suisse. Don Coscarelli a continué : *Phantasm II* (1988) *Phantasm III* (1993) et *Phantasm IV* (1998)

Zombie le crépuscule des morts-vivants de George A. Romero (1978), « *Quand il n'y a plus de place en enfer, les morts reviennent sur terre pour se venger* » (Prophétie vaudou). Quatre personnes enfermées dans un vaste

centre commercial assiégé par les morts-vivants. Si vous avez peur, fermez les yeux. Romero a dû supprimer certaines scènes jugées trop violentes.
— *Qui sont-ils ?* Demande la jeune femme en parlant des morts-vivants.
— *Ils sont nous, c'est tout ! L'enfer n'a plus de place !*

Fog de John Carpenter (1979), action, suspense, horreur et fantastique dans ce film où la terreur vient de la mer sous forme d'un vaisseau fantôme et de ses marins qui se vengent d'un naufrage provoqué autrefois par les gens du village. Comme dans *Prince des ténèbres*, les personnages sont assiégés dans un lieu clos : une église.

Dracula de John Badham (1979), Frank Langella ne parvient vraiment pas à imiter Lugosi. Scénario du Dracula de Browning remanié (non seulement Dracula séduit la fiancée de Jonathan, mais aussi la fille de Van Helsing et celle du docteur Seward). Quelques scènes intéressantes : l'arrivée du bateau qui transporte Dracula et qui fait naufrage (le vampire se transforme en loup quand les marins russes veulent passer son cercueil par-dessus bord) ; le test du cheval vierge pour trouver le tombeau du vampire ; la fille de Van Helsing transformée en vampire et retrouvée dans d'anciennes galeries de mines sous le cimetière ; la poursuite de Dracula en voiture...

Amityville, la maison du diable de Stuart Rosenberg (1979), une maison hantée. Suites et autres : *Amityville 2, le possédé* de Damiano Damiani (1982) et *Amityville 3* de Richard Fleischer (1983). Il y a même un téléfilm *Amityville 4*, dans lequel la hantise arrive avec une vieille lampe !

Nosferatu de Werner Herzog (1979), le réalisateur d'Aguirre rend hommage à Murnau avec ce remake. Quelques légères modifications du scénario donnent une autre orientation à ce film pourtant très proche du précédent. Jonathan (le Hutter de Murnau) ne prend pas une voiture à l'auberge pour se rendre au col de Borvo, il y va à pied. Ce qui permet à Herzog de filmer une nature sauvage et inhospitalière. À la fin, si Dracula (Orlock chez Murnau) meurt, comme dans le premier film, à cause du chant du coq, le professeur, sceptique jusque-là, mais désormais convaincu, lui plante quand même un pieu dans le cœur (méthode jamais utilisée par Murnau) ce qui permet aux autorités de l'arrêter pour assassinat du comte, car il tient dans sa main l'arme du "crime" ensanglantée. Jonathan, vampirisé, prend la place du vampire. « *Il est toujours fécond le ventre qui engendra la bête immonde.* »

L'enfer des zombies de Lucio Fulci (1979). Sorti la même année que le *Zombie* de George Romero, ce film avec son titre original de *Zombi 2* veut se présenter comme sa suite... D'ailleurs, Fulci – le maître italien de l'horreur – réalisera *Zombi III* ...

Le prologue du film est le même que celui de *Zombie* : quelqu'un tire une balle dans la tête d'un cadavre ficelé dans son drap mortuaire et qui semble reprendre vie.

Puis, on voit plusieurs plans qui rappellent ceux du *Nosferatu* de Murnau : un voilier sans équipage s'approche d'un port. Ici, c'est New York.

D'ailleurs, le scénario ressemble à celui de *Nosferatu* : avec ce voilier arrive une terrible épidémie... Le plaisir de la chair est poussé à son comble par la consommation des êtres vivants par les morts. Le monstre (qu'on ne voit pas, mais le cinéaste nous fait entrevoir au loin des silhouettes titubantes...) est derrière la porte.

Et il y a même un mort-vivant sous-marin qui mange un requin vivant ! Une scène unique dans les films de ce genre... La dernière scène (les morts-vivants sur le pont de Brooklyn) annonce le film de Romero, et surtout, le dernier de la trilogie du réalisateur américain : *Le Jour des morts-vivants* (1985 – voir ci-dessous) et surtout *Zombi 3* d
e Fulci.

L'Enfer des zombies passé à la télé a été amputé de quelques scènes certainement jugées trop gores (si mes souvenirs sont bons...)
Les maquillages sont loin de valoir ceux de Tom Savini... mais le film est excellent ! Contrairement aux films de Romero qui suscitent une réflexion métaphysique sur l'avenir de l'espèce humaine, ceux de Fulci traitent notre chère humanité en dérision avec le style du Grand-Guignol...

Réincarnations de Gary Sherman (1980), horreur ! Tous les gens de la ville sont des morts-vivants ! ... Mais on ne le sait pas tout de suite...

Frayeurs de Lucio Fulci (1980), il faut avoir les nerfs solides pour regarder un film de Fulci sans jamais tourner le regard... Un film de morts-vivants avec une scène célèbre : celle du percement de la tête d'un homme vivant par une perceuse. Hitchcock n'avait pas osé le montrer en gros plan... L'action se passe à Dunwich, ville qui fut également le théâtre de l'abomination de Lovecraft...

Vendredi 13 de Sean S. Cunningham) (1980), Jason (enfin, plutôt sa mère...) extermine les moniteurs d'un camp de vacances par vengeance de sa noyade vingt ans plus tôt. Nombreuses mises à mort astucieuses, mais Dario Argento avait déjà fait mieux. Nombreuses suites : *Le Tueur du vendredi* de

Steve Miner (1981) – *Meurtres en trois dimensions* de Steve Miner en 1982 – *Vendredi 13, chapitre final* de Joseph Zito (1984) – *Vendredi 13, une nouvelle terreur* de Danny Steinmann (1985) – *Jason, le mort-vivant* de Tom Mc Loughlin (1986) – *Vendredi 13, chapitre 7, un nouveau défi* de John Carl Buechler (1988) – *Vendredi 13, Jason en enfer* d'Adam Marcus (produit par Sean S. Cunningham – 1993) est une parodie des films d'horreur puisqu'on y retrouve les thèmes de *House*, *Hidden*, *Evil Dead*, *Freddy*, etc. Enfin *Jason X* de James Isaac (2002) et, ce n'est pas fini voici : *Freddy contre Jason* de Ronny Yu (2003)

Baiser macabre de Lamberto Bava (1980)
Ambiance : une femme adultère, son amant mort accidentellement, son petit garçon noyé par sa sœur…
Son logeur est un jeune homme aveugle très troublé par les cris de plaisir de la belle.
La sœur, enfant meurtrier de frère complote.
Tout cela est un peu tiré par les cheveux, mais il fallait oser.
Pour le scénario, ils s'y sont mis à plusieurs et pas des moindres : **Pupi Avati, Robert Gandus, Lamberto Bava, Antonio Avati**.

Le Lac des morts-vivants de J. Lazer (1980). Un film français sur les morts-vivants ! Les premières images sont superbes et le film vaut d'être vu rien que pour cela : une magnifique jeune fille se baigne nue dans le lac et un mort-vivant monte du fond vers la surface... Bien sûr on pense immédiatement aux premières images de *L'enfer des zombies* de Lucio Fulci qui a été tourné en 1983 ! Fulci s'en est-il inspiré ? Et Jess Franco dans *Une vierge chez les morts-vivants* ? Le reste est de série Z...

L'avion de l'apocalypse d'Umberto Lenzi (1980)
Titre original pompeux : « Incubo »
Mauvais acteurs, mauvais film, maquillages nuls, scénario lourdingue. Rien ne tient debout. Les victimes se laissent faire... N'est-ce pas tout cela qui fait le charme de ce film resté célèbre ?
Des fous furieux assoiffés de sang sortent d'un avion de transport de troupes qui atterrit sans autorisation. La pire de toutes les scènes est celle de l'ascenseur. (Ça vous obligera à regarder le film pour savoir)
Nous avons droit à un petit discours écolo.
Les « zombies parlent, courent, tirent à la mitraillette...
Quant à la fin...

Shining de Stanley Kubrick (1980), adapté du roman de Stephen King. Kubrick a créé un magnifique conte de terreur. Un écrivain est hanté par une construction maléfique (un hôtel de montagne). La terreur monte lentement en même temps que la folie envahit le personnage principal. Magistrale interprétation de Jack Nicholson qui campe un alcoolique jubilant devant un bar muni de bouteilles pleines et d'un barman qui est un fantôme utilisant son amour de la boisson pour le pousser au crime. La célèbre scène de l'énorme vague de sang qui sort de l'ascenseur a été reprise par d'autres cinéastes. Il y a une version longue américaine.

La Maison près du cimetière de Lucio Fulci (1981), Lucio Fulci poursuit son œuvre à base de morts-vivants. Ici, le monstre est dans la cave. N'avez-vous jamais eu peur d'y descendre étant enfant ? *« Personne ne saura jamais si les enfants sont des monstres ou si les monstres sont des enfants »*. Cette citation d'Henry James clôt le film dont la fin, comme toutes celles des films de Fulci, n'est pas très heureuse... Ce film semblerait avoir inspiré *Evil Dead* (1982) de Sam Raimi... Mais aussi *Hellraiser* (1987) de Clive Barker...

L'au-delà de Lucio Fulci (1981), avec une fin superbe (le reste l'est moins) et une visible source d'inspiration venant de Lovecraft... Lucio Fulci termine ainsi sa trilogie lovecraftienne. D'ailleurs les trois films (et aussi *L'Enfer des zombies*) ont été tournés dans les mêmes décors (la maison surtout...)

Le Chat noir de Lucio Fulci (1981)
J'avais écrit que Fulci était capable du pire et du meilleur. Ce film ne tient ni de l'un ni de l'autre.

Pas terrible quoi... Inspiré (librement comme le dit le générique) de la nouvelle homonyme d'Edgar Poe.

Un chat noir sème la mort, élimine les témoins... Un nécromancien parle avec les morts. Ils se rencontrent...

Un couple de jeunes à la recherche d'un coin tranquille se retrouve enfermé et ils meurent étouffés. Grâce à l'intervention du chat, bien sûr !

Une photographe, jolie blonde interprétée par Mimsy Farmer, aide l'inspecteur de Scotland Yard. Quelle saloperie ce chat. Ils n'utilisent que des bougies, à croire qu'ils n'ont pas de lampe de poche.

C'est assez ennuyeux. Fulci filme à la va-vite, ne prend pas la peine de travailler son film. Il est comme ça, parfois on sent bien qu'il s'ennuie à tourner un film.

Il filme longuement les yeux des protagonistes en gros plan ce qui ennuie profondément le spectateur. Sans parler de ses coups de zoom intempestifs et surprenants...

Peut se regarder pour reconnaître son Lucio Fulci et pour admirer la belle Mimsy Farmer.

Une Vierge chez les morts-vivants de Jess Franco (1981). Jess avait donné un autre titre à ce film (dit-il) : *La Nuit des étoiles filantes*. C'est le distributeur qui n'a pas aimé et a choisi *Une vierge...* Il est vrai que le spectateur aurait eu du mal à détecter cette "nuit des étoiles filantes" qui est simplement citée un moment. Le film mérite d'être vu pour de merveilleuses images : du véritable Rembrandt parfois, souvent de l'expressionnisme de couleurs. La scène devant la chapelle de Sainte Cécile est excellente ! Et celle de la disparition du père : du vrai Cocteau !!! Eh bien, autrement, il y a les longueurs et les zooms inhérents à Jess Franco. Ce film ressemble beaucoup à *Lisa et le diable* de Mario Bava (1972) !

Poltergeist de Tobe Hooper (1982), une famille américaine bien tranquille, une maison dans un lotissement moderne, mais hantée. La hantise se manifeste d'abord par la télévision... Effets spéciaux impressionnants. Un vrai renouvellement du thème de la maison hantée qui a su sortir de l'ambiance gothique. Suites : *Poltergeist II* de Brian Gilson 1986 et *III* de Gary Sherman 1988.

Les Entrailles de l'enfer de Philippe Mora (1982). Histoire de goule qui compile l'œuvre de Lovecraft... Mal joué, filmé médiocrement... Technique : on ne montre rien, la musique suffit...

Evil Dead de Samuel Raimi (1982), une bande de jeunes passent le week-end dans une cabane isolée dans la forêt, séjour loué dans une agence. Dans la cave, ils trouvent un manuscrit de peau et un magnétophone. Ils écoutent de mystérieuses incantations psalmodiées sur la bande. Elles appellent d'horribles démons invisibles qui possèdent les corps et les esprits. « Viens avec nous... » Entendent-ils murmurer dans leur crâne. Ce film que Sam Raimi a réalisé à vingt-deux ans avec un très faible budget est devenu un film culte. Gore et terreur grandiloquente produisent deux effets : la terreur ou le rire devant les exagérations du film. C'est en tirant parti de ce deuxième effet que Sam Raimi a réalisé deux suites de plus en plus extravagantes : *Evil Dead 2* en 1987 et *L'armée des ténèbres* en 1993. Et il y a aussi une série télé.

Les Prédateurs de Tony Scott (1983), un couple de vampires se nourrit des êtres humains. Mais l'homme ne sait pas que le compagnon de la vampire ne peut que connaître l'agonie éternelle. Il ne sied pas très bien à la glaciale Catherine Deneuve de jouer les vampires.

L'abîme des Zombies de Jess Franco (1983). Jess a trouvé une technique simple pour contourner le coût très élevé des effets spéciaux : il se débrouille pour qu'on ne voie rien la plupart du temps ! Quand on voit quelque chose, ce sont des visages en gros plan avec des mottes de terre collées dessus et il en sort un ver de terre. Les acteurs sont archi nuls.

SOS Fantômes de Ivan Reitman (1984), des farfelus fondent une agence spécialisée dans le débarras des greniers et autres caves. Ils débarrassent les gens des fantômes. Lointain rapport avec les détectives chasseurs de fantômes comme Carnacki de l'anglais W. H. Hodgson. Traitement très amusant du thème de la hantise et des chasseurs de fantômes. Signal de départ d'une foison de films qui font de la terreur comique grâce aux effets spéciaux dont la haute technicité permet de prendre ces films au sérieux... Il y a une suite : *SOS Fantômes 2* du même en 1989.

Les Griffes de la nuit, (Freddy) de Wes Craven (1984), le fantôme de Freddy Krueger, psychopathe meurtrier brûlé vif autrefois par les parents de ses victimes, possède la particularité de revenir en chair et en os avec ses griffes d'acier coupantes comme des lames de rasoir pour tuer les adolescent(e)s, surtout les filles qui ont une vie sexuelle débridée (influence d'*Halloween* de Carpenter). Ce qui est génial, et qui explique les nombreuses suites, c'est que ce monstre revient, appelé par les RÊVES des adolescents. Attention : le sommeil est cruellement mortel... Idée géniale. Un nouveau monstre est né ! Et croyez-moi, ce n'est pas facile d'en créer de nouveaux. Pour s'empêcher de dormir, Nancy regarde *Evil Dead* (1982) de Sam Raimi. Nombreuses suites : *La Revanche de Freddy* de Jack Sholder (1985) – *Les Griffes du cauchemar* de Chuck Russel (1987) – *Le Cauchemar de Freddy* de Renny Harlin (1988) – *L'Enfant du Cau-

chemar de Stephen Hopkins (1989) – *La Mort de Freddy* de Rachel Talalay (1991)...
Enfin, Wes Craven a réalisé ce qui devait être l'ultime Freddy avec *Freddy sort de la nuit* (1994) dans lequel il se met en scène lui-même ainsi que les acteurs de son film *Les Griffes de la nuit* qui jouent leur propre rôle.
Et puis nous avons eu le plaisir de revoir Freddy dans *Freddy contre Jason* de Ronny Yu (2003) et enfin un remake : *Freddy – les griffes de la nuit* de Samuel Bayer (2010)
Il y a une série de télévision, intitulée *Freddy, le cauchemar de vos nuits*, avec des téléfilms de Tobe Hooper, Tom Mac Loughlin, Mick Garris et Ken Wiederhorn.

House de Steve Miner (1985), un ancien compagnon de combat de la guerre du Vietnam vient hanter la maison du héros et enlève son enfant. Il l'emmène dans un monde parallèle. Truffé d'effets spéciaux, de monstres délirants. Suites : *House 2* d'Ethan Wiley (1986), *House 3* de James Isaac et David Blyth (1989) et *House 4* d'Abernathy Lewis (1991). Tous ces films ont été produits par Sean S. Cunningham, le réalisateur de *Vendredi 13*.

Le Jour des morts-vivants de George A. Romero (1985). Ce film magnifique (et terrifiant !) rassemble tous les genres : horreur et terreur, science-fiction, fantastique et métaphysique, etc. Seule la PEUR est le véritable héros de ce film. Sarah, la seule femme du

groupe, est également la seule courageuse. Le monde inventé par Romero descend à toute vitesse la pente savonneuse de la disparition de l'espèce humaine. Sans rémission. Terrifiant ! Il donne une vision atroce de la MORT, telle qu'elle doit être en réalité... « *Ils apprennent... ils apprennent la méfiance.* » Déclare Sarah à propos des morts-vivants. « *Ils marchent à l'instinct* ». Ajoute le docteur Logan « Frankenstein », le dépeceur de morts-vivants. « *Mais qui sont-ils ?* » Questionnait la fille dans *Zombie*. Logan essaie de le savoir au prix de scènes gore qui sont une anthologie. L'espèce qui va supplanter l'espèce humaine dont elle est issue ? « *Eux, c'est nous. [...] La seule différence est qu'ils fonctionnent moins bien.* » Répond Logan. Voilà une belle analyse de la folie. Le docteur fait des expériences sur un mort-vivant. Il lui offre des objets, car il veut donner à ces créatures le comportement social. « *La civilité mérite bien une récompense...* »
Les tensions internes du groupe de survivants sont le moteur du processus de sa propre destruction. C'est l'image de l'espèce humaine... « *C'est là qu'est le problème dans le monde, chérie...* » Déclare le Noir à Sarah. Belle lucidité pour le seul personnage masculin positif. Le capitaine, lui, est un salaud : le seul moment où il est humain, il prend de mauvaises décisions. « *Je sais maintenant quel visage avait le diable !* ». Ce film est l'essence même du fantastique : il montre une déstructuration du réel

que même la science (représentée par Logan) ne peut comprendre.

Démons 1 et 2 de Lamberto Bava (1985)
Des gens réfugiés dans un cinéma se transforment les uns après les autres en démons...
Lamberto est le fils du grand Mario Bava. On attendait de lui quelque chose de génial. D'ailleurs ces deux films sont produits par Dario Argento (pas moins !) et c'est Sergio Stivaletti qui est aux effets spéciaux. Ces derniers sont très rudimentaires... Par manque de moyens sans doute.
Cela faisait longtemps que je voulais voir ces films et ils m'ont déçu.
Le pire des années 80...
Dommage pour Mario...

Vampire vous avez dit vampire ? de Tom Holland (1985). Scénario simpliste, dentiers grotesques et effets spéciaux limite...

Les Vampires de Salem de Tobe Hooper (1986), adaptation molle du roman de Stephen King qui a tenté de rénover le mythe du vampire.

Hellraiser de Clive Barker (1987), très puritain, Clive Barker impose d'atroces punitions aux pécheurs. Seuls les vrais puritains savent être aussi pervers. Boucherie sado-maso et scénario copié sur Stoker et Masterton. Il faut du sang pour reconstituer le corps de Frank, jadis dépecé par les Cénobites (quel drôle de nom, pourquoi pas...) Julia attirera beaucoup de victimes dans le grenier. Il faudra la peau du frère de Frank pour redonner à ce dernier apparence humaine. Mais sa nièce Kristy veille... Elle le reconnaîtra sous la peau de son père, et grâce à la boîte-puzzle, elle renverra les Cénobites en enfer. Entre temps, ces derniers auront infligé une nouvelle torture immonde à Frank-Larry qui déclare, la peau tendue, prête à l'écorchement : « *Jésus a pleuré, lui...* » et il se lèche les lèvres de plaisir. Il y a des suites : *Hellraiser II, les écorchés* (Tony Randel) 1988 – *Hellraiser III, enfer sur la terre* (Anthony Hickox) 1993 – *Hellraiser IV, bloodline* (Alan Smithee, c'est le pseudonyme « officiel » d'Hollywood pour les réalisateurs qui ne veulent pas afficher leur nom au générique, en réalité, le réalisateur est Kevin Yagher) 1997 – *Hellraiser inferno* de Scott Derrickson (2000) - Hellraiser: Seeker de Rick Bota (2001) - Hellraiser: Deader de Rick Bota (2003) - Hellraiser : Hellword de Rick Bota (2003) - Hellraiser Revelations de Victor Garcia (2010).

Hello Mary Lou de Bruce Pittman (1987), une jeune fille brûlée vive lors d'un bal du lycée en 1957 revient hanter ce même bal vingt ans plus tard. Les années cinquante à l'honneur, avec le rock, les films d'horreur et la guerre froide ! Excellent film.

Histoire de fantômes chinois de Ching Siu Tung (1987), la difficulté pour un jeune homme d'épouser une belle jeune fille quand elle est un fantôme qui attire les voyageurs dans des pièges terrifiants. Un très bon film. Deux suites par le même réalisateur : *Histoires de fantômes chinois 2* (1990) et *3* (1991).

Les Fantômes d'Halloween de Frank Laloggia (1988). Un film hommage à Stephen King, donc, très ennuyeux et trop lent au début et à la fin on pleure. Du King tout craché vous dis-je !

Vampire vous avez dit vampire ? 2 de Tommy Lee Wallace (1988)
La suite de *Vampire vous avez dit vampire* : est nettement mieux !

Aux Frontières de l'aube de Kathryn Bigelow (1988), un superbe film qui renouvelle vraiment le thème des vampires. Bagarres dans les bars et vampires loubards : le sang demande la mort. Il faut tuer pour vivre éternellement. C'est ce que le nouveau vampire Caleb a du mal à accepter.

Beetlejuice de Tim Burton (1988), aventures grotesques de gentils fantômes. Les fantômes n'ont jamais été aussi drôles ! Génial ! Le macabre à la portée des enfants. Oui ! Il y a une vie après la mort. Et les agissements maladroits de nos deux sympathiques fantômes risquent de le révéler. Les transformations physiques, terrifiantes en d'autres lieux, sont ici hilarantes. Sauf la scène de l'exorcisme qui est particulièrement effrayante. Il fallait bien prendre la Mort un peu au sérieux. Le film *La Nuit des morts-vivants* est cité. Une série de dessins animés s'est inspirée du personnage.

L'Emprise des ténèbres de Wes Craven (1988), le rite vaudou au service du pouvoir en Haïti. L'horreur de devenir une marionnette zombie au service de « Bébé Doc » et de ses « Tontons Macoutes ». Réalisé par l'auteur de *Freddy*. La scène de l'enterrement du héros transformé en zombie rappelle celle du film *Vampyr* de Carl Th. Dreyer. Dans ce dernier, ce n'était qu'un cauchemar (qui sait ?), mais dans celui de Craven, c'est la réalité des effets de cette poudre blanche, la tétrodoxine...

Simetierre de Mary Lambert (1989), quelquefois la mort est préférable. Pas aussi bien que le roman de Stephen King. La suite : *Simetierre 2* de la même en 1992.

Puppet Master 2 (1990)
Le réalisateur, David Allen, de ce Puppet 2 est le spécialiste des effets spéciaux du premier.
Travelling dans un cimetière la nuit avec éclairs et tonnerre. On lit nettement les noms de certains défunts sur les stèles : John Bocca, et dans une autre scène dans le cimetière, on lit : Zake Kern et Amylu et Ezra Kern... Quelle

est la signification de l'apparition de ces noms ? Un petit hommage à Richard Kern, le pornographe ?

Les Puppets ressuscitent Toulon, leur créateur, grâce à un liquide de la nécromancie égyptienne...

Une équipe d'enquêteurs paranormaux investit l'hôtel où les Puppets séjournent toujours. On revient toujours à la référence de *La Maison du diable*... L'un d'entre eux arrive dans une voiture qui ressemble à celle des frères Winchester dans la série *Supernatural*.

Apparaît un personnage inquiétant au visage bandé et aux grosses lunettes noires, référence à la *Momie* et à *l'Homme invisible*...

Mais plus subtilement, je vois une influence de *Shining* de Stanley Kubrick (adapté du roman de Stephen King) et je trouve que le scénario est quasiment pompé sur celui de *Dracula* : le monstre encore amoureux de sa dulcinée morte il y a longtemps, mais elle réapparaît sous les trais d'un sosie...

Deux yeux maléfiques (1990)   Réalisé avec Romero.

Braindead de Adam Simon (1990), une belle collection de cerveaux !
Même titre, autre film de Peter Jackson (1992)

La Créature du cimetière de Ralph S. Singleton (1990). Une adaptation de Stephen King. Une vision assez terrible de la classe ouvrière américaine : on se demande si ce n'est pas le contremaître le vrai monstre ! Une horreur crade et glauque dans les sous-sols d'un cimetière.

Hiruko de Shinya Tsukamoto (1990). Il ne s'agit pas vraiment d'araignées, mais de démons avec de sales pattes qui décapitent leurs victimes pour n'en faire qu'à leur tête. En quelque sorte, une espèce de *S.O.S. fantômes japonais*... Un film délirant comme seuls savent le faire les Japonais !

Voix profondes de Lucio Fulci (1991)
C'est le dernier film de Lucio Fulci.
Curieusement, il utilise deux « cartons » pour guider le spectateur.
D'abord « Prologue » : scène dans laquelle un couple fait l'amour dans un lit et un enfant pleure en appelant sa mère. L'homme exaspéré se lève et va tuer l'enfant à coups de couteau. Cette scène a beaucoup de signification dans la suite du film.
Deuxième carton : « L'histoire ».
L'homme du prologue est allongé sur un lit d'hôpital et vomit du sang. Quatre infirmières s'occupent de lui ! Il meurt. La famille refuse l'autopsie, mais elle doit avoir lieu quand même. Le spectateur y assiste et c'est d'ailleurs Lucio Fulci lui-même qui joue le médecin légiste. Il connaît un peu le boulot puisqu'il a fait des études de médecine. Ce sont sans doute ses connaissances en anato-

mie qui l'ont beaucoup inspiré dans ses films gore.

Le défunt a beaucoup d'ennemis et le film montre pourquoi lors des obsèques pour chacun des personnages de son entourage et de sa famille.

Son fantôme demande à sa fille de découvrir les causes de sa mort. Comment ? Ne le sait-il pas ?

Un film très onirique. Les scènes sont rythmées par des vues du cadavre pourrissant à l'intérieur de son cercueil, sans oublier les asticots, et le bourdonnement des mouches... Une démonstration de l'implacable décomposition des corps après la mort. Fulci était malade et s'attendait à mourir peu de temps après. Il a voulu montrer sa lucidité envers la mort.

On pressent les coupables dès le début et l'arme du crime au milieu du film.

L'idée du scénario (qui a été écrit par Fulci) est excellente. Mais hélas assez maltraitée : les scènes oniriques ne sont pas réussies, parfois trop répétitives, et poussives... On a l'impression de remplissage.

Le bonus du DVD est intéressant avec la bio et la filmo de Fulci, un court-métrage intitulé « Carte postale... » de Patrick Chamare (2003) assez téléphoné. Ce qui est intéressant c'est le documentaire sur Lucio Fulci.

Edward aux mains d'argent de Tim Burton (1991), merveilleuse adaptation du thème de Frankenstein. La créature, inachevée est touchante de naïveté dans ce lotissement américain. Critique des manies made in USA. Avec quelle habileté et avec quel art Tim Burton a su renouveler le genre ! Ici, comme dans les films de James Whale, le héros est bien la « chose », mais le cinéaste lui donne un nom : Edward. Le savant qui l'a créé, joué par Vincent Price, meurt dès le début. Grâce à ces modifications du scénario, Burton traite d'un tout autre sujet que celui traité par les autres films de Frankenstein. Le pauvre Edward n'est pas fini, ce qui lui donne des qualités (celles de bien tailler les haies et les cheveux), mais aussi une différence qui finira par le faire persécuter par les gens normaux. Ces persécuteurs sont clairement désignés comme des Américains moyens, puisque toute l'action se déroule dans un lotissement. Il est aussi question des rêves d'adolescents qui cherchent l'absolu dans un monde bassement matérialiste.

Candyman de Bernard Rose (1992), d'après Clive Barker, c'est tout dire. Un Noir autrefois injustement exécuté de manière atroce par des racistes revient hanter une banlieue déshéritée. À la place de la main, il a un crochet particulièrement cruel... Ne prononcez jamais cinq fois son nom devant un miroir. Avez-vous essayé ? Moi, je n'ai pas osé... Ce film, en produisant de la terreur à partir de la rumeur publique, allie le *gothique sudiste* au fantastique urbain. « *Je suis les graffitis qui recou-*

vrent les murs... » Susurre Candyman, et aussi : « *Je suis une rumeur* ».
Suites : *Candyman 2* de Bill Condon (1995) : attention à vos ventres, le fantôme au crochet est de retour ! – *Candyman 3* de Turi Meyer (1999).

Dracula de Francis Ford Coppola (1992), la plus fidèle version du roman de Bram Stoker. Sauf dans l'esprit, car Coppola en a fait une histoire d'amour entre Dracula et Mina. Le film est entièrement tourné en décors artificiels. Le scénario développe une partie cachée dans le roman de Bram Stoker : l'attirance amoureuse (sexuelle) de Mina pour le comte Dracula. Pour mieux l'expliquer (ou peut-être, par un certain puritanisme : pour mieux excuser la jeune femme...), le scénariste invente la blessure amoureuse de Vlad Tepes qui a perdu sa fiancée bien-aimée et qui, parce qu'il maudit Dieu, est condamné à la non-mort éternelle. Il reprend (involontairement ?) le scénario du film *Pandora* (1951) d'Albert Lewin. L'amour est donc à la base de tout. Et Dracula, sous la forme d'une énorme chauve-souris, ne dit-il pas à ses adversaires, alors qu'il vient de vampiriser Mina : « *Vous avez vu ce que votre Dieu a fait de moi ?* » Il y a d'autres différences avec le roman : il manque le cimetière de Whitby et Dracula vampirise Mina en l'absence de Jonathan, alors que dans le roman, ce dernier est "endormi" par le vampire dans un coin de la pièce. On a beaucoup insisté, à propos de ce film, sur la contamination du sang. Or cette question est profondément présente déjà dans le roman, puisque c'est le sang du vampire qui contamine les êtres humains pour en faire aussi des vampires. Dans le film, le passage qui présente Van Helsing en cours devant ses élèves, le montre disant : « *La civilisation et la syphilisation ont progressé de concert.* »

Histoire d'amour, histoire macabre. Lucy, présentée dans ce film comme une femme grivoise, "allume" ses prétendants. Elle paiera cher son attirance pour le sexe : elle en deviendra vampire elle-même, pour être ensuite exorcisée par Van Helsing. Ce passage de l'histoire donne les plus belles scènes au film. « *Lucy est la concubine du démon.* » Déclare Van Helsing. Enfin, c'est l'amour de Mina qui sauvera Dracula de la damnation éternelle. Car, le doute subsiste, s'agit-il bien de Mina ou d'Elisabeta, la fiancée de Vlad, quatre siècles plus tôt ? On peut se poser la question, car Dracula dit à Mina : « *Vous décrivez mon pays comme si vous l'aviez vu de vos propres yeux.* » Les couleurs jouent un rôle fondamental dans l'évocation des sentiments des gens : le rouge du sang ou des vêtements annonçant le plaisir de la chair et du sang... Le personnage de Van Helsing est différent également : vieux scientifique paillard et aimant la bonne chère, il réussira moins, ici, à être l'adversaire impitoyable de Dracula, car celui-ci conservera Mina comme alliée sur le territoire de l'adversaire jusqu'au bout... Peut-être que le romantisme plaît au grand public, mais il étouffe un peu le fantastique.

Somptueuse image de la croix qui tombe et qui est remplacée par le croissant musulman. Le film est décomposé en trois grandes parties, chacune d'entre elles étant signalée par une belle transition. Transition entre l'œil de la plume de paon et la sortie du tunnel pour le voyage vers Dracula. Transition entre les deux trous, plaies de la morsure du vampire dans le cou de Lucy, et les yeux du loup pour l'idylle entre Dracula et Mina. Transition entre le cercle de feu qui protège Van Helsing et Mina, et le soleil levant qui annonce la fin de Dracula. Le cinéaste emprunte la vague de sang du film *Shining* de Kubrick, il rend hommage au *Nosferatu* (1922) de Murnau en évoquant quelques images célèbres de ce film : la main du cocher (Dracula) qui s'avance exagérément vers l'épaule de Jonathan au col de Borgo, les ombres qui glissent sur les murs du château du comte, le corps du vampire qui se dresse tout droit... Coppola rend aussi hommage à Dreyer, car le titre du livre qu'ouvre Van Helsing est : Vampyre.... Il rend d'ailleurs hommage au cinéma en filmant la première scène de Dracula à Londres avec une caméra de l'époque des débuts du cinéma et il montre Dracula emmenant Mina au cinématographe.

Innocent Blood de John Landis (1992), jolie femme vampire (Anne Parillaud) qui ne vampirise et ne tue que les voyous. Une jolie vampire utile à la société. Sauf, une fois, elle ne peut pas achever sont travail et le chef de la mafia devient vampire lui-même...

Cronos de Guillermo del Toro (1992). Le *Cronos* du vieil alchimiste du XVIe siècle est retrouvé dans une statue. Une petite machine d'horlogerie en or que n'aurait pas reniée Clive Barker... Il lèche la tache de sang par terre. Il s'appelle Jesus Gris (!) Il ne veut pas l'éternité, car il ne veut pas tuer. Le prologue est formidable ! Anne Rice n'avait rien inventé...

Dark Waters de Mariano Baino (1993)
Faut suivre. Pas évident, mais on est envoûté.
Une révision du *Cauchemar d'Inssmouth* (ce n'est pas précisé dans le générique) : une jeune femme arrive sur une île où vit une congrégation de religieuses qui ont pour le moins des coutumes bizarres.
Petit à petit elle va découvrir d'où elle vient.

Entretien avec un vampire de Neil Jordan (1994), les aventures de Louis et Lestat les vampires, racontées par Louis à un jeune journaliste qui enregistre la conversation au magnétophone, constituent un événement cinématographique vampirique. Louis devint vampire en 1791 grâce aux bons soins de ce sacré Lestat. Une scène vraiment gothique, celle des évènements au théâtre parisien des vampires et un plan éminemment fantastique, celui du Nosferatu de Murnau que Louis voit au cinéma du quartier. La chanson de générique de fin, *Sympathy for the devil* n'est pas interprétée par les Rolling Stones, mais par les Gun's Roses. Ce film est par certains côtés décevant. Pourquoi ? Ce n'est pas lié à la création cinématographique elle-même, mais au scénario d'Anne Rice, scénario qui part du postulat (beaucoup mieux développé par d'autres, comme Robert Bloch) que parfois, un vampire souffre de son état. En effet, quels sont les problèmes que rencontrent les vampires ? Ils doivent tuer – ce qui est contraire à la religion chrétienne... -, leur corps ne change plus alors que le monde change, et, donc, ils sont immortels. Ils ont un reflet dans les miroirs et, parfois, ils pleurent... On entre donc dans la psychologie du vampire, et, du coup, celui-ci perd tout son mystère, et tout son attrait. C'est dommage, car Neil Jordan n'avait déjà pas réussi à renouveler le mythe du loup-garou avec son film *La Compagnie des loups* (1984)...

Frankenstein de Kenneth Branagh (1994), dernière et merveilleuse adaptation du roman de Mary Shelley. Branagh revient aux sources : Victor Frankenstein n'est pas ce savant démoniaque qui renaît toujours de ses cendres, image développée par les films de la Hammer, et qui est véhiculée dans l'esprit de presque tous les spectateurs d'aujourd'hui.

Non ! C'est un vrai scientifique, « *Prométhée moderne* » comme l'indique le sous-titre de Mary Shelley, personnage mythique qui veut le bien de l'humanité. Comme le roman, le film commence au Pôle Nord, alors que Victor y achève sa poursuite du « *monstre* », de la « *chose sans nom* », et c'est Victor qui raconte ses aventures au capitaine du navire bloqué dans les glaces, en quelque sorte son homologue, puisqu'il est parti aussi à la découverte de connaissances nouvelles. Le film insiste sur l'humanité du savant, son humanisme même, sa fébrilité dans ses recherches, fébrilité rendue cinématographiquement par le montage des scènes de la fabrication du monstre. Il développe un thème sous-jacent dans le roman de Mary Shelley, celui du complexe d'Œdipe. Victor a créé un monstre. C'est donc son enfant. Mais, comme le souligne ce dernier à la fin du film, lui son père, ne « *lui a même pas donné de nom...* » Et, comme Victor n'a pas voulu lui donner de femme, le monstre a tué la sienne en lui arrachant le cœur ! Victor n'a pas supporté cette mort et a fait de sa femme un monstre également... Scène cruelle et horrible où elle se voit monstrueuse et se fait brûler vive ! Scène terrible de souffrance humaine quand, à la fin, le monstre se plaint de l'abandon de son père... C'est le film le plus proche du roman de Mary Shelley, bien que certaines scènes ajoutées n'existent pas dans le roman. Ce film, produit par Francis Ford Coppola, est dans la même veine que le *Dra-*

cula de ce dernier. Il reprend les thèmes humains de l'amour et de la sexualité, seulement sous-entendus dans l'œuvre littéraire.

Le Cri de la lavande dans le champ de sauterelles de Marcello Cesena (1994). Le titre original est : *Peggio di cosi si muore*, soit, en français : *Pire que ça on meurt*. Une femme est terrorisée par les sauterelles (même si c'est un grillon qui se pose sur son pied). Au fait, qu'est-ce que ça à voir avec l'histoire ? (Peut-être qu'elle n'est pas si trouillarde que cela...) Excellemment filmé ! L'orage éclate quand elle découvre sa valise dans le cadeau que les inconnus lui ont amené lorsqu'elle pend la crémaillère de son appartement acheté avec l'argent de la valise emportée par erreur... au lieu de la sienne, justement ! Voilà une excellente histoire policière traitée avec tous les ingrédients du fantastique qui accentuent le comique des situations. Avec beaucoup d'humour noir et même un peu de gore. De toute façon tout est écrit et les fantômes déclarent :
— *On a longtemps pour les tourmenter ?*
— *Toute la vie !*
— *Ah ! ah ! ah ! ah !*

La Reine des vampires de Gilbert Adler (1994). Érotisme vulgaire et Lilith un peu décalée. On essaie de rigoler. Enfin, on ne s'ennuie presque pas. Je préfère le titre anglais *Bordello of blood*, autrement dit, *Bordel de sang* !

Dellamorte Dellamore de Michele Soavi (1995), merveilleux film qui reprend les thèmes des morts-vivants pour en faire un conte philosophique baroque : où est la différence entre la vie et la mort ? La mort interpelle Francesco Dellamorte, le gardien du cimetière, en lui ordonnant d'arrêter de tuer les morts (vivants), car c'est son travail à elle... Scène d'amour sur une pierre tombale unique ! Où aller quand le monde réel n'existe pas ?

The Prophecy de Gregory Widen (1995)
C'est la guerre entre les Anges dans les cieux. C'est écrit dans le chapitre 23 de Jean, chapitre qui n'existe pas dans les Évangiles connues. Ce chapitre est présent dans une bible du 2ème siècle trouvée sur le cadavre d'Uziel, l'Ange au service de Gabriel.
Ce dernier est à la recherche d'une âme d'un défunt. Car, comme le dira Lucifer plus tard dans le film, les âmes des défunts ne peuvent accéder au ciel tant que la guerre y fera rage. Elles restent donc sur Terre.
Le flic Thomas qui a failli être prêtre (et qui connaît donc parfaitement les Écritures) est

sur ses traces, au départ sans savoir de qui il s'agit. Il y a aussi une jolie institutrice, il faut toujours insérer une histoire d'amour sinon le film ne plaît pas.

L'âme appartient au colonel défunt Arnold Hawthorne, militaire psychotique et hanté par le Mal. C'est une âme ignoble !

Dans notre vie réelle, pas celle du film, « Hawthorne » c'est le nom du juge qui a condamné à mort les sorcières de Salem. Dont le descendant est l'écrivain Nathaniel Hawthorne, dont les œuvres sont imprégnées de la culpabilité de l'action de son ancêtre…

Gabriel fait renaître un mort pour se faire un serviteur. Il est donc toujours accompagné d'un zombie.

Cet Ange Gabriel est ignoble, car il n'aime pas les humains, il en est jaloux et les appelle les singes parlant. Mais les desseins de Dieu sont impénétrables…

Il y a une belle brochette de bons acteurs : Christopher Walken, Viggo Mortensen, Eric Stolz…

Un film très chouette.

Il va avoir de nombreuses suites jusqu'au numéro 5 !

Haunted de Lewis Gilbert (1995), un universitaire qui déjoue les illusions des soi-disant médiums est invité dans un château pour démontrer à la gouvernante que le fantôme n'existe pas. Il faut dire que ce prof a perdu sa petite sœur jumelle quand ils étaient enfants :

elle s'est noyée devant lui. Ce film est adapté du roman homonyme de Frank Herbert (titre en français : *Dis-moi qui tu hantes* publié dans la collection Terreur de chez Pocket). La fille est superbe et on comprend que le jeune professeur n'y résistera pas. Le rôle est joué par la très belle Kate Beckinsale.

Hantises de Michel Ferry (1996). Je retire ce que je viens d'écrire ci-dessus. Une sensation de déjà vu... serait-ce le Horla ? « *On ne voit pas la plupart des choses qui existent. Le vent, par exemple.* » Tant qu'il y a de l'eau dans la carafe sur la table de nuit... C'est lent et peut paraître ennuyeux, mais ce film distille l'angoisse, goutte à goutte, comme du très bon Calvados... Il y a des citations de Sénèque.

The Addiction de Abel Ferrara (1996), une étudiante en philosophie devient vampire et désire mourir. Film en noir et blanc. « *Mon héroïne est héroïnomane [...] Après son initiation au vampirisme, elle prend du sang au dîner comme un bon verre de vin rouge [...] Le vampirisme se trouve dans chaque civilisation au monde.* »[*]

---

[*] Abel Ferrara interviewé par Marcus Rothe dans le journal *L'Humanité* du 10 avril 1996.

Une Nuit en enfer de Robert Rodriguez (1996), lutte à mort avec des vampires dans un bar perdu de la frontière mexicaine. Cela ne vous dit rien ? Produit et joué par Quentin Tarantino... Il y a deux suites... *Une Nuit en enfer 2 : le prix du sang* de Scott Spiegel (1999) et *Une Nuit en enfer 3 : la fille du bourreau* de P.J. Psce (2000)

Dracula mort et heureux de l'être de Mel Brooks (1996), parodie et surtout hommage des grands films de ce thème. *Nosferatu* (le livre reçu par le Dr Seward, le vampire qui se dresse de son cercueil, la coupure du doigt...), *Vampyr* (la victime allongée sur un banc dans le parc et le vampire), *Dracula* de Browning (le scénario du film, la toile d'araignée traversée, l'escalier), *Le Cauchemar de Dracula* (la lutte contre le vampire avec la croix et son exposition à la lumière, le sexe), *Le Bal des vampires* (le bal et l'absence de reflet), *Dracula* de Badham (la lutte contre le vampire et sa transformation en chauve-souris dans la chapelle au bord de la mer), *Dracula* de Coppola (la coiffure de Dracula, son ombre autonome). Le scénario est emprunté au *Dracula* de Browning puisque c'est Reinfield qui se rend dans le château du comte.

Un Vampire à Brooklyn de Wes Craven (1996), un vampire black débarque à New York. Il semblerait qu'Eddy Murphy, producteur de ce film, ait eu envie de jouer un rôle de vampire et qu'il ait demandé à Craven de le mettre en scène... Reinfield s'appelle ici Julius. Un bateau entre dans le port sans capitaine et sans matelots qui sont tous morts. Un loup s'en échappe... Les scénaristes (ils se sont mis à plusieurs...) reprennent l'idée de Saberhagen : que s'est-il passé après l'histoire racontée par Bram Stoker ? On sait que Mina portait alors un enfant... Julius se décompose petit à petit. Il y a, malgré tout, plusieurs choses intéressantes dans ce film : le sang qui coule du trou de la serrure, une citation du *Cid*, la parodie de la religion et de ses ouailles, et l'humour gore. Enfin, heureusement qu'il y a aussi le savoir-faire de Craven.

Le Loup-garou de Paris d'Anthony Waller (1997). On attendait depuis longtemps ce remake du *Loup-garou de Londres* (1981) de John Landis. Pas mal réussi : toutes les idées ont été reprises (notamment les zombies en charpie, anciennes victimes du loup-garou), l'humour se mêle à l'horreur et au macabre. Ici la fin est heureuse contrairement à celle du film de John Landis. Ce qui change vraiment, ce sont les effets spéciaux, car les loups-garous sont en image numérique, ce qui n'est pas mal, ne soyons pas nostalgiques des bons vieux maquillages et maquettes en plastique s'il vous plaît. Un générique puissant qui vous donne envie d'en savoir plus, une fille qui perd sa chaussure comme Cendrillon (après avoir été sauvée du suicide par un saut en élastique d'un jeune Américain du haut de la tour Eiffel). On croit à un moment donné que cette fille est infirmière comme celle du film *Le Loup-garou de Londres*, mais on se trompe, car elle s'était déguisée pour venir voler un cœur (anatomique) dans la salle d'opération de l'hôpital... Comme dans le film précédent, l'humour amplifie la terreur. Il y a un autre conte de fées puisqu'on parle aussi du Petit Chaperon Rouge... Et puis un thème qui a été repris de *Full Eclipse* film de télévision d'Anthony Hickox dans lequel un sérum permet de se transformer en loup-garou quand on le veut pour mieux débarrasser le monde des êtres inférieurs qui l'encombrent... La scène de la fête et des gens qui se transforment en loups-garous n'est pas sans rappeler *Une Nuit en enfer* (1995) de Robert Rodriguez.

The Crow la cité des anges de Tim Pope (1997), la mort est devenue populaire au cinéma depuis le merveilleux *Beetlejuice* (1988) de Tim Burton. **The Crow** numéro un, beaucoup plus gothique, était assez décevant (Alex Proyas – 1993 – l'acteur Brandon Lee est tué lors du tournage par une balle oubliée dans un revolver normalement chargé à blanc)... Cette séquelle semblait bien plus prometteuse... mais, hélas, *The Crow la cité des anges* enfonce beaucoup de portes ouvertes et reprend un thème cher à un genre qui est passé de mode : le western. Tous ses ingrédients sont réunis : la cité sans foi ni loi, la vengeance, le vengeur solitaire venu de nulle part et y retournant à la fin du film. Le héros est invincible, comme tous ceux des westerns de Sergio Leone. Ici, il s'agit d'un fantôme. Si vous avez vu *L'homme des hautes plaines* (1972) de Clint Eastwood, vous connaissez l'histoire de *The Crow* (que ce soit le numéro un ou le numéro deux). Une remarque à propos de ce western : la version française est légèrement différente de la version américaine. Dans cette dernière, à la fin du film, le héros, debout devant la tombe du shérif tué autrefois dans la ville sous les yeux des habitants indifférents, avoue en être le fantôme. La version française n'a pas accepté le fantastique de la chose (cartésianisme oblige !) et le type ne dit plus qu'il est le fantôme, mais le frère du shérif ! Il y a d'ailleurs une pendaison dans *The Crow*, elle renvoie à un autre western avec Clint Eastwood : *Pendez-les haut et court* (1967) de Ted Post. Que dire de plus sur *The Crow 2* qui semble connaître un grand succès auprès de la jeunesse ? Le préambule est superbement filmé selon un rythme et des plans rappelant la bande dessinée (il est inspiré d'une BD de James O' Barr). Ensuite, on a affaire à un western avec une fin qui ressemble à *La Part des ténèbres* (1993) film de G. A. Romero tiré d'un roman de Stephen King. En ce qui concerne la ville (béton, ordures et tags), John Carpenter a fait beaucoup mieux avec son *Los Angeles 2013* (1996). Ce dernier est un fan de western, et il rend hommage à ce genre dans ce

film en reprenant le thème du *Jardin du diable* (1954) d'Henry Hathaway. Par contre, *The Crow la cité des anges* attire l'œil comme une verroterie sans valeur... Mais il y a la musique. De superbes chansons de rock, avec notamment les White Zombie, chanteurs de Heavy Metall qui ont pris comme nom de scène un chef-d'œuvre du cinéma. Le Heavy Metall aux chansons très dures exprime une révolte violente et profonde, inguérissable, qui méprise la société et ses pouvoirs. Il trouve à exprimer cette révolte par le macabre et le fantastique. Il est dommage qu'une minorité de ses représentants, ayant senti à quel point leurs aînés détestaient les symboles nazis, trouvent particulièrement provocant d'en afficher quelques-uns.
Troisième du même nom : *The Crow Salvation* (1999) de Bharat Nalluri.

Les Deux orphelines vampires de Jean Rollin (1997), Jean Rollin, qui fut brièvement directeur de collection chez *Fleuve Noir* y publia son roman dont il a fait ce film. Toujours fidèle à lui-même : c'est surtout l'érotisme qui l'intéresse chez le vampire, comme dans tous ses précédents films. Il a donc embauché de très belles actrices du genre comme Brigitte Lahaie. Il y a aussi Tina Aumont.

Vampires de John Carpenter (1997). Imaginez le réalisateur faisant un remake de *Rio Bravo* (1959, Howard Hawks), ou du *Train sif-*

flera trois fois (1952, Fred Zinnemann), ou de *Règlement de comptes à O.K. corral* (1957, John Sturges), en reprenant la violence stylisée de Sam Peckinpah, les décors et les paysages dépouillés de Sergio Leone... Cela risquerait d'ennuyer tout le monde. Il l'a fait quand même, en l'appelant *Vampires* et en s'inspirant d'un roman du même nom de John Steakley (1990). On remplace les gangsters par des vampires, l'autorité fédérale par le Vatican et le tour est joué... et vous avez un chef-d'œuvre. « *J'ai voulu y mettre mon grain de sel, car je n'aimais pas la tournure chochotte et névrosée que prenaient les vampires ces derniers temps. Les vampires n'ont pas d'état d'âme, ils doivent tuer pour vivre.* » Déclare John Carpenter. Une belle critique des vampires un peu niais d'Anne Rice *(Entretien avec un vampire* (1994) de Neil Jordan, est adapté du roman de l'écrivain). John Carpenter n'a jamais eu la cote chez lui aux États-Unis. Ici, en France, on sait le juger à sa véritable valeur : un grand cinéaste qui sait faire de grands films avec peu de moyens. Si cela fait sourire certains d'entre vous, figurez-vous que la cinémathèque française a réalisé une rétrospective complète sur l'œuvre du cinéaste (eh oui !) et que (oui vous ne rêvez pas) les Cahiers du cinéma ont consacré un dossier sur lui. Enfin ! Tout arrive ! Le réalisateur de *Halloween* (1978) le mérite bien. « *Il était temps de donner à John Carpenter la place qu'il mérite dans ces colonnes* » écrit le gardien du temple du cinéma. Cet événement considérable (un dossier Carpenter dans les Cahiers du cinéma, je n'en ai pas cru mes yeux !) mérite quelques citations de John Carpenter qui permettront d'ailleurs de mieux comprendre le film Vampires : « *Dans le film, c'est cette synthèse étrange de l'Église catholique et des croyances indiennes primitives qui crée les vampires. Dans le Sud-ouest américain, l'arrivée des Espagnols a entraîné la construction de missions catholiques. Il s'y est fait une rencontre étonnante entre le rite catholique et le mysticisme indien. [...] Je trouvais très fascinant le mélange entre cette spiritualité propre au nouveau Mexique et le mythe des vampires.* » – « *J'ai [...] filmé avec plusieurs caméras, ce que je n'avais jamais fait auparavant. Sam Peckinpah travaillait aussi de cette manière ; en plaçant des caméras selon six ou douze angles différents, y compris les scènes dialoguées. [...] Puis il trouvait le rythme au montage.* » – « *Ce qui me rend marginal à Hollywood, c'est que je me sens incapable de tourner des films destinés au grand public.* » – « *Jacques Tourneur est un très grand metteur en scène. J'ai une passion pour* Curse of the demon *(Rendez-vous avec la peur – 1957) C'est un film merveilleux.* » (Voir ce film au chapitre chefs-d'œuvre.) – « *J'ai énormément d'admiration pour le travail de Dario Argento. Je pense qu'il a tourné des films extrêmement dérangeants. Quand on va aussi loin, on s'expose à la critique. Je suis d'accord avec vous : je n'ai jamais compris pourquoi Dario Argento n'a pas eu la reconnaissance qu'il mérite.* » Bon, mais je vous ennuie avec ces références cinématographiques. Revenons à *Vampires*.

Le personnage le plus intéressant du film est celui de Tony Montoya, joué par Daniel Baldwyn, le seul personnage véritablement humain. Il tombe amoureux de la fille vampirisée et ne craint pas de se sacrifier pour elle. Cette prostituée, Katrina, jouée par la superbe Sheryl Lee dont tout le monde se rappelle la prestation dans *Twin Peaks* de David Lynch (le feuilleton et le film) se fait vampiriser par le maître des vampires. Ce qui est nouveau n'est pas le fait qu'il la morde – cela est normal pour un vampire –, mais plutôt *où* il la mord. D'habitude c'est dans le cou. Là non, c'est plus bas, bien plus bas... et selon Valek, le vampire, *« elle ne devrait jamais oublier ce moment »*... Toute l'action se déroule de nos jours dans un décor moderne. Pas d'ambiance gothique (mais l'histoire l'est vraiment...) Cela ressemble au très beau film *Aux Frontières de l'aube* (1987) de Kathryn Bigelow. Il y a donc tous les ingrédients du western : l'amitié, la trahison, l'amour, le duel... À la fin, tout n'est pas réglé, car l'ami de toujours va rejoindre malgré lui le camp ennemi... Revenons à Carpenter, cette fois dans la revue Mad Movies : *« Mon intention dans* Vampires *était d'arriver à un western dans lequel se confondent les mauvais et les bons »*.

Et pour finir : « *Si vous prenez la tragédie trop au sérieux, vous emmerdez le monde. Le bon drame se compose notamment d'humour. C'est ce qui dérange, fait peur...* »
Bon vent John !

Event Horizon, le vaisseau de l'au-delà de Paul Anderson (1997). Clive Barker a fait des adeptes. C'est l'atmosphère terrifiante de l'écrivain anglais de l'horreur que l'on retrouve dans ce film : du gothique à l'état pur, avec son architecture, ses grosses ferrailles, et ses instruments de torture. Cette ambiance est mêlée à de très belles images de science-fiction : planètes, vaisseaux spatiaux qui défilent. Ils ne sont pas si modernes que cela d'ailleurs, car les images transmises restent à deux dimensions. On retrouve l'atmosphère gothique partout : l'Event Horizon est un immense vaisseau en forme de croix, les décors sont sombres *(« Cet endroit est une tombe »* déclare le capitaine). L'Event Horizon n'était pas revenu après être passé *« de l'autre côté ».* Il a réapparu quelques années plus tard. Tout l'équipage est mort. Il ne reste d'eux que des débris affreux, témoignant d'une horreur sans nom (me voilà influencé par Lovecraft, c'est l'ambiance...) Le bloc médical ressemble à une crypte. On retrouve le même thème que dans *Solaris* (1972) d'Andreï Tarkovski, car, dans le vaisseau, les êtres humains développent leurs angoisses à partir de leur psyché et des névroses qu'ils ont contractées. Mais ici on a affaire à un film d'horreur. L'entité maléfique n'est jamais connue, donc jamais nommée, jamais vue. Seul l'homme qui avait construit le vaisseau la représente par son visage aux yeux crevés et à la peau découpée. Sam Neill est toujours aussi bon dans ce genre de rôle. Il y a les classiques débats entre le rationnel et l'irrationnel. C'est toujours ce dernier qui a raison, car les faits sont têtus, et même le rationnel ne peut pas les contourner. Nous sommes donc vraiment dans une sombre histoire du gothique le plus classique, les combinaisons spatiales remplaçant les armures. Voyons ce que dit Maurice Lévy, spécialiste du Roman Gothique[9] : « *Roman médiéval et art gothique relèvent au même titre, en effet, de cette faculté tant décriée pendant l'âge classique : l'imagination.* » Et encore : « *Selon Blair* (ne pas confondre avec le Premier ministre anglais, il s'agit ici d'un critique littéraire du dix-huitième siècle NDLA) *à mesure que le monde progresse, l'entendement gagne du terrain sur l'imagination ; l'homme s'applique à mieux connaître la cause des choses, et s'en émerveille de moins en moins [...] Ce vieillissement de l'imagination explique qu'il faille se tourner vers les premiers âges des civilisations pour trouver une poésie authentique, toute poésie étant "fille de l'imagination"* ». Et enfin : « *La nuit accroît nos craintes par l'incertitude où elle nous plonge. C'est parce*

---

[9] In *Le Roman gothique anglais.*

qu'elle est terrible en soi qu'on l'associe aux fantômes et non pas, comme le prétendait Locke, parce qu'elle est associée aux fantômes qu'elle est terrible. »
Ces citations montrent parfaitement la démarche du film, car là où s'est rendu l'Event Horizon est *« une dimension de pur chaos »*.

Fantômes contre fantômes, de Peter Jackson (1997), traite aussi de la mort, sur un mode comique. Le réalisateur Peter Jackson qui avait déjà commis l'épouvantable film gore *Braindead* (1992) tombe ici dans la waltdysniaiserie. Il le dit d'ailleurs lui-même, lorsqu'il déclare que son film est comme *« Une attraction dans un parc à thèmes. »* Quant à son scénariste, il pille toutes les histoires du genre et en gomme le mystère, le fantastique. Sur le plan littéraire, on y trouve *Démences* (1989) de l'écrivain anglais Graham Masterton – les déments criminels d'un ancien asile d'aliénés hantent encore les murs -, *Dis-moi qui tu hantes* (1988) de l'anglais James Herbert, *Cœurs perdus* de l'anglais Montague Rhodes James (18621936), sans compter les différentes hantises racontées par l'américain Henri James (1843 – 1916)... Sur le plan cinématographique, cela ne vaut pas *La Maison du diable* (1963) de Robert Wise, le comique est bien plus mauvais que dans *Beetlejuice* de Tim Burton, la réflexion philosophique (quelle est la différence entre la mort et la vie ?) ne possède pas la poésie de *Dellamorte Dellamore*

(1995) de l'Italien Michele Soavi, et, enfin le pillage des thèmes de *Dead Zone* (1983) de David Cronenberg ou *SOS Fantômes* (1984) d'Ivan Reitman n'arrangent pas vraiment le scénario... Bien sûr, comme l'a souligné Peter Jackson en qualifiant son film d'« attraction », ce sont les effets spéciaux qui valent le coup. Et ne faisons pas la fine bouche, car, quand ils sont aussi spectaculaires, le spectacle est bon. On ne rigole peut-être pas autant que dans *La Mort vous va si bien* (1992) de Robert Zemeckis, mais Michael J. Fox, son acteur fétiche dans les *Retour vers le futur* N° 1 – 1985, N° 2 – 1989, N° 3 – 1990, est toujours aussi sympathique. Quant à Jeffrey Combs, l'horrible Herbert West de *Re-animator* (1985), adaptation de nouvelles de Lovecraft, (et ses suites, *Re-animator 2 et 3*, dans lesquelles Brian Yuzna, à son habitude, pousse tout à l'extrême), il est toujours un acteur formidable dans le rôle du paranoïaque imbécile inspecteur du FBI Milton Dammers (une manière comme une autre de se moquer de la série *Aux frontières du réel*...). La traversée du désert qu'il vient de vivre ces dix dernières années n'était pas vraiment méritée...

The Prophecy 2 de Greg Spence (1997)
Gabriel revient des enfers appelé par Lucifer. Fallait bien trouver un moyen de le faire revenir.
Thomas, le détective du film précédent, devenu moine, est cramé par l'archange.

Daniel séduit Valérie et lui fait l'amour à la demande de Michael (l'archange, il y a une de ces hiérarchies chez les Anges !) pour engendrer le Nephelem, enfant de l'Ange et de la femme, c'est lui qui mettra fin à la guerre entre les Anges. Mais Gabriel ne l'entend pas ainsi.
Et toujours la tristesse du zombie qui n'aspire qu'à mourir.
Il y a le même médecin légiste que dans Prophecy 1 et la fille joue très mal.
Le paradis ressemble à une raffinerie désaffectée. Gabriel joue avec un talkie-walkie, mais il ne sait pas à quoi ça sert. Pourtant il le saint des transmissions ! Joli clin d'oeil non ?
Tout cela est tiré par les cheveux.

The Kingdom II de Lars von Trier et Morten Anfred (1997). Vous êtes capable, vous, d'aller au cinéma voir un film qui dure 4 heures 46 ? Moi non plus ! En attendant, vous pourrez toujours lire dans un autre de mes livres ma critique de *L'Hôpital et ses fantômes*», série télévisée passée sur Arte et regroupant *Kingdom I et II*. Lars von Trier adore les hôpitaux, mais je ne sais pas s'il adore le spectateur...

Le Fantôme de l'Opéra de Dario Argento (1998). *« Je ne suis pas un fantôme, je suis un rat ! »* affirme le fantôme à sa victime... Un rat de l'Opéra alors ? Voilà l'ambiguïté de ce film : parodie ou pas parodie ? Argento a abandonné l'expressionnisme pour le baroque.

Son film ressemble au film *Le Masque de cire* (1996) de Sergio Stivaletti (voir ci-dessus). Argento avait déjà mis les rats en scène dans *Inferno*. Mais là les rats prennent forme humaine. Il y a même la grosse italienne des films de Fellini (un hommage ?), des vers, des araignées et des chauves-souris. Les scènes gore sont plutôt du genre comique, pleines de sens (il lui mange la langue, il est coupé en deux, il est empalé phalliquement), gros plan sur la plaie et... sur la luette de la Diva... Les queues de rat sont dans des bocaux et un type construit une balayeuse à rats. Enfin, tout le monde sait qu'un rat est dur à tuer. Mais il suffisait d'utiliser de la mort-aux-rats ! Alors, satire ou pas ?
De toute façon une manière nouvelle de traiter une histoire somme toute pas vraiment fantastique...

La Main qui tue de Rodman Flender (1998). Il y a eu *Les Mains d'Orlac* (plusieurs versions – voir ci-dessus) tiré du roman de Maurice Renard, *La Bête aux cinq doigts* avec le génial Peter Lorre, la "chose" de *La Famille Addams* et la main du martien dans *Mars Attacks !*. Cette fois, c'est *la main qui tue*, une autre variété de films d'horreur avec des adolescents... Ah oui ! J'oubliais, il y a eu aussi la main dans *Evil Dead 2*. En fallait-il une de plus ? Car ici on fait de la morale : une main c'est fait pour travailler, pas seulement pour se branler, fumer des joints et appuyer sur les boutons de la télécommande. Sinon le diable s'en mêle ! Et la musique de Rob Zombie...

Blade de Stephen Norrington (1998). De la techno et du sang... Le scénariste, David S. Goyer, déclare avoir découvert le personnage de Blade dans un comics : *Tomb of Dracula*... À partir de là un nouveau personnage est né.
Les chasseurs de vampires plaisent aux producteurs. Dans ce film, fort bien réalisé, avec des effets spéciaux au service de l'histoire, on donne des explications "scientifiques" au phénomène du vampirisme. Il y a beaucoup de bagarres (il faut donc aimer cela au cinéma...) et le scénario ressemble un peu à celui du *Cinquième élément* de Luc Besson... À part cela, on passe un bon moment sans s'ennuyer, et on retrouve bien notre plaisir d'adolescent en train de lire une bonne vieille BD ! Si on a vieilli trop vite, tant pis !

Une Nuit en enfer 2 : le prix du sang de Scott Spiegel (1998)
Dialogues sur un ton ampoulé (excellent !)
Une attaque de chauves-souris dans un ascenseur : mais c'est un film à la télé !
Un type s'évade et téléphone à un copain pour récupérer du fric volé à la « frontière ». Des types caricaturaux qui recrutent des caricatures de gangsters. J'oubliais : il y a aussi une caricature de shérif.

Avec Robert Patrick (qui joua dans *X-Files* 8 et 9ᵉ saison et dans *Stargate Atlantis* au début avant de se faire dévorer...)
Autrement sur le plan du tournage on a droit à plein de contre-plongées biscornues...
Enfin le chef arrive dans la boîte de nuit qui se trouve en plein désert (voir l'épisode précédent...).
En fait, il y a une banque à cambrioler à la « frontière », mais il y a des vampires qui ont peur de la croix (heureusement !). D'autre part, à peine mordu on devient sans délai un vampire.
Les vampires sont donc aussi très caricaturaux.
Film très con, mais amusant. Il est fait pour ça d'ailleurs, sans prétention aucune...

Ring de Hideo Nakata (1998). Il a fallu attendre avril 2001 pour voir ce film en France. Comment dire ? Peut-être *Blair Witch* filmé comme aurait filmé Chris Marker ? Autre originalité : les deux objets maléfiques sont la télévision et le téléphone. Pour le téléphone on avait déjà eu beaucoup de développements après le sketch *Le Téléphone* dans *Les Trois visages de la peur* de Mario Bava. Pour la télévision, David Cronenberg avait inaugué avec *Videodrome*, mais peu ont suivi. Ainsi, on peut dire (surtout que *Ring* a eu deux séquelles) que ces deux objets deviennent les deux objets de la terreur moderne. Quant au film lui-même, si Télérama dit que c'est bien, France-

Info aussi, et là je me méfie. Mais, je l'ai trouvé pas mal. Loin d'être le chef-d'œuvre que certains ont dit. C'est vrai qu'il inspire une certaine crainte sans grands effets spéciaux. Mais de là à l'interdire aux moins de douze ans... Si vous voulez avoir vraiment peur, allez voir L'exorciste ! Deux séquelles : *Ring 2* de Hideo Nakata et *Ring 0* de Norio Tsuruta (2000).

Small Soldiers de Joe Dante (1998). Certains critiques ont fait grand cas de l'imperfection des effets spéciaux de représentation des jouets en affirmant que Dante (le réalisateur des *Gremlins*) critique ainsi ces effets tout en les utilisant. Ne pourrait-on pas penser au contraire qu'il les a voulus si parfaits qu'ils montrent l'inévitable imperfection de tels jouets s'ils étaient soudain animés d'une vie artificielle ? On avait vu des batailles rangées de jouets dans *Toys* (1992) de Barry Levinson, mais sans l'apport artistique essentiel de ces effets spéciaux. *Small soldiers* est bourré de citations cinématographiques. Surtout des films de guerre. J'en ai noté quelques-uns. Il y a bien sûr le film de Tod Browning *Les Poupées du diable*, celui de Stuart Gordon *Les Poupées*, et puis, *2001 L'odyssée de l'espace*, *E.T.*, *X-Files*, *Frankenstein*, *Terminator* ainsi que bien d'autres films avec Schwarzenegger, *La Nuit des morts-vivants*, *La Poursuite infernale*, *Alamo*, tous les films d'extraterrestres qui ne peuvent être détruits que par la bombe atomique, *Apocalypse Now*, (« *J'adore l'odeur* *du polyuréthane dans le matin* »), *À l'ouest rien de nouveau*, *Les Sept samouraïs* (ou *Les Sept mercenaires*), et, enfin, la dernière phrase prononcée par un Gorgonite : « *J'espère qu'on percutera pas un iceberg* »... Ça ne vous dit rien ?

Moi zombie, chronique de la douleur de Andrew Parkinson (1998). Un film bricolé peut-être, mais j'adore ce genre de bricolage. À partir d'un incident relativement bénin, le héros de cette histoire s'enfonce inéluctablement dans l'horreur. Alors que sa famille continue à vivre dans le monde normal et se demande où il est passé. La vision de l'intérieur d'une transformation atroce. Et comprendre l'affreuse solitude de la monstruosité.

Sixième sens de M. Night Shyamalan (1999). Une mise en scène de la mort époustouflante ! Un scénario ingénieux (écrit par le réalisateur). Incroyable film. J'ai pleuré tout le temps. Le gamin est pathétique ; il joue à la perfection. C'est filmé en maître : l'escalier en hélice en hommage à *Quand passent les cigognes* (Mikhaïl Kalatozov – 1957), la mise en valeur du hors champ par les gros plans (le dialogue entre le psychologue et l'enfant quand ce dernier a vu les pendus ; l'écoute de l'enregistrement au magnétophone ; etc.), le surcadrage, le lent travelling avant vers les deux personnages déjà en gros plan... Le meilleur film que j'aie vu sur les terreurs enfantines. Il nous renvoie à notre propre enfance. La première scène est significative : une belle jeune femme est descendue dans la cave pour prendre une bouteille, et, soudain, elle prend peur. D'ailleurs, ensuite, la cave sera toujours fermée à clé. *« Je voudrais ne plus avoir peur... »* Dit l'enfant. La plus belle histoire de fantôme que j'aie jamais vue... Une terrible histoire sur la mort et le deuil. Lorsque je suis allé le voir, un silence de mort régnait dans la salle. *« Aider quelqu'un à vaincre la peur. »* Mais on s'habitue à tout, même à la mort ! Comment un enfant peut-il survivre avec une responsabilité aussi écrasante ? Tout le monde est évidemment surpris par la fin. Mais d'autres avaient fait de même avant, comme dans *Réincarnations* (1980) de Gary Sherman, et surtout, le thème du film (et donc, la surprise de la fin qu'il ne faut pas dévoiler) a déjà été traité dans le film culte : *Carnival of Souls* (1962) d'Harold "Herk" Harvey...

Stigmata de Rupert Wainwright (1999). Ah la belle Patricia Arquette ! *« Brise un morceau de bois et Je suis là »* – *« Soulève un caillou et tu Me trouveras »*, lit-on dans l'évangile selon Saint Thomas. Ces textes sont classés par Wainwright comme *« les plus belles choses »* qu'il a pu lire dans sa vie...[10]

---

[10] Interview dans Mad Movies N° 123

La Maison de l'horreur de William Malone (1999). Je n'avais pas jusqu'ici traité le film *La Nuit de tous les mystères* (1959) de William Castle, car je pense que ce n'est pas un film fantastique, car de mystère, finalement, il n'y en a point... Ce qui n'est pas le cas de ce remake, ma foi, pas si mal réussi...

The Prophecy 3 de Patrick Lussier (1999)
Ça commence comme dans un épisode de X-files, d'ailleurs avec un acteur qu'on a vu dans cette série... Le personnage en question assassine un très jeune prédicateur qui fustige... Dieu lui-même !
Le corps arrive à la morgue où se trouve toujours le même médecin légiste.
C'est Daniel, l'enfant de Valérie et de l'Ange Daniel qui a été assassiné.
Pendant le générique (il faut bien suivre, car les scènes sont très courtes...) on a vu Valérie brûlée vive.
Ah ! ce Gabriel (L'Ange, bien sûr) toujours aussi impressionnant, superbement interprété par Christopher Walken. Même en clochard !
Et il a passé le permis de conduire.
Les anges rebelles recherchent le cœur de Daniel qui va, bien sûr, ressusciter.
Dans cet épisode ils l'appellent Nephalim...
Tout cela tourne en eau de boudin, c'est complètement invraisemblable, mais on se dit que les desseins de Dieu sont impénétrables. Alors...
Donc ça se regarde.

Hypnose de David Kœpp (1999). Tiré d'un roman de Richard Matheson, le scénario concocté par le réalisateur David Kœpp ne pouvait être que bon. La vie est dure... le boulot, l'amour, les enfants.... quelle banalité ! On se fait chier ! Heureusement qu'il y a les fantômes ! « *Faut pas en avoir peur* », dit l'enfant à son père. On pense un peu à *Shining* de Stephen King (adapté par Kubrick au cinéma) et à tout un tas d'autres histoires de fantômes... C'est vrai qu'il est difficile d'innover dans ce domaine. Les chiffres ont beaucoup d'importance. Lors de mes nuits d'insomnie, je parie sur les chiffres qu'aligne ma montre digitale. Ici, c'est la même chose : il est 11 : 11 ou, 2 : 26 (deux, plus deux, deux fois, on a bien cité trois fois deux, donc cela fait 6 ?), l'appartement a le numéro 1619... (faites le calcul vous-même !). De toute façon, les fantômes ont leur raison que la raison ignore. C'est toujours comme ça ! « *Le cimetière est drôlement cool !* » s'exclame l'enfant. Il regarde *La Malédiction des pharaons* (1959) de Terence Fisher à la télévision et le fantôme lui fait voir des scènes de *La Nuit des morts-vivants* (1968) de Romero, même quand la télé est débranchée ! Pendant le meurtre on entend *Paint in black* des Rolling Stones... Toujours mis à contribution les papys !

La Momie de Stephen Sommers (1999). Que ne nous a-t-on pas annoncé ce film. Comédie burlesque et film fantastique d'horreur, c'est le style de Sommers. Avec hommage à Indiana Jones...

L'ombre du vampire de Elias Mehrige (2000). Pour qui aime le chef-d'œuvre de Murnau, *Nosferatu*, cet *Ombre du vampire* est une curiosité. En effet, lors de la sortie de *Nosferatu*, le personnage du vampire (c'est-à-dire Dracula, nommé Orlock par Murnau pour ne pas payer les droits à la famille de Bram Stoker...) apparaissait si effrayant que la légende courut que ce rôle était joué par un vrai vampire. C'est le thème de ce film de Mehrige... Le réalisateur insiste également sur le cynisme incroyable de Murnau qui est prêt à tout pour son œuvre.

La Sagesse des crocodiles de Po-Chih Leong (2000). Encore une histoire de vampires ! Direz-vous... Mais le thème est inépuisable...

Apparences de Robert Zemeckis (2000). Ne nous fions pas aux apparences... Un film qui terrorise les adolescents. Mais on connaissait déjà d'autres histoires de fantômes de victimes qui reviennent se venger.... La longueur du début, agaçante, finit par prendre chair sous la forme d'une angoisse lancinante et une véritable terreur à la fin. Celle-ci est, par ailleurs, délicieusement macabre.

Belphégor de Jean-Paul Salomé (2000). Le casting de ce film est très mauvais : Sophie Marceau ne parvient pas à quitter son air prétentieux et le faux cynisme de Michel Serrault est vraiment plaqué. L'actrice ne réussit pas à m'émouvoir et les effets spéciaux sont minimes. Pas de quoi fouetter un chat : on a vu nettement mieux comme histoire de momie...

Le Roi scorpion de Chuck Russel(2001). Ce qui s'est passé avant l'histoire de *la Momie*... Muscles de l'Heroïc fantasy.

Long Time Dead de Marcus Adams (2001). Une histoire de djinn. Ce démon arabe dont on sait peu de choses a été peu utilisé dans la mythologie du cinéma fantastique. On connaît la série des *Wishmaster* (Du 1 au 4) dans lesquels le djinn est un démon qui satisfait vos souhaits, mais pas comme vous l'entendiez, mais comme il l'entend, lui...
Ici ce démon a été appelé lors d'une séance de spiritisme et tue à tour de bras les pauvres participants. Il y a du suspens basé le mécanisme classique des films d'horreur avec tueur en série. Cela fonctionne très bien. Un excellent film.
En ce qui concerne le djinn j'ai lu deux romans qui s'en inspirent et qui valent la lecture : *Le Djinn* de Graham Masterton (1977) et *Les Puissances de l'invisible* de Tim Powers (2001).

The Breed de Michael Oblowitz (2001). Dans un futur proche, les États-Unis ressemblent à l'ex URSS. D'ailleurs le film est tourné à Budapest. Ainsi le style architectural gothique est remplacé par le style néostalinien... Les bas-reliefs sont en style réalisme socialiste, et les mots d'ordre surréalistes prolétariens. Il y a même des gens (des vampires) qui veulent fuir clandestinement le pays. L'enfer quoi ! Il pleut beaucoup et il y a beaucoup d'orages. Les vampires sont devenus une race reconnue, mais il y a des renégats. Alors on forme une équipe policière avec un Noir et un vampire. Sympas tous les deux. Le nom des personnages est hilarant ; les vampires : Orlock (le nom donné à Dracula par Murnau dans *Nosferatu*), Lucy Westenra (un personnage vampirisé du roman de Bram Stoker) et une victime : Barbara Steel, l'actrice culte qui interpréta le vampire dans *Le Masque du démon* de Mario Bava, et j'en ai sûrement raté ! On a le plaisir de reconnaître une montée d'escalier qui ressemble fortement à celle du *Dracula* de Browning. On ne s'ennuie pas une minute bien que l'image quasiment noir et blanc ne nous permet pas toujours de discerner ce qu'il se passe.

Bangkok Haunted de Pisuth Praesaengaim et Oxide Pang-Shun[11] (2001). Histoires de fantômes thaïlandais. Trois chants macabres et un stabat mater.

---

[11] Voir le film *The Eye* du même (ci-dessus)

1er chant : la légende du tambour. Un objet hanté qui n'aurait pas déplu à Graham Masterton : un tambour.
Plans d'eau, reflets sur l'eau, clairs obscurs, plans quasiment noirs et tableaux à la Rembrandt. On ne reprend jamais un cadeau ! Les réalisateurs ne se sont pas gênés ! Tant mieux.
2e chant : la femme de magie noire. Humour Thaïlandais dans une morgue. Les bougies n'éclairent rien... Le gel du plaisir qu'on se passe sur la peau : terrifiant tableau de la morte dans le lit avec les amants. Nécrophilie et amour éternel.
3e chant : vengeance. Une jeune fille est trouvée pendue dans un entrepôt. Les autopsies sont classiques, mais classiques ou pas c'est pas joyeux ! La solution est dans la glace (l'eau congelée, pas le miroir).
Et à la fin trois fantômes au lieu d'un... Un film superbe ! Terrifiant...

Le Bateau des ténèbres de Christian Mc Intire (2001). Un bateau de tourisme ouvre les portes de l'au-delà comme l'Event Horizon en moins cruel. Rien de bien nouveau sur la mer... Les histoires de vaisseaux fantômes sont assez rares pour signaler ce film pour la télévision.

Les Autres d'Alejandro Amenabar (2001). Ce film utilise un seul effet spécial du cinéma pour effrayer le spectateur : le son ! Il rend ainsi hommage au film *La Maison du diable* de Robert Wise (1963). Les plans et le montage créent en eux-mêmes, par leur construction, alliée au son, une angoisse avec laquelle on a du mal à prendre ses distances. Beaucoup de spectateurs restent scotchés à leur chaise après la fin, certains d'entre eux trouvant refuge dans un rire étonné. Un très bon film, avec la merveilleuse Nicole Kidman. Il prolonge la tradition des histoires de fantômes renouée par d'autres films tout à fait récemment. Dans un autre film daté de 1997, **Ouvre les yeux**, un peu long, mais formidable, le même réalisateur traite le même thème : quelle est la réalité ? Où est-elle ? Laquelle vivons-nous ? On éprouve le même malaise que dans *Matrix* sans effets spéciaux. Ce film est sorti la même année que *Lost higway* de David Lynch. On ne peut donc pas dire que notre jeune réalisateur espagnol a été influencé par ce dernier. Pourtant les deux films sont de même niveau de qualité ! Et le remake du film *Ouvre les yeux* est réalisé uniquement à la gloire de son producteur, Tom Cruise qui a également produit *Les autres*. Ce remake s'appelle *Vanilla sky* de Cameron Crowe (2001), Tom Cruise, et puis Tom Cruise et, Tom Cruise.... Etc.

13 Fantômes de Steve Beck (2001). Lors d'une interview de Graham Masterton, ce dernier m'avait répondu la chose suivante à propos de son livre *Walhalla* : *La différence entre Walhalla et la plupart des histoires de maisons* *hantées est que celle de Jack (*le héros de Walhalla*) a délibérément été construite pour être hantée.* Ce film raconte le même genre d'histoire. On passe un bon moment avec une maison pleine de fantômes et bourrée de pièges. L'idée des lunettes n'est pas mauvaise bien que déjà exploitée dans *Invasion Los Angeles* le film de John Carpenter. D'aucuns disent que ces lunettes rendent hommage au film dont ce *13 Fantômes* est un remake et qui était en 3D et demandait donc au spectateur de porter des lunettes...

Dracula 2001 de Patrick Lussier (2001). Dracula aux États-Unis fréquente les boîtes de nuit... Mais d'où sort-il alors ? Avant de voler un trésor enfermé dans une chambre forte, il faut bien se renseigner sur sa véritable nature !

Intacto de Juan Carlos Fresnadillo (2001). Un petit chef-d'œuvre ce film sur la chance, le jeu et le hasard. Un film de vampires aussi, car ce sont bien des vampires ceux qui, comme dans le film, vous sucent votre chance pour augmenter la leur. C'est filmé avec grand art, sobriété et efficacité. Un petit bijou de plans et de montage. Une vraie maestria avec certaines scènes de suspens qui rendraient jaloux Hitchcock lui-même ! Et croyez-moi, le thème n'est pas facile à traiter au cinéma. Les jeux sont imaginés avec une astuce diabolique. Celui dans lequel les joueurs courent les yeux bandés et les mains liées derrière le dos dans une futaie est tout simplement ahurissant. Le choix d'un torero pour l'un des personnages est également très habile. Cela faisait longtemps que je n'avais pas vu un film aussi bon !

Les Vampires du désert de JS Cardone (2001). On pourrait presque dire que c'est un très bon remake de l'excellent film *Aux Frontières de l'aube*. Les histoires de vampires nous fascinent pour deux raisons : la vie éternelle avec son prix ; et le fait que le problème a toujours une solution : la lutte contre le monstre. C'est aussi un hommage à *Vampires* de Carpenter, sauf qu'ici les héros ne sont pas des surhommes. En puis c'est tourné comme un western. Et les marginaux ne sont pas seulement les vampires, mais aussi ceux qui les chassent...

Resident evil de Paul Anderson (2001). Superbe ! Une mise en scène superbement haletante. Des morts-vivants pas décevants (Pas étonnant avec du Romero sous-jacent...) Un suspens insupportable. Et puis la belle des belles... « *Jamais rien ne changera* », déclare un personnage. Un gore gothique dans un décor high tech ! Fallait le faire... Contrairement à d'autres, j'avais déjà aimé *Event Horizon* d'Anderson. Le réalisateur se confirme donc dans ma cote personnelle.

Kaïro de Kiyoshi Kurosawa (2001). « *Quand il n'y a plus de place en enfer, les morts envahissent la Terre* » ! C'est un dicton vaudou cité dans *Zombie* de Romero. Donc l'idée n'est pas bien neuve. Mais quand Internet s'en mêle...

Le Vaisseau de l'angoisse de Steve Beck (2002). Le troisième film de la nouvelle société de production Dark Castle (Robert Zemeckis et Jœl Silver) – après La ***Maison de l'Horreur*** et ***13 fantômes*** (deux films excellents, si ! si !). Ce film de vaisseau fantôme est aussi excellent que les deux autres ! On ne s'ennuie pas et on est surpris. Et quand on ne l'est pas (par exemple en devinant assez vite qui est le méchant) on est content d'avoir trouvé et, en plus, même en ayant trouvé on est surpris quand même ! Les scènes gore sont tout simplement magnifiques... Ceux qui n'ont pas aimé n'ont qu'à regarder à la télé le film *Le Bateau des ténèbres* (voir ci-dessus).

Bubba Ho-Tep de Don Coscarelli (2002). Enfin un film de Coscarelli qui a collectionné les réalisations des films « Phantasm » qui ont fait son succès... Ici il nous fabrique un film inclassable très destroy et il nous apporte une explication sur la disparition du « King ». Rien de moins...

Halloween resurrection de Rick Rosenthal (2002). Le scénario est inspiré d'une nouvelle d'Ambrose Bierce (qui a inspiré le film qui inspire celui-ci, je veux parler de *La Maison de l'horreur*... Une petite allusion au film *Le Voyeur* (Michael Powell – 1959) au début, car cet *Halloween* est basé sur le voyeurisme avec plein de références, notamment aussi à *Scream 2*... Tout cela devient un peu monotone.

Abîmes de David Twohy (2002). Encore un film de bateau hanté direz-vous ? Oui, mais encore un très bon film. Excellent ! Ce lieu clos est le siège d'une hantise parfaitement filmée et conduite au niveau du récit. C'est la première fois que l'on filme une histoire de sous-marin hanté. On avait déjà lu une histoire de sous-marin hanté écrite par Mac Cammon : *Le Sous-marin des ténèbres,* mais jamais au cinéma. Un challenge parfaitement gagné par David Twohy qui a toujours fait d'excellents films fantastiques.

Memento Mori de Kim Tae-Yong et Min Kyu-Dong (2002). Souviens-toi de la mort. Histoire de revenante coréenne. Le 1er jour une fille est morte la tête vidée : elle s'était peut-être souvenue de la vérité. Le 2e jour une fille est morte les jambes mutilées : elle s'était peut-être rapprochée de la vérité. Le 3e jour une fille est morte les oreilles coupées : elle avait peut-être entendu la vérité. Le 4e jour une fille est morte les yeux arrachés : elle avait peut-être vu la vérité. Le 5e jour une fille est morte la langue coupée : elle avait peut-être dit la

vérité. Le 6e jour une fille est morte les mains amputées : elle avait peut-être écrit la vérité. Le 7e jour une fille va mourir.
De si belles petites jeunes filles confrontées à la Mort. Chiante de son vivant cette Hyo-Shin, mais après sa mort encore pire... Je me suis ennuyé...

L'Échine du diable de Guillermo del Toro (2002). Les lendemains ne chanteront pas, mais la lutte reste indispensable ! Quelle atmosphère dans cet orphelinat pour enfants des combattants "rouges" morts à la guerre d'Espagne. Le fantôme de la maladie infantile du communisme prend sa revanche. Ou plutôt n'est-ce pas le spectre du communisme lui-même ? On craint de s'ennuyer, mais on reste scotché ! Le réalisateur (qui est Mexicain et non pas Espagnol comme le film...) dédie ce film à son père. Mais pourquoi la bombe n'a pas explosé ? Le prologue du bombardement est impressionnant. Le réalisateur joue sur le mensonge du cinéma qui réussit à faire croire ce qui n'est pas en montrant que ce qu'il veut. La magie du montage et du plan !

Le Cercle – The Ring de gore Verbinski (2002). Fallait-il faire ce remake de **Ring** (1998), comme a été tourné *Les Sept mercenaires* (remake des *Sept samouraïs...*) ? Je pense que non... Mais maintenant qu'il existe, autant le regarder. Et ce n'est pas si mal. La scène du cheval sur le ferry-boat est saisissante… On approfondit un peu plus les raisons par rapport au film de Hideo Nakata, mais enfin cela n'apporte rien…

Dark Water de Hideo Nakata (2002). Bonjour l'angoisse ! Ce film commence avec la vie angoissante d'une femme qui veut conserver la garde de sa fille. Elle emménage dans un nouvel appartement où l'attend une hantise qui va l'obliger à renier sa fille pour mieux la sauver. On est stressé du début à la fin. Ce diable de Nakata réussit à angoisser le spectateur avec un ascenseur, un robinet qui coule et une terrasse d'immeuble. Un vrai petit chef-d'œuvre…

Undead de Michael et Peter Spierig (2002). Les morts-vivants envahissent de nouveau notre écran : avant ce petit film excellent venu d'Australie, nous avions eu *28 jours plus tard*, et ensuite *L'armée des morts…* (Voir liste de films à thèmes : « Morts-vivants ») Ce film est très bien avec un scénario bien ficelé et les thèmes classiques des morts-vivants et des extraterrestres tout à fait ironiques. Un hommage grinçant à tous les clichés du genre : ce sont toujours les beaufs qui sont les plus terrifiants ! Un petit régal… Un petit film australien qui reprend (volontairement) tous les clichés du genre pour à la fois s'en moquer gentiment et leur rendre hommage. Et à chaque fois également le cliché en question ne donne pas du tout ce qu'il donnait dans les films à qui celui-ci rend hommage... En ce qui concerne les extraterrestres, je ne vous dirai pas ce qu'ils viennent faire ici pour ne pas déflorer le sujet...

La Reine des damnés de Mychael Rymer (2002). Encore une adaptation cinématographique des vampires « *chochottes* » d'Anne Rice.

Blade 2 de Guillermo del Toro (2002). La suite (voir ci-dessus). Les bagarres sont d'une précision et d'une vitesse inouïes, dignes de bagarres de vrais vampires. Le cinéaste mexicain nous ravit toujours avec son tournage très personnel, mais pas autant que d'habitude because faut faire des entrées... Ils ont quand même inventé un nouveau monstre, une nouvelle espèce de vampire, mélange des morts-vivants de Romero, de Nosferatu et du monstre de Predator. Vraiment terrifiants, mais c'est comme tout : on finit aussi par s'habituer.

La Fiancée de Dracula de Jean Rollin (2002). Je me suis tellement ennuyé devant les précédents films de Rollin que je n'ai pas eu le courage d'aller voir celui-ci...

Infested de Josh Olson (2002). Pas de quoi trop s'émouvoir. Un film trop bavard, un hommage très appuyé à *La Nuit des morts-vivants*. Une infestation de mouches...

Dracula III Legacy de Patrick Lussier (2002)
Voici le troisième volet de la série des *Dracula* qui avait commencé avec *Dracula 2001* du même réalisateur.

Le prêtre défroqué et son assistant se rendent en Roumanie qui se trouve sous occupation de l'OTAN. Ils pourchassent Dracula. Leur progression est difficile entre vampires et rebelles.

Dracula paie des bandes armées pour lui procurer de la « nourriture ».

Le sang noir gicle contre les murs. Ah ! Que c'est dur d'être un vampire.

Depuis *Dracula 2001*, la série n'a pas progressé. Ici on atteint, je crois, la saturation. C'est pas très bien tourné, avec de faibles moyens, et pas très bien joué. Mais ça se regarde pour se détendre un peu.

The Shunned House d'Yvan Zuccon (2003)
Ce film italien dont les dialogues sont en anglais est une adaptation des trois nouvelles de Lovecraft mélangées en une seule histoire.

La Musique d'Erich Zann (1922) – La Maison maudite (1924) – La Maison de la sorcière (1933).

Les deux premières sont des œuvres mineures de Lovecraft.

Le film est très lent et un peu ennuyeux. Mais l'ambiance délétère des histoires de Lovecraft est bien rendue. Ça se passe donc dans une

maison où les morts violentes se sont succédé tout au long de son histoire (ça c'est *La Maison maudite*) et dans laquelle sévit une sorcière qui entraîne un locataire à sacrifier des nouveau-nés (ça c'est L*a Maison de la sorcière*) et il a donc été rajouté une violoniste maudite parmi les locataires (ça c'est *La Musique d'Erich Zann*).
Dommage, ce cocktail rend le film difficile à suivre. Sans doute a-t-il servi d'entraînement au réalisateur pour faire le magnifique *Colour from the Dark* (voir ci-dessus)
Une scène coupée du film reprend pourtant la fin de la nouvelle de Lovecraft *La Maison maudite* quand le personnage verse des bidons d'acide sur l'entité démoniaque.

The Eye de Oxide et Danny Pang (2003). Les Pang brothers sont formidables ! Ils nous ont fait un film de fantômes pas ordinaire. Ils utilisent les techniques ultra classiques du ciné pour parvenir à nous faire peur, terriblement peur, et aussi à nous émouvoir, nous émouvoir profondément : le gros plan, le montage, le flou et le son ! Oxide m'avait déjà impressionné avec *Bangkok Huanted* (voir plus loin) et il confirme la première impression !
Les deux frères Pang ont réalisé une séquelle : **The Eye 2** qui n'est pas une suite, qui est même une histoire différente. Il s'agit ici de la réincarnation, ainsi les morts attendent la naissance de nouveau-nés pour s'y réincarner.

C'est beaucoup mieux et plus terrifiant qu'*Audrey Rose*...

Les Revenants de Robin Campillon (2003), les revenants sont de retour et on ne sait pas quoi en faire. Ils ne font pas peur ils ne sont pas décomposés et on s'ennuie.

Hypnotic de Nick Willing (2003). Un délicieux petit film vampirique (mais ici le vampire n'a pas l'apparence habituelle...) fort bien tourné avec les gros plans qu'il faut au moment où il faut pour bien mettre le spectateur dans l'ambiance. Le plan-séquence à la grue qui fait passer l'image d'un côté à l'autre du pont sur lequel passe le métro aérien de Londres est tout un programme à lui tout seul : il montre que certaines constructions sont capables de faire passer les personnages dans un autre monde, celui de la terreur. C'est un peu Lovecraftien. C'est une histoire de sang qui apporte l'immortalité.
Ce film est tiré d'un roman *Doctor Sleep* de l'auteur américain Madison Smart Bell. Je n'ai pas lu le livre, mais franchement le scénario du film a l'air de sortir tout droit du cerveau terrifiant de l'auteur anglais Graham Masterton, à tel point que l'on peut penser au plagiat. J'avais posé la question suivante à Graham Masterton (voir ci-dessus) : « *Je pense que l'influence de votre œuvre est très importante dans ces films. Ainsi,* Fantômes contre fantômes *me semble directement inspiré de*

votre roman Démences *et* Wishmaster *de votre roman* Le Djinn. *Avez-vous vu ces films ?* » Réponse de Graham : « *Je n'ai regardé ni* Fantômes contre fantômes *ni* Wishmaster, *mais j'ai vu beaucoup de films d'horreur ou de fantaisie qui possédaient apparemment certaines idées de mes ouvrages.* Les Griffes de la nuit[12], *par exemple, est sorti quelque temps après la publication de mon roman* Les Guerriers de la nuit, *dans lequel des personnes combattent le mal dans leurs rêves. Qui peut dire si Wes Craven a lu ou n'a pas lu ce livre ? Est-ce si important ? Le genre de l'horreur, comme tous les autres, crée ses propres mythes au fur et à mesure. Plusieurs de mes livres s'inspirent librement d'H.P. Lovecraft, simplement parce qu'il faisait partie du peu d'auteurs qui ont créé une mythologie américaine à part entière. Aussi loin que je puisse remonter, je n'ai trouvé aucun film d'horreur qui traitât de la magie et de la mythologie des natifs américains avant* Manitou, *mais il y en a eu plusieurs depuis, tel que* Poltergeist *et ce film où Christophe Walken joue l'ange Gabriel et dont je ne me rappelle plus le titre.* »

Voilà donc une affaire réglée en ce qui concerne le plagiat ! Il y a aussi un peu de l'histoire de *Rose Mary's baby* dans ce film. *Hypnotic* est un film à voir...

---

[12] Le premier « Freddy » réalisé par Wes Craven.

Deux Sœurs de Kim Jee Woon (2003), deux sœurs une marâtre et une hantise. Le cinéma asiatique confirme ici sa grande maîtrise d'un genre qu'on croyait épuisé : les histoires de fantômes, ou plutôt de hantise, dans le sens d'une présence psychique intense dans l'esprit, dans l'intimité psychologique des personnages. Un conte coréen pour un excellent film d'épouvante. Et quelle estéthique ! Le cinéma fantastique asiatique est très productif et intéressant en ce début de nouveau millénaire. Ne pas confondre avec le court-métrage iranien **Deux Sœurs** de Bijan Mirbagheri (2000) qui est aussi une histoire de fantômes.

Underworld de Len Wiseman (2003). Romeo et Juliette chez les vampires. Sacré Shakespeare ! Toujours aussi vivant ! Les Capulet et les Montaigu sont les vampires et les loups-garous. Ce nouveau Roméo et Juliette est excellent. De l'action qui vous tient les nerfs du début à la fin. Un retournement de moralité en milieu de film, les bons deviennent les méchants et vice versa... La fille est extraordinairement belle. Du vrai gothique, lourd et glauque. Les décors sont délicieusement macabres et décadents.

Dracula 2 ascension de Patrick Lussier (2003)
C'est la suite de *Dracula 2001*, film dans lequel nous apprenions que le vampire n'était ni plus ni moins que Judas lui-même. On l'a compris,

dans ce deuxième opus du même réalisateur, il revient à la vie grâce à des étudiants qui recherchent l'immortalité...
Pas très passionnant, mais regardable.

28 jours plus tard de Danny Boyle (2003). Un petit remake du *Jour des morts-vivants* de Romero avec une fin plus optimiste... Survivre est le thème central du film. Pour survivre, il faut tuer. Le rythme est très lent, les plans sont très recherchés, fouillés, les couleurs à dominante rouge excitent le spectateur sans qu'il puisse résister. Film assez éprouvant, mais pas autant que la série des *Morts-vivants* de Romero.

Pirates des Caraïbes de Gore Verbinski (2003). Excellent film d'aventures avec une petite innovation : les pirates sont des zombies qui marchent sous l'eau. Cette idée avait déjà été exploitée par Lucio Fulci dans *L'Enfer des zombies (1979)*, film dans lequel on voit en prologue un mort-vivant dévorer un requin sous la mer, et surtout par l'écrivain William H. Hodgson dans son roman *Les Pirates fantômes (1909)*. Celui qui fait vraiment tout le film c'est Johnny Depp : il n'y en a pas de meilleur que lui...

Shaun of the Dead d'Edgar Wright (2003), est un film de zombies comique. Très réussi. Il va devenir culte, car c'est un film de zombies qui ne fait pas peur. Il est bourré de références à l'œuvre de Romero. Mais ce n'est pas du copiage, c'est au contraire une vraie adaptation comique de scènes terrifiantes de la trilogie de Romero. On ne s'ennuie pas une minute même si les préliminaires durent un peu trop longtemps. La fin est très destroy ! Elle va en contre-pied du film de Spielberg qui déifie la famille ; ici c'est les copains d'abord !

The Prophecy 4 : Uprising de Joël Soisson (2004)
Dans un ancien pays communiste (on saura que c'est en Roumanie) : corruption et église orthodoxe.
Course poursuite sous la pluie. Et brusquement on est sous la neige (faute de raccord ?) Un flic pourri pique l'argent d'un dealer. Il est contacté par un agent d'Interpol. Pendant ce temps-là, dans un parc public, Belial se réincarne dans le corps d'une jeune fille bigote. Mais il changera de corps par la suite. On verra aussi Satan et Simon (qui conduit Allisson)
Un livre... le lexicon, est en train de s'écrire en lettre de feu pendant que le pope qui le lisait meurt d'une crise cardiaque. C'est un nouveau chapitre dicté par Dieu !
Sortir du communisme, ce n'est pas facile.
Ainsi, on apprend que le flic avait dénoncé ses parents à la Securitate (l'espèce de Gestapo des communistes roumains) parce qu'on lui avait dit à l'école que c'était bien de faire ça.
Allison, la sœur du flic (on la reconnaît à sa cicatrice) détient le lexicon... Elle doit se

rendre à la maison de l'horreur (à laquelle il ne manque que Jeffrey Combs) : l'ancien siège de la Gestapo, euh, pardon, du parti communiste et de la securitate. Cette *Maison de m'horreur* est une référence au film du même nom.
Ce film est une bonne série B. De celles qui sont tournées en Roumanie. Il y a encore **The Prophecy 5 : Forsaken** de Joël Soisson (2005) que je n'ai pas vu...

The Grudge de Takashi Shimizu (2004). Shimizu avait réalisé un *The Grudge* japonais sorti en salles au Japon en 2002 et *The Grudge 2* en 2003. Je n'ai pas eu l'occasion de voir ces films. Pourquoi demander à ce réalisateur japonais de se remettre à l'ouvrage pour une version américaine de son film ? Le producteur est Sam Raimi. Ce *The Grudge* met en scène des Américains à Tokyo (Sam Raimi a tenu à conserver le pays d'origine pour cadre de l'histoire) victimes d'une terrible hantise dans une maison dans laquelle se sont déroulés des meurtres horribles dans une famille. Cette hantise tue et poursuit toute personne qui s'est introduite dans la maison où qu'elle se rende ensuite. C'est assez terrifiant, mais pas tant que cela. On peut aussi en ricaner... Au fond ce film n'apporte rien de nouveau après les films de Hideo Nakata[13] (rappelons que ce dernier adapte également son film *Ring 2* en version américaine...), je dirais même qu'il s'en inspire énormément...

---

[13] Notamment *Ring*, *Ring 2* et *Dark Water*.

Sarah Michelle Gellar, la petite chasseuse de vampires de la série télévisée *Buffy* joue le rôle prinicipal dans ce film.

Dead and Breakfast de Matthew Leutwyler (2004)
Une parodie sympathique des films d'horreur : Massacre à la tronçonneuse – La Nuit des morts-vivants – Evil Dead etc.
On ne s'ennuie pas une minute avec cette histoire de massacres consécutifs à l'ouverture d'une boîte hantée qui contenait l'esprit d'un nouveau-né... L'héroïne est végétarienne, mais devra tuer, les scènes sont entrecoupées de cartons représentant des vignettes de BD...
L'acteur David Carradine (fils de John) a été sollicité.

Van Helsing de Stephen Sommers (2004).
Excellent film de divertissement. Stephen Sommers a réussi un tour de force avec ce scénario : il reprend tous les grands personnages fondateurs du fantastique moderne et les rassemble dans une seule et même aventure. Une fois fait cela semble aller de soi, mais là je vous assure que c'est très difficile. Le Dr Jekyll (au début seulement... avec donc un hommage à la *Ligue des gentlemen extraordinaires*), Frankenstein, Dracula, le loup-garou.! Il y a aussi de nombreux hommages à d'autres personnages de films plus récents : évidemment Indiana Jones avec l'incroyable scène de la diligence et d'autres choses en-

core, le Dracula de Coppola avec la rivière au fond du gouffre, et puis même une réplique d'Anna à la fin qui est un hommage flamboyant au film de Sergio Leone *Le Bon, la Brute et le Truand*, les scènes de chevauchées dans la forêt tirées des films de La Hammer et *Aliens* (la scène avec Anna et le loup-garou dans le château et les "œufs" de vampires). Il y a aussi James Bond (la scène dans le labo avec les gadgets) et *Vampires* de Carpenter avec le rôle de l'Église dans l'intrigue. Le prologue en noir et blanc qui rend hommage au *Frankenstein* de James Whale est superbe. Quelques petites scènes qui renvoient au "Nosferatu" de Murnau (tâchez de les découvrir...), au *Bal des vampires* de Polanski (d'ailleurs Dracula ressemble étrangement à Polanski...), et puis sans savoir exactement quoi, bien des choses me font penser au *Masque du démon* de Mario Bava. Enfin bref, je n'ai jamais vu un film qui rassemble autant de références cinématographiques, bien plus que celles de l'Universal... Alors ce film est une pépite pour le grand public et *aussi* pour le cinéphile. Le générique de fin à lui seul est un chef-d'œuvre...

Les effets spéciaux sont superbes et les trois fiancées de Dracula aussi ! D'ailleurs voici ce qu'en dit Stephen Sommers interviewé par Marc Sessego dans Sfmag N° 43 : « *Le problème est qu'il y a très peu de jeunes femmes à la plastique superbe sachant jouer. On* (avec Coppola NDLR) *a vraiment cherché partout, et je suis tombé sur cette cassette d'Elena Anaya et j'ai été tellement impressionné que je me suis dit : c'est elle qu'il me faut.* » Les décors sont somptueux, très suggestifs et très vraisemblables ; la photo est également très belle.

Dead and Breakfast de Matthew Leutwyler (2004)
Une parodie sympathique des films d'horreur : Massacre à la tronçonneuse – La Nuit des morts-vivants – Evil Dead etc.
On ne s'ennuie pas une minute avec cette histoire de massacres consécutifs à l'ouverture d'une boîte hantée qui contenait l'esprit d'un nouveau-né... L'héroïne est végétarienne, mais devra tuer, les scènes sont entrecoupées de cartons représentant des vignettes de BD...
L'acteur David Carradine (fils de John) a été sollicité.

Constantine de Francis Lawrence (2004).
John Constantine est un chasseur d'hybrides, des créatures mi-hommes mi-démons. Chacun doit rester dans son univers : les anges au ciel, les démons en enfer et les humains sur terre. Comme dans toutes ces histoires, Constantine devra empêcher le fils de Lucifer de venir dans notre univers. Tout commence avec la découverte (par hasard ?) de la lance qui a tué le christ sur la croix. C'est ce que la légende appelle la Lance du destin.
Le cinéaste joue beaucoup sur la plongée et la contre-plongée. Chacune a son symbole. La

contre-plongée sur le mégot de cigarette que Constantine laisse tomber au sol par la fenêtre de la voiture est tout un symbole, car on saura plus tard qu'il est condamné par le cancer du poumon, ce qui contribue à montrer au spectateur le côté humain et vulnérable du personnage. La scène de l'exorcisme est très bien faite et originale avec l'emprisonnement du démon dans le miroir. La contre-plongée signifie la mort, comme celle de la chute d'Isabelle. L'eau joue un rôle central dans cette histoire, elle est toujours et partout présente, elle sert à passer en enfer ! D'où les bombonnes d'eau empilées dans le bureau de Constantine... Une très belle contre-plongée sur une goutte d'eau qui tombe et qui reste suspendue en l'air indique le passage en enfer. Et la scène de l'arrosage anti incendie par de l'eau bénite est hallucinante. *L'eau est un conducteur universel* déclare Constantine.

Les effets spéciaux, assez discrets sont parfois surprenants comme la mouche qui sort de l'œil d'un personnage. La vision de l'enfer est également assez sobre.

L'ange Gabriel est le pivot de l'histoire et Lucifer (dit "Lulu"), tout habillé de blanc, nettoie le goudron des poumons de Constantine avec ses mains nues.

Les motivations de l'ange Gabriel ?

Il n'y a que face à l'horreur que vous les humains montrez la noblesse qui est en vous !

J'ai passé un excellent moment avec l'excellent Keanu Reeves.

Saint-Ange de Pascal Laugier (2004). C'est un film sur la culpabilité et sur un phénomène psychanalytique des rêves que Freud avait qualifié de « cristallisation » : il s'agit de transférer sa culpabilité sur un autre personnage du rêve que soi-même. C'est ce que fait Anna et c'est toujours l'explication rationnelle que l'on peut donner aux hantises. Ici, la folle n'est pas celle que l'on croit, mais la folie règne dans la maison elle-même. Le réalisateur ennuie un peu le spectateur, car certaines scènes tirent vraiment trop en longueur. Mais ce cinéaste a de l'avenir. Les deux actrices ne sont vraiment pas convaincantes. Ceci dit, *Saint-Ange* mérite d'être vu... Beaucoup de spectateurs se sont posé bien des questions sur ce film. J'ai d'ailleurs eu des échanges avec des lecteurs par Internet. Voici ce que j'en pense. Le personnage joué par Viginie Ledoyen veut cacher son état (elle est enceinte) : plusieurs scènes la montrent à comprimer son ventre, ce qui soi dit en passant n'est pas très bon pour le bébé. A-t-elle peur de ce qu'en penseront ses "collègues" ? Pas du tout puisque lorsqu'elles découvrent son état elles l'admettent et même s'en réjouissent. La culpabilité vient donc de chez elle... Elle a visiblement été torturée. Peu me chaut de savoir par qui. Comme toute victime (mais a-t-elle été victime ? nous ne le saurons jamais...) elle a une fascination pour son bourreau... Elle cristallise donc sa culpabilité sur l'autre fille et le sadisme dont elle a été

"victime" sur la femme d'origine polonaise. Une scène centrale le montre : lorsqu'elle croit que la "folle" (mais l'est-elle vraiment, ou n'est-ce pas plutôt elle qui l'est ?) est montée dans la maison parce qu'elle l'entend et qu'ensuite elle la voit pourtant dehors... et aussi une autre, celle des chatons noyés qui semble montrer la culpabilité de la femme d'origine polonaise. Tout le film fonctionne ainsi comme un rêve, un cauchemar...
L'existence des enfants comme fantômes ?
Si j'avais fait ce film, je n'aurais pas traité cette question comme le scénariste l'a fait. Car lui, il met en scène dès le début l'existence des enfants comme fantômes avec le prélude où le petit garçon et la petite fille vont aux toilettes et que le petit garçon VOIT un fantôme au travers de la glace. Donc selon le film, les enfants sont des fantômes.
Mais je dirais, comme toute hantise, ils représentent une culpabilité et c'est cette culpabilité qui est cristallisée sur les deux autres personnages, l'outil de cette cristallisation étant les fantômes (et non le rêve, car finalement selon le film, la jeune fille ne rêve pas). Elle finit grâce aux fantômes à réaliser ses désirs (car Freud n'a-t-il pas dit que le rêve n'était que la satisfaction d'un désir ?) SON désir : ne pas avoir cet enfant...

Resident evil : apocalypse d'Alexander Witt (2004), deux très belles filles, une blonde et une brune (Milla Jovovich, Sienna Guillory) sacrément efficaces contre les morts-vivants et divers monstres, une action bien menée et des effets spéciaux superbes. Que demander de mieux ? Et un respect absolu du jeu vidéo dans le scénario. Quel plaisir ! Ce film est produit par Paul Anderson, le réalisateur du premier opus.

L'armée des morts de Zack Snyder (2004). Le remake du *Zombie* de Romero souvent imité et jamais égalé...jusqu'à maintenant ! Ici il y a du nouveau : l'histoire a changé, les morts-vivants courent vite, et le film est excellent. Cela se passe toujours dans un centre commercial. On pouvait craindre le remake d'un tel film, mais cette fois on est autant terrifié qu'avec l'original, mais terrifié d'une autre manière ! Le scénariste a adapté l'histoire à notre époque et le cinéaste montre de réelles qualités. Pour le maquillage des zombies, l'équipe de David LeRoy Anderson a effectué des recherches en utilisant de véritables photos de cadavres obtenues des services de police : « *Nous avons étudié l'apparence des cadavres, l'évolution des traumatismes violents dans le temps. Nous avons ainsi pu définir une échelle d'apparence suivant le temps écoulé depuis le décès. Cela nous a conduits à créer trois types de morts-vivants : le premier type regroupe ceux qui en sont morts que depuis quelques heures. Le corps est raide et la peau pâle, les yeux sont cernés, mais l'apparence et les vêtements sont encore intacts. Le sang est* *fluide, les éventuelles plaies sont humides. Le second type présente des traces d'altération des tissus, les chairs commencent à se décomposer, la peau est plus sombre, des zones bleutées et verdâtres apparaissent, le sang est plus épais, plus sombre aussi. Le troisième type révèle certaines parties du squelette, les chairs tombent, les vêtements sont en lambeaux, les visages méconnaissables »* Ken Foree, Scott H. Reiniger et Tom Savini (héros du *Zombie* de George A. Romero) font une apparition hommage dans *L'armée des morts*, le premier dans le rôle d'un télévangeliste, le second dans l'uniforme d'un général et le troisième en shérif spécialiste des zombies. Ken Foree reprend l'une de ses répliques du film original : "Quand il n'y a plus de place en enfer, les morts reviennent sur terre" ; Tom Savini, qui fut le maquilleur génial du dernier film de la trilogie, *Le Jour des morts-vivants,* et réalisateur du remake *La Nuit des morts-vivants* (1991) reprend ainsi une scène télévisée vue dans *La Nuit des morts-vivants* en hommage à Romero bien sûr... La scène des deux bus "renforcés" entourés de milliers de zombies filmés du haut du ciel restera comme une anthologie du film d'épouvante, car elle contient toutes les terreurs de l'Homme...

Blade Trinity de David Goyer (2004), le réalisateur fut scénariste des deux premiers *Blade* et il faut bien le dire ce type a beaucoup d'imagination. Dans ce troisième opus bien réussi, on jubile devant ces combats filmés avec une musique qui vous donne envie de participer au ballet. Les acteurs sont excellents particulièrement les vampires très bien interprétés surtout par la jolie brune qui porte très bien la dentition vampire et compose une démarche plus que féline.

Le Territoire des morts (Land of the Dead) de George A. Romero (2004). Avec ce film, Romero, vieilli et malade, se remet derrière la caméra pour rénover le film de zombies. Et croyez-moi, c'est un spécialiste pour faire d'un film de zombie une vraie parabole politique !
À la fin de *La Nuit des morts-vivants,* on se prend de pitié pour les zombies. Ici, Romero développe ce sentiment : il fait de ces créatures des êtres pour lesquels on peut avoir de la compassion. Dans ce film chacun a ses motivations, personne n'est foncièrement méchant. Seuls les actes sont à juger. Et même le plus odieux de tous les personnages juge son propre acte.
On pourrait faire une analyse de classes (au sens marxiste du terme) de ce film : il y a le pouvoir capitaliste (le dictateur « a des parts partout... »), les couches qui profitent des miettes (les habitants de la tour), les parias de

la société (les banlieusards) et les moins que rien (les zombies). Chacun joue sa carte dans une incroyable et terrible relation dialectique dans ce monde - somme toute complexe - que nous présente ce cher Romero.

Il rend un hommage appuyé à John Carpenter dans sa manière de filmer l'action (notamment avec les véhicules) et lance quelques clins d'œil de mépris pour l'espèce humaine. Les feux d'artifice hypnotisent les zombies, car cette réaction leur reste du temps où ils étaient humains...

Quelques scènes vont devenir anthologiques : celle de l'émergence des zombies de l'eau, la masse des zombies dévorant les humains derrière la clôture électrifiée.

« J'aimerais trouver un monde sans clôtures » déclare le héros dans le film.

Tom Savini (le génial maquilleur des zombies) joue encore dans ce film (Machete Zombie).

Les acteurs sont excellents et particulièrement Dennis Hopper.

Quelques autres titres à imaginer pour ce film : *Sympathy for the zombie* ou *Zombies revolution...*

« Ils cherchent un endroit où aller. Comme nous... »

May de Lucky McKee (2004). Excellent film d'horreur : le thème de Frankenstein au goût du jour. Où comment une pauvre fille introvertie reconstitue le corps de son amant idéal constitué par les parties corporelles d'un garçon et d'une fille. Terrifiant et tellement humain !

Godsend, expérience interdite de Nick Hamm (2004). Le thème de l'enfant mort qu'on veut ressusciter à tout prix a été traité par Stephen King dans son roman *Simetierre* et les deux films homonymes qui lui ont été consacrés. Ici, le scénariste utilise ce thème en l'adaptant au mythe de Frankenstein : comment créer du vivant avec du mort. D'ailleurs le choix de Robert De Niro pour jouer le rôle de l'équivalent du docteur Frankenstein fait évidemment penser au film *Frankenstein* de Kenneth Branagh puisque l'acteur y jouait le rôle du monstre!
Enfin, si le thème combiné ainsi est prometteur, ce n'est pas le cas du film qui est un peu ennuyeux et dont la fin est bâclée, si ce n'est qu'on peut aussi lui reprocher d'avoir modéré l'horreur que l'histoire aurait pu développer...
Ce mélange de *Frankenstein* et de *Halloween* a un peu raté son objectif.

Le Jour des morts-vivants 2 d'Ana Clavell (2005)
Titre anglais (USA) : Day of the Dead 2 : Contagium.
Ce téléfilm se réfère à la quadrilogie de Romero. Il en reprend toute la substance : l'horreur est en marche, elle se développe et quoi que vous fassiez rien ne l'arrêtera, au contraire à

chaque fois que vous intervenez vous ne faites que l'accentuer.

Dans ce film les morts-vivants parlent et sont conscients : comme le dit l'un d'eux, « ils sont une famille »... La voix off disserte sur l'immortalité... Mais le prix de cette immortalité-là est affreux, horrible. Ce téléfilm mérite d'être vu, car il s'inscrit très bien dans la quadrilogie des morts-vivants de Romero.

Van Helsing 2 – Dracula contre les vampires de Sarah Nean Bruce et Eduardo Durao (2005)
Quel navet !
Attention de ne pas se faire avoir par le titre : ce film n'a rien à voir avec une éventuelle suite du film *Van Helsing*, mais rien du tout. D'ailleurs le titre anglais est : *Bram's Stoker Way of the Vampire*. Ils osent aussi se référer à Bram Stoker qui doit se retourner dans sa tombe !
Dommage que l'alphabet s'arrête à « Z », car ce film est plus nul que le pire des films Z !
Nul ! Archi nul !
Tellement nul qu'il n'y a rien d'autre à dire...

Le Labyrinthe de Pan de Guillermo del Toro (2005)
Del Toro a une double carrière : celle des films à grands spectacles comme *Mimic, Blade 2 et Hellboy*, et celle des films plus profonds et tout aussi fantastiques comme *Cronos, L'échine du diable* et ce *Labyrinthe de Pan*.

Dans ce dernier film, on retrouve les deux ingrédients du premier – *Cronos* - : le sang et l'horloge, l'obsession de l'éternité ; mort ou vif, l'essentiel est de ne pas être oublié... C'est ici l'obsession du père (qui est aussi *beau-père* de l'héroïne, une petite fille qui doit devenir la princesse du monde des fées...) qui bichonne la montre de son propre père, montre que ce dernier avait cassée juste avant le combat où il allait mourir pour fixer l'heure de sa mort dans l'éternité.

Le sang, c'est aussi celui de la guérison grâce à la mandragore placée sous le lit de la mère enceinte et mourante. C'est aussi le sang qui fera reculer la petite princesse...

Le film commence par un court prologue sur la princesse du monde des fées. Il annonce déjà la terrible fin par une image à rebours. Il plante le décor, celui de la forêt où la petite jeune fille redonne un œil à une statue étrange et rencontre une fée sous forme d'un gros et long insecte volant. Del Toro reprend ici le son de ses insectes dans *Mimic*... Cet insecte – une fée je le rappelle..- fera le lien tout au long du film entre le monde réel et le monde des fées (imaginaire : donc, il existe en tant que fruit de l'imagination !).

Le livre que reçoit l'enfant des mains du faune est appelé "Le Livre de la croisée des chemins" et la petite jeune fille devra passer trois épreuves pour être reconnue comme la reine des fées.

En attendant, son beau-père traque les derniers combattants républicains de la guerre civile espagnole (nous sommes en 1944).
Retrouver le monde des fées pour la toute petite jeune fille, c'est alors échapper à ce monde terrifiant et cruel, le vrai monde de l'horreur ! Y parviendra-t-elle ?
Car, comme le dit le beau-père à sa femme, mère de la petite future ex-reine des fées : "Vois où mènent les lectures de ta fille !"
La traduction française du titre (*Le Labyrinthe du faune* en espagnol) reprend le grand dieu Pan de mon cher Arthur Machen. Pan dont le petit peuple enlevait les enfants des humains... Un petit clin d'œil à Machen et son "successeur" Lovecraft", dont le fantastique de Guillermo del Toro est imprégné par son fantôme ?

Le Cauchemar de la sorcière de Stuart Gordon (2005)
Une adaptation réussie - comme toutes celles de Gordon - d'une œuvre de Lovecraft *La Maison de la sorcière* (*The Dreams in the Witch-House* – 1932)
Un étudiant en physique emménage dans une chambre au dernier étage d'une sombre bâtisse. Il sera hanté par la sorcière qui sévit dans les combles. Cette histoire est une des meilleures de Lovecraft. Il y montre sa connaissance approfondie des dernières découvertes scientifiques. Gordon continue dans cette veine en faisant expliquer à son person-

nage les dernières découvertes en mécanique quantique : la théorie des cordes et des branes... Le réalisateur n'a pas pu s'empêcher de placer son habituel asile psychiatrique, mais on a l'habitude !
Film de la série télé *Les Maîtres de l'horreur* saison 1.

La Cave de William Malone (2005)
Une jeune adolescente est enlevée et incarcérée dans une cave. Elle y trouve un jeune garçon qui tente de se pendre... Au début j'étais un peu agacé en pensant : "Encore un film d'horreur avec un psychopathe tueur". Mais non c'est bien mieux que cela ! Que ne ferait-on pas pour retrouver son fils vivant après qu'il fut mort noyé...
Film de la série télé *Les Maîtres de l'horreur* saison 1.

Les Amants d'outre-tombe de John Mac Maughton, "présenté" par George A. Romero. (2005)
Ce film est tiré d'une nouvelle de Clive Barker. À entendre le nom du célèbre écrivain et cinéaste anglais d'horreur les cheveux risquent de se dresser sur notre tête. Mais ce ne sera pas vraiment le cas en regardant ce film dont le prologue est si long qu'on se demande ce qu'il va se passer dans le si peu de temps qui reste à regarder. Quelques scènes finales de nécrophilie (pas vraiment érotiques, on a vu mieux notamment dans *Dellamore Della-*

morte...) nous font oublier qu'on a failli regretter de regarder ce film...
Film de la série télé *Les Maîtres de l'horreur* saison 1.

La Danse des morts de Tobe Hooper (2005)
Tiré de la nouvelle de Richard Matheson : *Danse Macabre.*
Alors que Matheson avait centré sa courte nouvelle sur une virée d'adolescents dans un monde apocalyptique décadent et sur le spectacle qu'ils sont allés voir (la danse macabre), ici on développe un peu une histoire de famille très sordide. Le film est atroce comme doit l'être un très bon film d'horreur, mais de cette Atrocité qui vous apprend quelque chose.
Film de la série télé *Les Maîtres de l'horreur* saison 1.

Fragile de Jaume Balaguero (2005)
Un hôpital avec des enfants, c'est déjà assez terrible. Mais cet hôpital est hanté... Et le fantôme est sans pitié par amour des enfants... Un amour qui tue.
Le thème paraît assez classique au premier abord, le film est long au début, mais il arrache le cœur jusqu'à la dernière minute.
L'actrice Calista Flockhart (Ally Mc Beal) est sensationnelle.
Le réalisateur est excellent comme à son habitude.

Mortuary de Tobe Hooper (2005)

Massacre l'été dernier au sous-sol dans la dernière maison du cimetière à gauche de la colline.
Voilà l'annonce du film de Tobe Hooper. Il met donc en avant ses hommages avec ce pot pourri de titres de films d'horreur.
On y trouve Wes Craven (Le Sous-sol de la peur – La Dernière maison sur la gauche – La Colline a des yeux) et aussi Lucio Fulci (La Maison près du cimetière) et aussi Souviens-toi l'été dernier de Jim Gillespie... Mais dans le film il y a aussi un hommage appuyé à Le Retour des morts-vivants (N°1) de Dan O'Bannon avec son horreur qui se déroule impitoyablement et surtout le très beau Dellamorte Dellamore de Michele Soavi. On voit bien que le cinéaste rend hommage au film d'horreur italien.
Donc pas de problème on est prévenu.
Il y a aussi un magnifique thème lovecraftien (c'est d'ailleurs ce thème qui est l'explication des faits...)
Certains ont cru voir deux parties dans ce film : une première partie sérieuse et une deuxième moins. Il faut bien comprendre que ce film est composé exclusivement d'humour macabre très noir. Certains peut-être n'y verront même pas d'humour... Donc qui dit humour macabre, dit macabre : et le film commence bien par là ! Et ne cessera de l'être jusqu'à la fin, bien typique de ce genre de cinéma !
Un vrai délice... macabre et lovecraftien.

Comme toujours, Tobe Hooper présente une vision de l'Amérique pas très réjouissante : c'est le moins qu'on puisse dire.

House of the Dead 2 de Michael Hurst (2005)
La "suite" du numéro un de Uwe Boll.
Re-animator ? Le docteur West est de retour ?
29 jours plus tard (non ne riez pas...) Une jolie brune dans un monde de brutes de zombies. Elle cherche à faire un prélèvement de sang de zombie pour fabriquer un vaccin contre le zombiisme... Et l'infection zombique se transmet même par les moustiques.
Un délice vous dis-je...

Horribilis (Slither) de James Gunn (2005)
Un petit film très agréable pour les amateurs d'horreur. On ne s'ennuie pas même si le film consiste à accumuler les références aux films de zombies et à toute une série de films avec des bestioles dégueulasses comme les limaces tueuses ou autres - y compris au film de David Cronenberg *Frissons* (1975) -, et, il faut le dire, avec une certaine audace humoristique, mais d'un humour noir et sanglant.
Le réalisateur rend même hommage à son ancienne boîte, « Troma », la légendaire société de production de films Z tellement nuls qu'ils en deviennent des chefs-d'œuvre. Dans *Horribilis* on voit donc à la télé un extrait de *Toxic Avenger*...James Gunn a aussi fait ses lettres

de noblesse en écrivant le fameux *Armée des morts*... Il sait donc de quoi il parle...
Et surtout, restez bien jusqu'à la fin du générique où une surprise vous attend !

Underworld 2 evolution de Len Wiseman (2005).
Le second volet de cette histoire de guerre entre les loups-garous (lycans) et les vampires. Certains critiques ont trouvé le scénario compliqué !
Rien de plus simple pourtant : un vieux vampire a vu ses enfants frères jumeaux devenir pour l'un vampire et pour l'autre loup-garou.
C'était il ya 600 ans.
Aujourd'hui, le petit frère veut relâcher l'horrible loup-garou enfermé pendant tous ces siècles.
C'est compliqué ça ?
Le film commence avec une scène stupéfiante de combat entre vampires et loups-garous au Moyen Âge. Ceux qui n'ont pas compris le scénario ont dû arriver après cette scène...
Le film comprend une grande quantité de très jolis plans et des bagarres à couper le souffle. Excellentissime...
Évidemment ce film n'est pas recommandé pour ceux qui aiment les vampires chochottes et les loups-garous petits chienschiens à sa maman...

Ça saigne énormément et c'est très violent. Wiseman rend hommage à Dracula avec sa scène du bateau qui vogue en direction du port et qui ne manque pas de rappeler le Nosferatu de Murnau...
La belle Kate Beckinsale moulée dans son costume en latex vaut à elle seule d'aller voir le film.
Un excellent film : vivement la 3e partie !

Bloodrayne d'Uwe Boll (2005)
Il est de bon ton de critiquer Uwe Boll, auteur de *Alone in The Dark* (voir ci-dessus) et *House of the Dead* (2003). Je ne suis pas aussi sévère. Même si ce film a eu plein de prix aux Razzies Award... Une belle jeune femme, mi-vampire, devient chasseuse de vampires. C'est un joli petit film. Il y a une superbe photo et de superbes images de paysages tournées en Roumanie. Très gothique. Rayne (la vampire en question) part à la chasse de reliques qui doivent lui permettre d'approcher Kagan le vampire, son père qu'elle veut tuer, car il a assassiné sa mère. Le scénario ne casse pas des barres, mais ce n'est pas un film pour intellectuels de gôche... Les combats ne sont pas toujours terribles. Lire la chronique de *Bloodrayne 2* plus loin.
Une adaptation d'un jeu vidéo.

Le Cercle (The Ring 2) de Hideo Nakata (2005). Pas mal du tout ce remake américain du Ring 2 japonais également réalisé par Nakata. Dans ce film américain, il montre tout son talent et malgré quelques longueurs on est sous l'effet du suspens. Sans arriver à ce niveau, le réalisateur utilise les procédés qui ont fait de son film Dark Water un chef-d'œuvre. Le scénario est différent du Ring 2 japonais qui n'est pas terrible il faut le dire. Ici c'est beaucoup mieux et Nakata a les moyens d'exercer son art en toute liberté.

La Malédiction des profondeurs (*Beneath Still Waters*) de Brian Yuzna (2005)
Lovecraft n'est pas accrédité au générique, mais la jaquette du DVD y fait référence. En effet, on peut reconnaître dans ce film quelques influences lovecraftiennes.

Il est inspiré, nous dit-on au générique, d'un roman de Matthew J. Costello *La Chose des profondeurs* (1991) que j'ai lu chez Pocket dans la collection Terreur. Là également l'inspiration est assez lointaine puisque dans le livre il s'agit de vers vivant dans l'océan en grande profondeur à proximité d'éruptions volcaniques et qui sont, hélas, remontés à la surface. Ce sont des parasites qui dévorent les êtres humains de l'intérieur ou alors manipulent leur cadavre pour créer l'illusion de la vie. Il est vrai que le roman lui-même est très lovecraftien.

Mais revenons au film. Là on n'est pas dans la mer, mais dans un petit village où un homme maléfique fait venir le Mal des mondes extérieurs. Pour le neutraliser, le maire du village fait construire un barrage pour le noyer définitivement. On peut reconnaître la fin de la nouvelle de Lovecraft *La Couleur tombée du ciel*.
Mais le Mal remontera des profondeurs.
La jeune fille, au début sur la plage, lit un livre de C.G. Jung *Rêves et mystères*. Du moins tel est le titre donné dans le film...
Il y a aussi de très gros clins d'œil au film de Spielberg *Les Dents de la mer* (1975) puisque le maire du village veut absolument fêter les 40 ans du barrage et tente par tous les moyens de camoufler les atrocités commises par ceux des profondeurs...
Cette *Malédiction des profondeurs* ne casse pas quatre pattes à un canard.

Stay Alive de William Brent Bell (2005)
Ce film a un côté intéressant dans la mesure où il tente de mêler gothique et jeux vidéo.
En effet, un jeu, *Stay Alive,* met en scène la comtesse Erzebeth Bathory qui assassine les joueurs un à un, dans le jeu, mais aussi dans la réalité.
La comtesse (1560-1614) a vraiment existé ; elle faisait enlever d'innocentes jeunes filles pour les vider de leur sang dans sa baignoire et ensuite elle se baignait dans ce liquide biologique pour rester éternellement jeune. Le blason des Bathory comprenait trois dents de

loup d'où, dans le film, l'idée de la manière de la détruire... Cette idée, dans le film toujours, est trouvée dans un livre *Le Marteau des sorcières (Malleus Maleficatum)* livre qui existe également, car il a été écrit par deux grands inquisiteurs (Henry Institoris et Jacques Sprenger) en reprenant les "aveux" de pauvres femmes accusées de sorcelleries et qui, pour la plupart, préféraient avouer n'importe quoi plutôt que d'être soumises à la torture... Ce livre est d'ailleurs disponible en librairie (Éditions Jerôme Millon). Ceci dit, les personnages du film auraient eu du mal à y découvrir comment tuer la comtesse, car il a été publié en 1486, bien avant sa naissance... Enfin, le scénariste a rajouté la diligence noire telle celle du comte Dracula et, pourquoi pas, celle de Jack l'éventreur...

Voilà beaucoup de références plaisantes dans ce film, d'autant plus qu'à ma connaissance, c'est la deuxième fois seulement que la sanglante comtesse Bathory est mise en scène (la première fois ce fut avec *Les Lèvres rouges* (1970) de Harry Kumel avec la splendide Delphine Seyrig).

À part ça il est vrai que le film est un peu plat, mais il mérite quand même d'être vu...

Abandonnée de Nacho Cerda (2006)
Une superbe histoire de fantômes. Une histoire de famille.
Une femme revient en Russie à la recherche de son passé. Elle n'a pas l'air de bien

s'entendre avec sa fille Émilie. Elle vient en Russie pour prendre possession de son héritage : une vieille maison située sur une île au milieu de la rivière. Elle avait été adoptée 41 ans auparavant. Sa mère avait été assassinée. Au début, le film semble s'installer dans les clichés du genre : un village sinistre, des gens bizarres, des regards entendus... Mais ne vous y fiez pas. En route vers la maison dans le camion d'un drôle de type qui l'abandonne en pleine nuit.
Une ombre passe au tout premier plan et traverse le champ de la caméra alors qu'elle filme plus loin la femme. Dans ce film chaque image compte : ne perdez pas l'écran de vue ne serait-ce qu'une seconde. Elle retrouve son frère jumeau dans des circonstances dramatiques. Ils sont tous les deux dans la maison sous le regard des esprits invisibles. L'atmosphère est étouffante. La rencontre que font les deux jumeaux est terrifiante. Il leur faudra affronter leurs propres démons. Puis c'est la nuit dans la forêt, mais la maison se trouvera de toute façon sur son chemin.
« *On dit que quand on voit son double c'est que ton heure a sonné.* » Déclare le frère.
Le son a beaucoup d'importance dans ce film comme dans *La Maison du diable* (1963) de Robert Wise.
« *Il ne faut pas savoir... Ce qui est encore mieux c'est être abandonnée.* », déclare Émilie...

Piégée à l'intérieur de John Carpenter (2006)
Film de la série *Les Maîtres de l'horreur* deuxième saison.
Une jeune fille court dans la forêt en se tenant le ventre. Elle se retourne souvent, effrayée.
Un couple route à grande vitesse sur une route qui traverse cette forêt. Soudain la jeune fille surgit. L'accident est évité et le couple l'emmène à l'hôpital où il, travaille. La jeune femme se retourne. Elle semble effrayée d'être suivie.
Elle a peur d'un véhicule rouge qui arrive. « Ne le laissez pas entrer ! » Demande la jeune fille. Le gardien ferme lui barre le passage.
« Oh ? Qu'est-ce qu'il vient faire là ? » Demande quelqu'un. 3Il viole une décision de justice. » Dit le médecin. La voiture attend. Le gardien tente de discuter avec le chauffeur qui, on l'apprend alors, est le père de la jeune fille qui vient d'être accueillie. Il a été condamné par la justice et ne doit pas s'approcher de la clinique. Mais il insiste. Le personnage est joué par Ron Perlman qui sait très bien être inquiétant. C'est le père de la jeune fille. Il s'appelle Burcell, et accepte de reculer. Mais que se passe-t-il entre la jeune fille et le père ? En effet, celle-ci déclare : « Dieu vous a envoyé pour m'aider. Dieu veut que vous tuiez mon bébé ! » D'autres patients s'impatientent. Tout le monde a peur de Burcell. Le directeur veut qu'Angélique (la jeune fille enceinte) voie un psychologue. Elle n'a que quinze ans. Elle

explique qu'elle est tombée enceinte samedi dernier. Pourtant elle est si grosse qu'elle semble sur le point d'accoucher. « Tout ce que je veux c'est avorter ! » Dit-elle. Le père est soupçonné de viol...

La jeune fille passe une échographie et cela dérange le « bébé ».

Le père et ses trois fils entrent par effraction. Pourtant, à entendre les paroles d'un des garçons, leurs intentions ne semblent pas mauvaises. « Protéger le bébé... » Ordonne une voix au père. Burcell croit que cet ordre lui vient de Dieu. Il tue salement le gardien et les quatre hommes lourdement armés entrent dans la clinique.

En attendant, l'avortement est en préparation. La jeune fille raconte ce qui lui est arrivé : « Une nuit les choses bizarres ont commencé (...) Un bruit qui ressemblait au grondement du tonnerre (...) Ça venait du sol (...) Il a attrapé mes pieds. Il a essayé d'entrer en moi. Ensuite, je ne sais plus ce qui s'est passé. C'était un démon venu de l'enfer. »

Elle ne veut pas de cette chose en elle.

Un de ses fils refuse de suivre Burcell. Le directeur en tue un autre. L'accouchement est terrible. Visiblement il y a une vengeance entre le directeur et Burcell. Ce dernier l'opère comme s'il réalisait un avortement : il ouvre une voie et aspire les viscères. Cette scène est grotesque.

John Carpenter s'est fait son petit western.

L'insecte à tête humaine sort du vagin de la jeune fille. « C'est quoi ce monstre ? » Dit-elle.
Pendant ce temps Burcell éviscère complètement le directeur de la clinique.
Et voilà le père du bébé qui sort de terre : un monstre, Satan ou Bélial, avec deux grosses cornes...
Il reste deux imbéciles : Burcell et un de ses fils, l'autre entra après avoir tué un patient qui passait.
La maman du « bébé » le tue ce qui ne manque pas de mettre Bélial en colère.
Bon... Tout cela me paraît grotesque et excessif. Fallait-il en faire autant ?

J'aurai leur peau de Dario Argento (2006)
Film de la série *Les Maîtres de l'horreur* deuxième saison.
Prises de vue au flash de cadavres ensanglantés dans un ascenseur d'usine. Ce sera l'image de fin du film.
Générique sur fond de peaux de fourrure.
L'histoire est basée sur une nouvelle de F. Paul Wilson. Un pamphlet anti chasseur...
Traitement des peaux de bêtes. Le patron est très brutal avec ses employés. Il va se détendre dans une boîte de striptease. Il paie une prostituée pour une prestation insatisfaisante. Mais pour le prix... La fille lui dit : « Tu pues Jack ! Tu sens la viande pourrie, monsieur le fourreur. »
« Un jour, grâce à mes fourrures, je deviendrai un homme très riche. » Répond-il. La pu-

tain s'en fiche ! Il essaie de la violer. Elle est très belle. Elle se défend.
Changement de décor. Un braconnier et son fils reviennent là après que le vieux a posé les pièges. C'est un endroit maudit avec des « ruines d'une ancienne cité ». Chaque piège retient un raton laveur prisonnier. Le fils est chargé de les tuer sans abîmer la peau. Ce qui n'enchante pas le jeune homme. Revenus chez eux, ils dépouillent les bêtes.
Au téléphone, le braconnier propose ses peaux exceptionnelles au patron qui regarde la prostituée qui se montre en spectacle pour le cachet qu'elle a reçu.
Le fils du braconnier le tue à coups de batte de base bal, l'arme qu'il a utilisée pour tuer les ratons laveurs. Quand le patron fourreur arrive, personne ne répond, et pour cause. C'est ouvert, il rentre avec son associé. Ils voient les peaux. Ils sont subjugués. Ils découvrent le cadavre du fils du braconnier le visage arraché. Le film nous montre comment il s'est suicidé : en mettant son visage dans un piège à animal dont les mâchoires en claquant se referment sur les côtés de sa tête et séparent le visage du reste de la tête. Le patron veut voler les peaux. Ils le font ! Aïe !
Les ouvrières refusent de prendre les peaux. Pourtant elles vont réaliser « le plus beau manteau de fourrure du monde » !
Le patron fourreur convoite la prostituée comme modèle pour présenter le manteau. Une violence s'installe avec la peur dans

l'atelier de fourrure. Le chef d'équipe s'éventre avec les ciseaux servant à couper les peaux.

Le patron fourreur retourne dans la maison du braconnier, car il veut savoir où il a trouvé ces « putains de bestioles »... Il trouve une cabane avec une vieille femme dedans. « Venez monsieur Feldman, je vous attendais. » Lui dit-elle. En parlant des ratons laveurs, elle déclare : « Ils sont devenus les sentinelles de la cité perdue. » Et elle chasse Fledman. Elle est très en colère.

À l'atelier, la chef d'équipe se coud tous les orifices du visage avec du fil et meurt étouffée. Scène atroce.

Le manteau de fourrure est terminé. « C'est comme s'il était maudit ! »

Feldman l'apporte à la prostituée. Elle l'enfile. « Je ne veux pas qu'une autre fille porte ce manteau ! » Assure-t-elle. Alors...

Après fornication, il dit : « Il faut que je trouve un truc qui coupe ! »

Et il le trouve ! Il s'éventre devant la glace et découpe la peau qu'il arrache du haut de son corps. Il s'écorche vif !

« Regarde, c'est mon chef-d'œuvre. J'ai fait ça pour t'impressionner. « Dit-il à la fille. Elle s'enfuit, nue dans le manteau de fourrure. Et ça finit mal, très mal !...

Un chef-d'œuvre macabre éprouvant du grand Dario Argento !

V comme vampire d'Ernest Dickerson (2006)

Film de la série *Les Maîtres de l'horreur* deuxième saison.
Jeu vidéo ! Très sordide, très violent. Ce sordide et cette violence vont entrer dans la vie de deux jeunes gens…
L'un d'eux a des problèmes avec son père, à l'entendre parler au téléphone. Pour s'amuser, il propose à son ami le joueur de vidéo, d'aller à la morgue voir un mort. Ils y vont. Générique.
À la morgue personne ne répond quand ils sonnent. La porte s'ouvre sous leur poussée et ils rentrent. Ils ont peur. Surtout l'un d'eux.
« Ils vont venir te chercher Barbara ! » L'un d'eux fait cette citation du film »La Nuit des morts-vivants » de Romero. Ils entendent de la musique. Et se retrouvent enfermés. Ils se dirigent vers la partie de la morgue d'où vient la musique. Ils trouvent le cadavre de leur ami, le cou dévoré. Un cadavre se lève la bouche pleine de sang. Course poursuite. Hommage au Nosferatu de Murnau (1922) avec l'ombre du bras et de la main aux longs doigts griffus qui glisse sur le mur.
L'un des deux garçons (l'amateur de jeux vidéo) s'est cassé le pied. Le vampire arrache la carotide du jeune homme et boit.
Le survivant réussit à s'enfuir et rentre chez lui. Il appelle la police qui ne le prend pas au sérieux. Son père n'est pas plus coopératif. Sa mère n'est pas présente. À la télé ils passent le Dracula de Tod Browning (1931).

On frappe à la porte. C'est son ami qui demande à entrer. Il le laisse entrer. Aïe ! On ne laisse jamais entrer un vampire chez soi ! Il se fait aussi vampiriser. Quand sa mère et sa toute petite sœur reviennent, il est presque vampire... La maman arrive avec une pizza à laquelle elle a ajouté « une tonne » d'ail. Le chien aboie. La transformation du jeune homme se poursuit. Sa petite sœur est appétissante. Il se retient et sort dans la nuit. Il va voir son père et son copain devenu vampire lui ordonne de le tuer. Face à son refus, il égorge le papa de son copain et lui propose de boire le sang qui gicle. Mais il ne le fait pas. Il ne veut pas être un vampire.
« Tu as entendu ? C'est l'appel de la nuit ! » Lui dit le vampire du début qu'il retrouve à la morgue. Avant c'était un pédophile. « Il va falloir qu'on te trouve un peu de chair fraîche avant l'aube. » Ajoute-t-il. Il a enlevé la petite sœur qu'il a ligotée sur un brancard. Il invite Justin à manger sa sœur, et avec une seringue il aspire un peu de sang de l'enfant et l'injecte dans le cou de son frère qui lui pique la seringue et lui crève les deux yeux... Justin le décapite avec une scie électrique de chirurgien.
Il veut aussi se débarrasser de son copain devenu vampire. « Je ne tuerai personne ! » Insiste-t-il.
Il s'est fait attacher sur une civière devant une fenêtre orientée à l'est et attend les rayons du soleil pour se faire brûler vif...

Pulse de Jim Sonzero (2006)
Le remake du film asiatique *Kairo* : l'informatique ouvre les portes vers le monde des morts, et vice et versa bien sûr ! Pas terrible...

The Zombie Diaries (Journal d'un zombie) de Kevin Gates et Michael Bartlett (2006)
Ce film produit en 2006 est distribué en DVD en 2009.
Bien avant les *Cloverfield, REC et Diary of the Dead*, il utilise le procédé de montrer des images comme si elles avaient été filmées par un vidéo amateur. Au début on se demande si on ne va pas être lassés, mais très vite on rentre dans le film, car ici c'est vraiment réussi. Le fait d'être filmé de cette manière n'ennuie pas le spectateur. C'est si bien fait que l'on s'y croit, on a l'impression de vivre avec tous ces gens au milieu des zombies.
On voit les aventures terribles de trois groupes différents alors qu'une épidémie de virus zombifiant les gens se répand en Angleterre. On verra également que le plus terrible reste encore la cruauté humaine.
Excellent film.

Session 9 de Brad Anderson (2006)

Ce film n'a pas eu l'honneur d'être projeté en salles. C'est dommage, car il le mérite bien. Il est passé directement en vente vidéo. Ne le manquez pas.

Un petit bijou de film d'horreur où on montre peu, mais où tout est suggéré, si bien suggéré que le stress vous envahit petit à petit.

Une horreur « intellectuelle » qui vous prend le cerveau comme la bâtisse – un ancien asile d'aliénés – a "pris" le cerveau d'un psychopathe qui s'ignorait.

Ce bâtiment, qu'une équipe est venue désamianter, est un vrai personnage de l'histoire.

"Session 9" est la neuvième séance de psychothérapie d'un ancien malade. L'un des ouvriers a retrouvé les bandes de ces séances et les écoute, et, comme dans "Evil dead" (mais ici c'est très sérieux) les paroles sortant du magnétophone semblent avoir possédé l'un des membres de l'équipe de désamiantage.

En réalité c'est un ingénieux dispositif narratif qui permet de la première à la neuvième séance d'attacher le spectateur à l'évolution psychotique du vrai malade tout en ne connaissant pas jusqu'à la fin son identité...

Brad Anderson est également le réalisateur du film *Le Machiniste*. Avec ce *Session 9* qui met également en scène des ouvriers, cela fait le deuxième film du cinéaste qui s'attache à des personnages de la classe ouvrière.

La Chute de la Maison Usher de Hayley Cloake (2006)

Jill, une jolie petite jeune fille blonde, apprend le décès de sa « meilleure amie » Maddy. Elle se rend à la maison du frère de Maddy, Rick Usher. Elle les avait perdus de vue depuis plusieurs années.

Mais de quoi est morte Maddy ? « Je la voyais perdre la raison », dit son frère Rick. Ses parents sont morts de la même manière. C'est le thème central de l'œuvre de Poe que ce film a adapté : la malédiction. Poe était un écrivain maudit, il reflète et amplifie cette malédiction dans ses œuvres. Il y a la folie aussi, que Poe tourne en dérision dans sa nouvelle *Le Système du docteur Goudron et du professeur Plume*. Et *La Chute de la Maison Usher* est aussi une histoire de hantise et d'inceste.

Quant au film, il est très lent, on pourrait penser que le réalisateur a voulu s'inspirer du film homonyme de Jean Epstein (1928 – 1929 pour la version sonorisée). Les plans sont très travaillés. Les subtils mouvements de caméra aussi. Les plans avec dialogues sont montés comme les cartons intercalaires des films muets. Pour la sobriété des dialogues aussi.

Voici la liste des films adaptés de la nouvelle homonyme de Edgar Allan Poe : *La Chute de la Maison Usher* de James Sibley Watson, Melville Webber (1927) - *La Chute de la Maison Usher* Jean Epstein (1928-1929) - *La Chute de la Maison Usher* Ivan Barnett (1948) - *La Chute de la Maison Usher* Roger Corman (1960) - *La Chute de la Maison Usher* Jan Svankmajer (1981)- *(Névrose) La Chute de la Maison Usher* Jess Franco (1982)- *La Chute de la Maison Usher* Hayley Cloake (2006)

The Invisible de David S. Goyer (2006)
Des petits jeunes révoltés en manque d'autorité ou qui en subissent trop.
Enfin, ceux qui sont en manque de père, qu'ils soient riches ou pauvres... Il y en a un qui est tué et son fantôme reste. Il est présent, assiste à tout, mais personne ne le voit. Il ne traverse pas les murs, ça permet d'économiser les effets spéciaux. Si vous vous ennuyez, tenez le coup une heure, car ensuite ça devient intéressant.
Le scénario est un peu tiré par les cheveux.

La Nuit au musée de Shawn Levy (2006)

La nuit tout prend vie dans le Musée d'Histoire Naturelle de New York (ce musée, c'est géant !) et le veilleur de nuit doit veiller à ce que tout soit de nouveau en place au lever du jour. Tout cela avec ses problèmes familiaux, c'est pas évident... Le phénomène est dû à une tablette en or massif. Mais quand le veilleur de nuit veut montrer à son fils le phénomène la tablette a disparu donc le phénomène aussi...
On s'ennuie un peu, mais c'est assez agréable.

Tale of Vampires d'Ander Banke (2006)
Ce film suédois de 2006 profite de la longue nuit d'hiver au nord de ce pays, nuit qui dure un mois ! Une espèce de paradis pour les vampires : il fallait y penser.
Il reprend le même genre de scénario que *Le Retour des morts-vivants 2 (1984)* de Dan O'Bannon : la maladie se répand et rien ne pourra l'arrêter jusqu'à ce que tout le monde soit infecté...
Ici la maladie en question est le vampirisme et, comble de l'ironie, c'est d'un hôpital qu'elle va infecter toute une ville.
C'est un film pas mal du tout. Bien sûr, si on n'aime pas les histoires de vampires et la violence...
Le prologue est excellent et il constitue le message du film : la guerre est à l'origine de tous nos maux, même le vampirisme !
Mais pas de panique : on s'amuse bien en regardant ce film...

(Sur le même thème, adaptation d'une BD, voir le film *30 jours de nuit* plus loin.)

Half Light de Graig Rosenberg (2006)
Des gens habitant au bord d'un canal et laissent leur petit garçon sans surveillance (!)
Et ce phare ? Elle se réfugie dans une maison isolée, mais un peu plus loin se trouve une île avec un phare et... un jeune gardien.
Mais la présence est insistante de la culpabilité de la mort de l'enfant... Et la hantise.
Est-ce une fausse histoire de fantôme ? Un coup monté ? Par qui ?
Non ! Il y a vraiment un fantôme !

Zombies de J.S. Cardone (2006)
1913 ; des enfants travaillant dans une mine ont été sacrifiés à la rentabilité. Aujourd'hui ils hantent la région. Les gens du coin les appellent les zombies. Ils sont vraiment des zombies affamés de chair fraîche.

L'île des âmes perdues de Nikolaj Arcel (2007)
Ce film danois pour enfants présente peu d'intérêt. Le scénario est tiré par les cheveux : il semble que le fait d'être destiné aux enfants a laissé au scénariste l'impression qu'il pouvait écrire n'importe quoi. Une équipe d'enfants aidée par un chasseur de fantômes lutte contre un nécromancien revenu d'entre les morts.

La Voix des morts : la lumière de Patrick Lussier (2007)
Un film qui se veut la suite du film *La Voix des morts* (Geoffray Sax – 2004), sans l'être en réalité, puisque ce ne sont pas les mêmes personnages ni même le genre d'histoire... Il s'agit encore une fois de la vie après la mort. Ceux qui ont frôlé la mort, l'ont vu en face et qui reviennent, ont toujours des super pouvoirs après cette expérience. Ce fut le cas dans le petit chef-d'œuvre de Stephen King, *Dead Zone*, dont David Cronenberg a fait un chef-d'œuvre au cinéma... Ici, le personnage à qui c'est arrivé revient avec le pouvoir de voir le proche futur, enfin de voir que certaines personnes vont mourir bientôt. Quand on croit bien faire à sauver la vie des gens comme ça... il y a un prix à payer. Un lourd tribut. Ce film fait peur, car la mort fait toujours peur...
Patrick Lussier fut le monteur quasi attitré de Wes Craven, notamment pour la série des *Scream* et a réalisé *Dracula 2001*, produit par... Wes Craven.

30 jours de nuit de David Slade (2007)
Enfin de nouveaux vampires. Ceux du comics dont est tiré ce film. Des êtres assoiffés de sang un point c'est tout. Pas de problèmes existentiels. Pas de romantisme. Des monstres. De plus ils ne parlent pas le même langage que les humains.

En Alaska, il y a trente jours dans l'année où le soleil ne se lève plus. C'est les trente jours qu'aiment ces vampires.
Le film est tourné comme un reportage. Ça se passe toujours la nuit et cela est bien rendu, car la nuit elle-même est stressante. La prise de vue aérienne des vampires agissant en nombre dans la rue est stupéfiante. La scène où le héros décapite un ami contaminé est très angoissante. L'incendie de la ville par les vampires est surprenant. Devenir un monstre pour combattre les monstres : la seule solution. Ce film fait réfléchir sur la monstruosité...
Et la fin est terrible.
Excellent film. Je me répète : stupéfiant !
La même histoire (mais en Suède...) est traitée dans le film : **Tale of Vampires** d'Ander Banke (2006). Voir ci-dessus.

Rise (Blood Hunter) de Sebastien Gutierrez (2007)
Toutes ces belles jeunes filles promises à la mort, victimes des vampires. Ces derniers n'ont rien des vampires "chochottes" autrefois à la mode avec Anne Rice. « *Votre dieu, il est parti ailleurs faire de bonnes actions. Il n'y a que nous ici...* » "Ici", les victimes ne s'endorment pas hypnotisées avant d'être violentées et tuées. Elles vivent leur mort dans une grande souffrance et dans une mutilation.
La fille d'un flic en a été une victime et Sadie aussi... Son "réveil" dans une case de la morgue est hallucinant. Quand elle en sort,

elle se "regarde" dans la glace : elle n'a plus de reflet. Elle a soif de sang aussi. La scène du suicide est stupéfiante.
Sadie renaît avec le cœur d'une tueuse.
Elle se met en chasse contre ceux qui ont fait d'elle un vampire. Dans son sillage : le flic, le père d'une des victimes. Sera-t-il un obstacle involontaire à sa vengeance, ou une aide ?
Enfin un film de vampires flippant !
On n'y croit pas à la fin prévue, et pourtant si ! ça arrive ! Un film de vampires excellent ! On entend même le sang couler... L'actrice (Lucy Liu) est superbe.

Je suis une légende de Francis Lawrence (2007)
Une adaptation du livre homonyme (1955, première édition française) de Richard Matheson.
Avant il y en avait eu deux autres : *Je suis une légende* de S. Salkow et U. Ragona (1964), un excellent petit film joué par le prodigieux Vincent Price, film dont Romero s'est sans doute inspiré pour son *La Nuit des morts-vivants* (ce film de Romero est le fruit de bien des inspirations cinématographiques) et *Le Survivant* de Boris Sagal (1971) qui est très lourd et tout le fantastique a été sorti de cette histoire à dormir debout... Je ne sais pas ce qu'en aurait pensé ce pauvre Richard Matheson...
Dans le film de Lawrence, les effets spéciaux rendent les "vampires" plus effrayants.

Une épidémie (ici on donne au début une explication "scientifique" de son origine, ce qui est tout à fait inutile...) transforme tous les humains en vampires assoiffés de sang, sauf quelques-uns qui sont immunisés, comme notre héros. Pour une fois Will Smith ne fait pas le cabotin.
Au-delà de la réalisation plus que correcte, c'est l'histoire elle-même, donc le génie de Matheson, qui donne toute sa puissance à ce film...

Undead or Alive de Glasgow Phillips (2007)
Après les vampires au Far West avec *Bloodrayne 2* d'Uwe Boll voici les morts-vivants au Far West !
Le titre parle de lui-même, à contre point des affiches "Recherché mort ou vif" du Far West.
Tout cela semble être la faute de Geronimo.
Le premier mort-vivant (un pauvre fermier qui s'en prend à sa famille) est assez comique.
Mais ça reste gore. Le mélange comique et gore se poursuit tout au long du film.
Un shérif et son adjoint mort-vivant (tous les deux ripoux) poursuivent nos deux héros alors que le mort-vivant du début est en prison. Nos deux amis se font faire prisonnier par une jolie brune.
 Le shérif devient aussi mort-vivant et toute l'équipe de poursuivants est également infectée. Parce que les morts-vivants infectent les vivants en les dévorant. Et ils parlent !

À part la fille canon, les héros sont fatigués.
Mais comment ça va finir tout ça ? ;-)
Les changements de lieux sont ponctués par le claquement d'un fouet et c'est le plus con des deux et le plus moche qui baise la fille.
Y a tous les clichés des films de morts-vivants. Qu'est-ce qu'on rigole !
La fin est d'un humour noir et macabre. Attention, restez au générique...
Ah quel joli film de série Z...
La jaquette du DVD est un hommage direct au film *Evil Dead* de Sam Raimi (1982).

Zombies Strippers ! de Jay Lee (2007)
Avec deux acteurs emblématiques : Jenna Jameson, la star des stars du porno et Robert Englund le cultissime interprète de Freddy. Rien que pour la réunion de ces deux icônes du ciné bis le film mérite d'être vu. Mais il a bien d'autres qualités !
Dans un futur proche, Bush a été élu pour la quatrième fois et les USA qui sont en guerre partout dans le monde manquent de soldats. L'armée a découvert un virus qui permet de faire renaître les morts.
Ça finit par poser un problème et un commando est sollicité pour nettoyer le centre de recherche des zombies qui l'infestent. L'un d'entre eux est mordu et s'évade. Il arrive dans une boîte de strip-tease. Très amusants les rapports entre les filles. Au milieu il y a Robert Englund qui a peur des filles à cause de

l'herpès ! La vedette des strip-teaseuses lit Nietzsche.
Ça commence donc comme un film pour mecs avec un défilé de très belles filles dénudées.
Ensuite... eh bien, le mort-vivant consomme la star qui devient une morte vivante et ainsi de suite. On connaît la musique hein ?
On assiste à une danse de mortes vivantes bien au-dessus de toutes les danses macabres jamais vues au cinéma. La "belle" morte vivante croque donc les mecs en commençant par la partie de leur anatomie à laquelle ils tiennent le plus... La fille devenue zombie continue de lire Nietzsche et dit : « Maintenant ça a tellement plus de sens ! »
Il y a quelques belles scènes gore et une séance de jet de boules de billard lancées par le vagin !
Ce film irrespectueux est vraiment craquant.

Outpost de Steve Barker (2007)
Sortie directe en DVD en 2012.
Des mercenaires sont embauchés dans un « pays de l'Est » (on pense au Kosovo) en pleine guerre civile par un géologue. Ils se rendent dans un lieu isolé en pleine nature (le temps est gris, sale) où ils trouvent un bunker souterrain.
Les actions de guerre sont très bien filmées.
Ce qu'ils sont venus chercher ? « Le champ unifié de la physique », vous savez ce que Einstein a cherché toute sa vie et n'a jamais

trouvé : l'unification de la physique « classique » et de la physique quantique.
Eh bien, les nazis, eux l'avaient trouvé !
Le commando trouve de nombreux corps sans vie qui semblent pourtant revenir à la vie... et aussi des soldats SS en zombies indestructibles.
Il est fait allusion à l'expérience de Philadelphie (voir le film : *The Philadelphia Experiment* de Stewart Raffill (1984) et sa suite), et la possibilité de voyager dans le temps.
Ainsi ils retrouvent la machine qui fait revenir les morts, les soldats SS.
Certaines scènes sont insoutenables.
On entend un moment *Der Fliegender Holländer* de Richard Wagner...
Ce film est aussi une parabole politique. On se souvient de cette citation de Bertolt Brecht : « Il est toujours fécond le ventre qui engendra la bête immonde... » Bertolt Brecht était un dramaturge d'Allemagne de l'Est. Il a su naviguer entre les balles de la censure et créer de belles pièces au sens politique profond malgré la dictature communiste. Et cette citation, si elle met en garde contre le retour du nazisme, elle ne fait aucune allusion politique ou sociale, en fait, c'est la nature humaine qu'elle visait.
Comme dans ce film où elle n'est pas très glorieuse cette nature.
À noter : aucune femme n'apparaît dans ce film. Il n'y a que des hommes.

Mad Zombies de John Kalangis (2007)

Deux couples, le père et sa compagne avec leur fille et son compagnon arrivent dans un bled en rase campagne. Une campagne perdue du fin fond des Amériques avec des agriculteurs dégénérés qui mettent plein de produits toxiques dans la nourriture du bétail. Alors, la viande...
Vous vous imaginez l'effet produit sur les clients du restaurant après consommation des hamburgers confectionnés avec la viande directement livrée de la ferme du coin. Directement du producteur au consommateur.
Film militant écolo ou végétarien. Amusant !

Return to House on Haunted Hill (Retour à la maison de l'horreur) de Victor Garcia (2007)
Ce film est la suite du film *La Maison de l'horreur* de William Malone (1999), lui-même remake du film *La Nuit de tous les mystères* de William Castle (1959), dont le titre anglais est : *House on Haunted Hill*, ce titre ayant été conservé pour le remake...
On se souvient que dans *La Maison de l'horreur*, un docteur de l'horreur faisait des expériences atroces sur ses patients. Toute cette belle équipe continuait à hanter la Maison de l'horreur. Le remake avait choisi une orientation fantastique alors que le film de Castle apportait à la fin une explication rationnelle aux "phénomènes" extraordinaires de la maison.

Le docteur de l'horreur est joué par le sublime Jeffrey Combs qui avait incarné le fameux docteur (de l'horreur également) Herbert West dans la série de films *Re-animator*[14]. Après le même générique terrifiant que celui de *La Maison de l'horreur* on entre dans la niaiserie habituelle, dont on sort, il est vrai, assez vite par le "suicide" de la seule rescapée du film précédent. Sa sœur est bien attristée de cette mort violente.

Puis tout ce beau monde se retrouve dans la Maison de l'horreur : la sœur de la suicidée, son petit ami (enfin il va le devenir) le professeur qui recherche une statuette démoniaque, et les gangsters qui ont enlevé la sœur et qui recherchent également la statuette.

Et... les voilà tous piégés dans la bâtisse maudite. Le massacre commence. C'est supportable quand ce sont des connards qui subissent ces atroces sévices. Jeffrey Combs en tenue de chirurgien est de retour avec son bistouri vengeur. Finalement, la hantise et la corruption des esprits proviendraient de la statuette. Les trois filles sont très sexy comme il se doit dans ce genre de films que certains ne vont voir rien que pour ça... Dommage que l'une a la tête écrasée par un frigo tombé du

---

[14] Ces films sont adaptés (très librement) d'une série de nouvelles de H.P. Lovecraft intitulées *Herbert West réanimateur*.

Re-animator (1985) de Stuart Gordon - *Re-animator 2 (Bride of Re-animator)* et *Beyond re-animator* (2003) tous deux de Brian Yuzna...

ciel et le visage d'une autre est tout simplement écorché vif.
Enfin, ne ratez pas la scène finale à la fin du générique.

Planète terreur (un film Grindhouse) de Robert Rodriguez (2007)
Après *Boulevard de la mort* réalisé par Quentin Tarentino (2007), la saga *Grindhouse* continue avec ce film plus fantastique comme Rodriguez aime les faire (Tarentino a réalisé, lui, un film d'épouvante, mais pas fantastique, du moins à mon avis...). Une histoire de zombies et de fin du monde...
La belle brune en soutien-gorge rouge lève la jambe pour tirer : évidemment puisqu'elle a une mitraillette greffée sur son moignon de jambe amputée... Quel massacre !
Ces hommages au cinéma Bis sans en être vraiment, ces films qui se veulent intellectualiser le cinéma Bis peuvent être fatigants... Avec même les fausses rayures sur la pellicule. Et aussi un cramage de pellicule (comme dans le temps) aux deux tiers du film, et la pellicule qui saute... la bonne vieille pellicule ! (ça me rappelle quand j'étais projectionniste, fallait couper et recoller...)
Ça commence par une danse lascive et un coupage de couilles dans une base militaire et une zombification... une bimbo en panne de voiture... un couple qui se réveille à huit heures... la jeune femme déjeune avec son petit garçon...

Y a-t-il un lien entre tout ça ? Sûrement !
Enfin, ensuite ça tourne au cradingue purulent... Vous savez le pus qui gicle sur la gueule du toubib.
La bimbo se fait bouffer par les zombies... et Palomita (celle de la danse lascive) se fait arracher une jambe par des zombies (mais personne encore dans le film n'a dit que c'était des zombies). Tous ces gens plus ou moins bouffés par des zombies se retrouvent à l'hôpital avec le médecin qu'on a vu se lever à huit heures (celui qui a reçu le pus sur ses lunettes)...
Bon j'arrête : allez voir le film ! Si vous en avez encore envie. Et si vous y allez, surtout restez jusqu'à la fin du générique : une surprise vous y attend. Évidemment !

28 semaines plus tard de Juan Carlos Fresnadillo (2007)
Par le réalisateur de l'excellent *Intacto.* La suite de *28 jours plus tard* de Danny Boyle.
Une accumulation de scènes zombiesques violentes qui se succèdent. Les soldats de l'oncle Sam présentés sous un très mauvais jour... alors qu'ils font ce qu'ils peuvent pour la survie de l'espèce humaine...
Le prologue du film est si violent et réaliste que le spectateur retient son souffle. Il ne fait que rappeler ce qui s'était passé 28 semaines auparavant...

Le Jour des morts de Steve Miner (2007)

Ce film est présenté comme le remake du deuxième film de la première trilogie de Romero : *Le Jour des morts-vivants* (1985)
Cette même année 1985, Steve Miner sortait son film *House*, dont le succès engendra plusieurs suites.
Nous avons fait la connaissance de Steve Miner quand il a réalisé deux des films de la série *Vendredi 13* : *Le Tueur de Vendredi* (1981, le deuxième de la série) et *Meurtres en trois dimensions (Le Tueur du vendredi 2)* (1982, le troisième de la série). Pas mal non ?
Puis il a réalisé *Warlock* en 1991 qui a connu aussi des suites (deux je crois, dont le 3 à la TV...)
En 1998 il a réalisé ce qu'on avait cru être l'ultime film de la série Halloween : *Halloween 20 ans après*.. Mais il y en a encore eu un autre après !
Il a aussi été réalisateur de quelques séries télé...
En 2007, voilà notre Steve Miner qui s'attaque à ce remake. Il n'a pas été le seul...
Ce film n'est pas placé dans le même contexte que celui de Romero dans lequel la Terre a été complètement envahie par les zombies et il ne reste qu'une équipe de survivants. Ici, c'est le contraire, l'infection règne dans un bled isolé du reste du monde par l'armée.
Les ingrédients du film de Romero sont donc ici : l'armée, l'expérience scientifique et les restes d'humanité des zombies.

La fille s'appelle aussi Sarah et le docteur fou, Logan, comme dans le film de Romero.
Le déclenchement de l'épidémie est foudroyant et très bien rendu. Assez terrifiant.
Les zombies sont très rapides, très acrobates, on en voit même un marcher à quatre pattes au plafond ! Difficile d'y échapper !
Ils savent tirer au fusil, enfin plus ou moins, quand ils sont zombifiés le fusil à la main, et ils parlent !
Steve Miner est un très bon artisan. C'est un bon film…

Undead or Alive de Glasgow Phillips (2007)
Après les vampires au Far West avec *Bloodrayne 2* d'Uwe Boll voici les morts-vivants au Far West !
Le titre parle de lui-même, à contre point des affiches "Recherché mort ou vif" du Far West.
Tout cela semble être la faute de Geronimo.
Le premier mort-vivant (un pauvre fermier qui s'en prend à sa famille) est assez comique. Mais ça reste gore. Le mélange comique et gore se poursuit tout au long du film. Un shérif et son adjoint mort-vivant (tous les deux ripoux) poursuivent nos deux héros alors que le mort-vivant du début est en prison. Nos deux amis se font faire prisonnier par une jolie brune. Le shérif devient aussi mort-vivant et toute l'équipe de poursuivants est également infectée. Parce que les morts-vivants infectent les vivants en les dévorant. Et ils parlent !

À part la fille canon, les héros sont fatigués. Mais comment ça va finir tout ça ? ;-)
Les changements de lieux sont ponctués par le claquement d'un fouet et c'est le plus con des deux et le plus moche qui baise la fille.
Y a tous les clichés des films de morts-vivants. Qu'est-ce qu'on rigole !
La fin est d'un humour noir et macabre. Attention, restez au générique...
Ah quel joli film de série Z...
La jaquette du DVD est un hommage direct au film *Evil Dead* de Sam Raimi (1982).

Dead Silence de James Wan (2007)
Le réalisateur de « Saw » (le premier, pas les suivants...) continue de tracer son sillon dans l'horreur...
Cette fois, il choisit le gothique pour nous faire peur.
Le film démarre fort après un générique explicatif. Livraison d'une marionnette de ventriloque inattendue et une mort atroce de la jeune fille. Une poupée maléfique ? Le jeune fiancé est soupçonné du meurtre. Le meurtrier a coupé la langue de la victime.
Très macabre. Le jeune homme va retrouver son père, désormais sur une chaise roulante. L'entente n'a jamais régné entre le père et le fils. L'ambiance est très lourde, de plus, le film déroule la préparation des funérailles de la jeune femme assassinée. Le village s'appelle Ravens Fair. Une ville maudite par la vengeance de la ventriloque autrefois assassinée.

Le cinéaste utilise la technique des images légèrement saccadées, si légèrement, presque au niveau subliminal, et cela accentue l'ambiance déjà très macabre. La voiture rouge de Jamie, le jeune homme, tranche sur le décor tout en bleus, comme le blues. Comme les fauteuils rouges dans le théâtre en ruines. La femme du vieux croque-mort joue avec une corneille empaillée, elle semble entendre des voix... et elle rappelle au jeune homme cette comptine enfantine qui parle de Mary Shaw qui n'avait que des marionnettes. Elle le met en garde contre cette femme qui tue tout le monde, affirme-t-elle.
Non, ce n'est pas le film sur une marionnette de ventriloque comme on en a déjà vu. C'est un film terrifiant. Pas de cette terreur grossière et écœurante. Non ! une terreur délicieuse.

1408 de Mikaël Hafstrom (2007)
Encore une adaptation d'une nouvelle de Stephen King. On n'en finit jamais.
Je suis un admirateur de l'écrivain, néanmoins je trouve que cette accumulation confine à l'indigestion.
À partir de l'œuvre de King, plusieurs chefs-d'oeuvre ont été réalisés par des grands du cinéma, le premier étant "Carrie" de Brian de Palma (1976), suivi de "Dead Zone" de David Cronenberg (1983), "Shining" de Stanley Kubrick (1980, et Stephen King ayant trouvé que Kubrick s'était trop éloigné de son oeuvre, il a

fait réaliser un film télé avec le titre "The Shining"), Christine" de John Carpenter (1983), enfin, il y a eu quelques bons ouvrages comme "Misery" de Rob Reiner, "La Ligne Verte" de Franck Darabont (1999)... en espérant ne pas en avoir manqué...
Revenons donc à ce "1408".
L'addition des chiffres du nombre 1408 donne 13. La signification ésotérique des chiffres et des nombres a toujours fasciné le genre.
Dans cette histoire, Stephen King a voulu traiter de la solitude dans une chambre d'hôtel et des terreurs qu'elle peut engendrer.
Ce sujet convient bien à une nouvelle, mais pas à un film d'une durée de presque deux heures. Car en fin de compte on s'ennuie beaucoup à regarder les déboires de ce pauvre écrivain qui rédige des ouvrages démystificateurs de fantômes. L'idée de base semble d'ailleurs être inspirée d'une nouvelle d'Ambrose Bierce (1842 - on ne connaît pas la date exacte de sa mort : il se rendit au Mexique en 1913 où l'on perdit définitivement sa trace, sa dernière lettre datant du 26 décembre de cette année) : "Le Veilleur de mort".
On y retrouve une obsession chez Stephen King : les sentiments de culpabilité suite à la perte d'un membre de sa famille. Car en fait, l'horreur de la chambre 1408 représente le deuil que son locataire n'a pas encore réussi à faire.

Resident Evil : Extinction de Russell Mulcahy (2007)
Alice au pays des zombies qui sont de plus en plus nombreux et l'espèce humaine menace de s'éteindre. Le troisième volet des films adaptés du jeu vidéo. Mila Jovovich est toujours aussi pimpante ! Et les zombies toujours aussi dégoûtants...
Ce film rend hommage à bien d'autres : tous les films de Romero d'abord avec un pillage appuyé de son dernier *Land of the Dead*, mais aussi *Les Oiseaux* d'Hitchcock, *Mad Max*...
Le méchant docteur Isaacs est encore plus méchant (comment est-ce possible ?) et la scène de la dernière cigarette au milieu des morts-vivants va devenir une scène d'anthologie du cinéma.
Un film excelle à condition d'aimer les morts-vivants et le gore. On ne peut pas reprocher à ce film de les montrer, car c'est le sujet du film !

Fido de Andrew Currie (2007)
« *Il existe une vie après la mort* » déclare l'annonce du film.
Oui, mais quelle vie ?
Après *Shaun of the Dead*, il est assez osé de reprendre ce thème. Ils ont osé, mais le résultat n'est pas vraiment à la hauteur...

Bloodrayne 2 (Deliverance) d'Uwe Boll (2008)

Ce n'est plus la même actrice que le précédent.

Ça se passe au Far West avec une musique très inspirée de celles d'Ennio Morricone pour les films de Sergio Leone... Le début de l'histoire est même très inspiré du film *Il était une fois dans l'Ouest* : l'arrivée du train dans la petite ville de Deliverance va déchaîner les violences.

Un journaliste arrive à Deliverance pour enquêter sur l'arrivée du train. Une gentille famille de fermiers se fait attaquer par un vampire. Il neige : un hommage au film de Sergio Corbucci, *Le Grand silence,* dont le scénario a également inspiré Bloodrayne 2. Le vampire s'appelle Billy the Kid, et plusieurs personnages mythiques de la conquête de l'ouest sont présents dans le film ! Pat Garrett donne un coup de main à Rayne pour lutter contre les vampires. Il y a bien sûr le saloon dans lequel la lumière orange des lampes à pétrole est très bien rendue. Une partie de poker et une pendaison, etc. Le grand classique quoi ! Le scénario du *Grand silence* est quasiment repris. Ici les méchants sont des vampires.

C'est assez plaisant comme film, cet hommage au western italien mêlé de vampirisme est une curiosité.

La Comtesse de Julie Delpy (2008)
L'histoire de la fameuse comtesse sanglante Erzebet Bathory (1560-1614) qui faisait enlever et assassiner des jeunes filles vierges pour

se baigner dans leur sang. Elle a contribué, avec le comte Dracula, au développement des légendes sur les vampires.

Ce film présente une vision romantique de la comtesse hongroise.

C'est une histoire d'amour entre elles, veuve d'âge mûr d'un grand guerrier qui avait fait sa gloire contre les Turcs et un jeune homme.

L'histoire est racontée par ce dernier, qui doutera toujours des accusations qui seront portées contre elle.

La comtesse était devenue folle d'amour, elle en avait vraiment perdu la raison. C'est la thèse du film.

L'homme en noir et la sorcière sont bien sûr présents, comme le dit la légende, mais ne sont pour rien dans l'horreur de la dame...
Contrairement à la légende populaire...

Après de nombreuses années de meurtres horribles, sur lesquels la monarchie et l'Église avaient fermé les yeux, elle finira par être arrêtée parce cela était favorable aux projets du roi qui devait beaucoup d'argent à la comtesse.

Ce film peut paraître ennuyeux, car il ne correspond pas aux canons du film d'horreur, mais c'est un très bon film.

De plus, il a un côté documentaire sur ce personnage historique.

C'est la réalisatrice, Julie Delpy, qui joue le rôle de la comtesse.

Dorothy d'Agnès Merlet (2008)

« Ce climat océanique est propice aux fantômes. »
Dorothy a failli tuer par sadisme le bébé qu'elle gardait.
Très angoissant. Une adolescente possédée ? Instrument d'une communauté diabolique ? Pourquoi ces « jeunes « veulent-ils chasser la psy nommée par la justice pour expertiser Dorothy ?
Dorothy était l'enfant d'une fille-mère. Elle dit qu'elle ne se souvient de rien des événements avec le bébé.
Nous sommes sur une île qui est sous l'emprise d'un pasteur fondamentaliste, peuplée de dégénérés immoraux.
La psy ne peut plus téléphoner... Il se passe de drôles de choses dans l'église. Mais que faire face à toutes ses personnalités dans une même personne ?
Une des personnalités de Dorothy connaît (comment ?) le malheur intime, la culpabilité profonde de la psy et s'en sert. La folie serait-elle contagieuse ?
Ou la hantise...
Superbe film ! Seule une femme pouvait réussir à mettre en images une telle histoire !

Pulse 2 Afterlife de Joel Soisson (2008)

Après **Pulse** de Jim Sonzero (2006), lui-même remake du film japonais **Kairo**, voici Pulse 2 et 3 de Joel Soisson. L'histoire de **Pulse** débute quand les morts s'engouffrent dans les réseaux (informatique) pour venir envahir le monde des vivants. Et ils ne sont pas gentils les morts quand ils reviennent, allez savoir pourquoi...

Dans ce **Pulse 2**, on voit Michelle en quête de sa fille Justine (qu'on reverra dans **Pulse 3**).

Le film est assez agaçant, car on ennuie le spectateur avec les problèmes de couple de Michelle. Les scènes sont interminables, le réalisateur ne sachant jamais à quel moment les arrêter ! En fin de compte, Steven, le mari, récupère Justine et fuit à la campagne (à l'écart des réseaux...), car il doit fuir aussi le fantôme de Michelle.

Un type tout habillé de rouge (cette couleur est transparente aux revenants) parle de « sauver le monde ». On saura comment dans Pulse 3, patience...

Il y a une scène éprouvante avec une paire de ciseaux. Ça fait toujours peur une paire de ciseaux quand on l'utilise d'une certaine façon...

Pulse 3 de Joel Soisson (2008)
« Gare à celui qui scrute le fond de l'abysse, car l'abysse le scrute à son tour »... Ce sont les paroles de la jeune Égyptienne à travers la Webcam, juste avant qu'elle ne se suicide. C'est une citation de Nietzsche, mais ce n'est pas dit dans le film...

Après le prologue, **Pulse 3** commence au camp de réfugiés évoqué à la fin de **Pulse 2**. Justine est devenue une adolescente.
Dans ce camp ils vivent comme au XIXe siècle, pour éviter tout appareil informatique.
Mais Justine va découvrir un ordinateur portable caché sous le tableau de bord d'une épave de voiture. Et devinez ce qu'elle va faire ?
Allumer l'ordi bien sûr, et ouvrir la porte aux Morts ! Ben non, la Mort n'arrive pas. Justine prend contact avec Adam, le jeune homme du début du film. Il est à Houston. Elle s'appelle Justine... hein Sade ? La jeune fille part le retrouver. Mais c'est pas Adam qu'il aurait dû s'appeler, mais Jésus... ou... Satan ?
Dans ce film le réalisateur semble avoir trouvé enfin le bon rythme. Il se laisse donc regarder agréablement. Bien meilleur que l'opus 2...

The Unborn de David S. Goyer (2008)
Très ennuyeuse cette histoire de fantôme de jumeau qui est mort dans le ventre de sa mère. Enfin ce n'est pas vraiment un fantôme, c'est une entité maléfique.

Diary of the Dead de George A. Romero (2008)
Le cinquième film de zombies de Romero. Ici il tente une expérience cinématographique à la mode de nos jours : la caméra objective. On voit un film tourné sur le mode du reportage par de jeunes étudiants de cinéma partis faire

un film d'horreur et tombant sur des zombies affamés. Une fois de plus, comme dans les œuvres précédentes de Romero, c'est par la télé que nous apprenons le déclenchement du phénomène zombie. Tout est filmé dans une semi-obscurité. C'est désagréable. De plus la caméra manque de batterie. On aura droit aussi à des plans où on ne voit rien, d'autres complètement flous et des prises de vue de caméras de surveillance : du tout venant quoi. Pendant le premier tiers du film, le spectateur sait qu'il y a des morts-vivants, mais les personnages doutent... Jusqu'à ce que...
« Si ça n'a pas eu lieu devant la caméra, c'est que ça n'a pas vraiment eu lieu, hein ? », déclare la femme du caméraman (Jason) : elle en a marre de le voir filmer. Un autre dit : « ça, c'est un journal de la cruauté » en parlant du "reportage" de Jason. Ne peut-on pas dire la même chose du film de Romero ? Une "réflexion" sur les images, sur le voyeurisme. Il y a bien sûr l'inévitable scène très cruelle qui montre un proche des personnages se transformer en zombie, vue combien de fois dans les films de Romero. Il traite des problèmes moraux : ça fait pas quelque chose de tuer ces zombies ? N'était-ce pas des hommes ? « Est-ce qu'on peut attendre ? Peut-être que ça ne lui arrivera pas ? » supplie la compagne d'un membre de l'équipe décédé après une morsure par un zombie. Il y a aussi la scène où on confond un être humain vivant avec un zombie parce qu'il est sourd-muet. Et

des connards qui gardent des zombies enfermés chez eux parce qu'ils sont de la famille. Pourtant « eux, c'est nous », dit la jeune fille dans le film. La force des morts-vivants c'est leur nombre : « Combien de divisions ? » demandait Staline à propos du Vatican... Le nombre des zombies augmente de façon exponentielle ; ça en fait des divisions !
Romero nous sert une soupe idéologique à propos de l'immigration. On est cons, dites donc, d'avoir peur des immigrés quand on voit ça ! Le réalisateur se met lui-même en scène dans un tout petit rôle : celui du chef de la police qu'on voit à la télé et qui impute la catastrophe à l'immigration. Les seuls qui "résistent" ce sont des Noirs.
Tout du classique Romero. Rien de neuf.
La télé ment. Alors que le film de Jason mis en ligne sur Internet, lui, montre la vérité ! Mais, comme tout le monde le fait, « plus il y a de voix, plus il y a de versions ».
Romero revient à ses premiers amours de *La Nuit de morts-vivants (1968)* qu'il avait déjà tourné comme un reportage. Il déclare qu'il avait encore beaucoup de choses à dire sur les zombies (voir son interview dans sfmag N° 57). Je ne vois pas ce qu'il a dit de nouveau dans ce dernier film.
C'est un bon film, bien sûr, mais peut-être le regarderez-vous comme moi : avec lassitude...

La Momie : la tombe de l'empereur Dragon de Rob Cohen (2008)

Prélude (voix off...) : on s'ennuie ferme à regarder la vie de l'empereur Dragon.
Houlala ! si jamais quelqu'un le réveille un jour quelle catastrophe !
Ensuite quelques "aventures" archéologiques. Ah !? On ne savait pas que ça venait de là les soldats chinois en terre cuite. Il y a aussi une histoire de famille. Faut pas jouer avec les très vieux artefacts qui réveillent les morts. Poursuites échevelées ; il y en a même un qui a le feu aux fesses. Un cheval perd la tête. Pas besoin de jumelles pour voir la nature exacte de la jeune fille chinoise.
Ils vont en avion sur les hauteurs de l'Himalaya pour y arriver avant la momie. Là-haut il y a des fusillades et même des Yetis et une avalanche.
Le dragon à trois têtes, lui, est très réussi ; les morts-vivants sont pas terribles.
Indiana Jones 4 nous avait déçus, la Momie 3 aussi.

REC de Jaume Balaguero et Paco Plaza (2008)
Encore une histoire filmée caméra sur l'épaule ? Oui ? Mais à la différence de l'abominable *Cloverfield*, celui-ci est beaucoup mieux travaillé. Il comporte un véritable récit raconté par un vrai procédé cinématographique. Balaguero nous avait offert déjà un petit chef-d'œuvre avec *La Secte sans nom*, qui a donné toutes ses lettres de noblesse au cinéma fantastique espagnol qui le méritait bien. Ici il nous offre une histoire d'horreur pas

piquée des vers, une histoire qui ressemble à une histoire de zombies.

Une jeune journaliste accompagnée de son caméraman fait un reportage sur les pompiers la nuit. Elle les suit lors d'une intervention dans un immeuble d'où un appel au secours est arrivé. Ils trouvent une vieille femme couverte de sang à côté d'un cadavre. Cette femme va agresser un policier qui va mourir des suites de ses blessures. Puis, l'immeuble sera mis en quarantaine par les autorités sanitaires pour éviter une épidémie.

Bien que ce film soit génial (si !si !) il est quand même difficile de supporter pendant une heure et demie une succession d'images filmées dans l'action, sans pouvoir souffler un peu.

Ceci dit, on est saisi par l'angoisse et c'est l'effet voulu par les cinéastes. Pire même, les images de la fin sont filmées à la caméra infrarouge, car le projecteur a été cassé par un petit monstre caché dans le grenier. Faut aimer. Mais n'est-il pas toujours « intéressant d'aller voir comment c'est ailleurs » comme le dit le personnage mordu par un zombie dans *Land of the Dead* de Romero ?

Enfin dernière remarque : à quand un *Survival* qui finit par la mort du (des) monstre(s) comme au bon vieux temps ?

Twilight – chapitre 1 fascination de Catherine Hardwicke (2008)

Une adaptation de la trilogie bit-lit de Stephenie Meyer. La société a accepté l'existence des vampires qui vivent donc parmi nous. Une jeune fille tombe amoureuse de l'un d'eux.
Ça se laisse regarder, mais il paraît que les ados sont quasiment accrocs à ce film qui va donc voir sortir ses deux suites.

Livre de sang (Book of Blood) de John Harrison (2008)
Adapté des oeuvres de Clive Barker: *The Book of Blood* et *On Jerusalem Street*.
Le livre de sang est écrit sur la peau d'un zombie qu'un tueur à gages s'apprête à écorcher, car son commanditaire lui a commandé la peau de ce type « en un seul morceau ». Le corps écorché est une obsession dans l'œuvre de Clive Barker.
Le tueur à gages est fasciné et demande à sa victime de raconter avant de le tuer...
Un meurtre ignoble avec écorchage du visage est commis dans une maison, et ceci en punition des péchés de cette pauvre jeune fille.
Une prof de paranormal qui boit veut faire une enquête dans cette maison. Un de ses élèves a des dons de prémonition. Elle lui demande de l'aider. Elle a aussi un assistant technique qui est un ami très proche.
Une histoire de hantise, mais à la Barker !
Il est question d'une fontaine de sang, d'un pédophile assassin, de culpabilité... Il y a aussi des libellules !
Une très belle histoire. Un excellent film.

La réalisation et le jeu des acteurs mettent beaucoup de profondeur dans l'univers de Clive Barker.

Spirits (Shutter) de Masayuki Ochiai (2008)
On s'ennuie au début avec le mariage des protagonistes. À quoi ça sert de montrer ça ? On verra plus loin l'utilité de ces scènes... Le mari est photographe. C'est très important pour l'histoire, car un photographe est un voyeur, il DOIT toujours être extérieur à ce qu'il photographie. Il devrait l'être... Le couple a un accident de voiture au Japon : la jeune femme qui conduit écrase une jeune fille qui traverse la route en pleine nuit. Mais après l'accident, le corps a disparu. Ensuite on fait connaissance avec la vie professionnelle du mari, une petite scène d'amour un peu niaise et un cauchemar aussi niais de la jeune femme, une histoire de photos floues et un fauteuil censé faire peur. Ces photos floues sont des "photos d'esprits". Cela me fait revenir un souvenir d'une expérience personnelle : quand j'étais jeune, avec des copains, on allait dans la forêt la nuit cuire un lapin à la broche et boire des bières. Formidable ! Une nuit nous avons fait une photo de groupe au flash dans le noir quasi absolu de la nuit sur le chemin du retour. Après développement la photo montrait un inconnu avec nous sur la photo ! Ça fait peur hein ?
L'examen de quelques "photos d'esprits" prises par son mari amène la jeune femme à mener

l'enquête. Ce qu'elle va trouver ne va pas lui plaire...

C'est une histoire de hantise à la Japonaise, à la *The Grudge* et *The Ring*, dont les producteurs sont également les producteurs de ce film. Un esprit torturé se venge. Ce film ne fait pas vraiment peur. Il fait frissonner. C'est déjà beaucoup.

C'est un remake de *The Shutter* de Banjong Pisanthanakun et Parkpoom Wongpoom, pas sorti en salles en France, sortie DVD en 2006.

L'Orphelinat de Juan Antonio Bayona (2008)
Ce film est présenté par Guillermo del Toro. Mais ce n'est pas pour autant qu'on va se laisser influencer...

"Orphelinat du bon berger". On voit quelques scènes d'enfants jouant au jeu : « un deux trois soleil ». Cela c'est du passé. Aujourd'hui, cette belle bâtisse est occupée. Le petit garçon, Simon, a des amis invisibles. Plutôt des amis issus de l'imaginaire (Peter Pan) qu'il s'est inventés. C'est le fils d'un couple qui ouvre un foyer pour enfants handicapés dans l'ancien orphelinat. Alors que sa mère lui fait visiter une grotte au bord de la plage, elle le surprend parlant avec quelqu'un. Mais il n'y a personne, elle ne voit personne. Cette femme, prénommée Laura, a été pensionnaire dans cet orphelinat à l'époque dont on a vu les événements en début de film. Simon a été adopté. Il est malade. Mais il ne le sait pas. Nous

l'apprenons lorsqu'une vieille assistante sociale rend visite à Laura.
On a une petite séance de gore avec un doigt salement écrasé dans la fermeture d'une porte (et une autre plus terrible plus tard...) et... Simon disparaît. Tout cela se passe lors de l'inauguration du foyer d'accueil. Les recherches organisées par la police ne donnent rien. Sa mère ne renonce pas à le chercher.
Comme toujours dans ces histoires il y a le sceptique : Carlos, le mari.
Les événements étranges (et parfois effrayants) se multiplient.
Ce film est un mélange de *La Maison du diable* (Robert Wise 1963) et *Le Sixième sens* (M. Night Shyamalan 1999) : une maison hantée et un enfant qui voit les morts. À la mode espagnole. Une histoire de hantise bien filmée avec quelques petites originalités : le jeu de piste de la chasse au trésor, le phare, et le jeu enfantin « un deux trois soleil »...
La mort des enfants quoi de plus effrayant ? Et leurs fantômes alors ?

Blood Creek de Joel Schumacher (2008)
Un film de Joël Schumacher qui n'est jamais sorti en salles en France!
On sent le manque de moyens quand on constate que ce film est tourné en Roumanie.
Les nazis chassent les pierres runiques pour donner l'immortalité à la race supérieure. Mais à quel prix !

Cette immortalité transforme l'agent nazi en une espèce de zombie vampire qui réveille les morts... Ainsi on aura les zombies classiques, les anciens serviteurs qui ont donné leur sang à ce nazi pour en faire ce qu'il est, et d'autres assez nouveaux, comme un cheval zombie.
Mais ne riez pas : certaines scènes sont très éprouvantes. Ce film est bon.
« Ils sont morts !
- Ils ont de la chance : ils sont libres »
Il est toujours fécond le ventre qui engendra la bête immonde !

The Spirit de Frank Miller (2008)
« Des vrais diams, ils capturent la lumière. »
De la BD cinématographique ou du ciné-mabdgraphique...
L'histoire ne casse pas des barres, mais les images, les couleurs, les décors, les plans, les scènes, tout ça c'est bien !

Daybreakers de Peter & Michael Spierig (2009)
Dans un futur proche, les vampires se sont rendus maîtres du monde. Mais ils ont décimé l'espèce humaine. Il ne reste plus que quelques humains et c'est insuffisant pour les nourrir.
Un chercheur vampire qui tente de découvrir un substitut au sang (comme dans la série *Trueblood*) va s'allier avec les humains encore libres et trouver une autre solution.

Cet excellent film de série B avec le non moins excellent Sam Neill, reprend tous les ingrédients du vampirisme à l'aune de la SF.
Les vampires sont classiques, ils meurent à la lumière du soleil ou quand on leur enfonce un pieu dans le cœur, mais ils vivent dans une société futuriste de haute technologie dont ils sont les maîtres.
Les scènes gore et d'horreur sont parfaitement réussies et nombreux sont les clins d'œil à d'autres films, à d'autres histoires de vampires... À vous de les découvrir.

Vendredi 13 de Marcus Nispel (2009)
Le film est produit par Sean S. Cunningham le réalisateur du premier *Vendredi 13*
Marcus Nispel a déjà réalisé un remake réussi de *Massacre à la tronçonneuse* (2004).
Ici il reprend (avec l'aide des scénaristes) plusieurs éléments de la saga des *Vendredi 13* pour un film somme toute très classique, mais très bien réalisé.
Ça commence classique : il pleut, il tonne, il y a des éclairs et une belle jeune fille court dans la forêt en hurlant de peur. Puis nous assistons au défilé des exécutions qui sont ici bien plus terribles que celles du premier film ; On a presque de la sympathie pour Jason ce nettoyeur de cons. Car on connaît le thème du film : une bande d'imbéciles très jeunes et baiseurs se font massacrer l'un après l'autre par Jason. Ici il trouve son masque de hock-

eyeur qu'il ne trouvera que dans les épisodes suivants dans la saga d'origine.
Voici donc la saga *Vendredi 13* :
Vendredi 13 (1980) Sean S. Cunnigham. – Le Tueur de vendredi (1981) Steve Miner – Meurtres en trois dimensions (Le tueur du vendredi 2) (1982) Steve Miner – Vendredi 13 chapitre final (1984) Joseph Zito – Vendredi 13 une nouvelle terreur (1985) Danny Steinmann – Jason le mort-vivant (1986) Tom Mc Laughlin – Vendredi 13 chapitre 7 un nouveau défi (1988) John Carl Buechler – Vendredi 13 chapitre 8 Jason conquiert Manhattan (1990) Rob Hedden – Vendredi 13 Jason en enfer (1993) Adam Marcus – Jason X (2002) James Isaac – Freddy contre Jason de Ronny Yu (2003)
Steve Miner a réalisé deux *Vendredi 13* et un *Halloween*.
(D'autres réalisations de Steve Miner dans la même veine : *House (1985) – Warlock (1990) – Lake Placid (1999) (Une petite allusion à Crystal Lake ?)*
Un autre :
Vendredi 13 d'Arthur Lubin (1940). Une histoire de greffe de cerveau.

Underworld 3 Rise of the Lycans de Patrick Tatopoulos (2009)

Le film commence avec une voix off et ensuite il fait tout le temps nuit... On n'y voit pas grand-chose et cette histoire de Romeo et Ju-

liette n'est pas originale. La fin est un peu niaise.
Tatopoulos est un excellent artiste créateur des effets spéciaux, mais il a encore beaucoup à apprendre comme réalisateur.

Twilight chapitre 2 : tentation de Chris Weitz (2009)
Assez ennuyeux, beaucoup plus que le précédent opus. Les combats entre loups-garous et vampires sont bien faits.

Dead Snow de Tommy Wirkola (2009)
Un film délirant!
Deux voitures de tourisme roulent vers une destination, semble-t-il, de loisir. Alors là ils cumulent le classique.
Les dialogues des jeunes gens et jeunes filles sont ennuyeux. C'est aussi classique... Quelques références ciné pour l'ambiance : *Vendredi 13, Evil Dead 1 et 2*, et... *Week End de Terreur*... quoi ? Le gars qui fait de la moto neige s'époussette une fois rentré dans le chalet. Il ferait pas mieux de le faire à l'extérieur ?
« Il y a quelqu'un dehors ! » M..., on se croirait dans *Scream 2*...
Les paysages sont splendides. Tout ce blanc...
Le coup classique de la fille qui se coupe un doigt en coupant des carottes. Des carottes, hein ? Vu les dialogues. La fille qui baise avec le plus moche est la première à se faire tuer !

Les zombies font de la buée avec leur haleine... et ils sont très cons, mais très costauds. Mais pas aussi cons que les humains. Ces zombies sont faciles à tuer, mais ils se réveillent peu après.
En fait, qu'est-ce qu'on rigole ! Je vais aller de ce pas regarder *Dead Snow 2*. Ça c'est de la série B. De la série B-Z même. Toujours regarder jusqu'à la fin du générique.

Mutants de David Morley (2009)
Un film de zombies de plus?
Si on veut.
Ce petit film français mérite d'être vu. Il recentre l'histoire de zombie sur l'effet de la transformation d'un proche.
C'est sans doute aussi son défaut.
Mais ce n'est pas le seul. Le scénario est un peu faible.
Mis à part ça, il se laisse regarder. À condition d'aimer les films de zombie...

Solomon Kane de Michael J. Basset (2009)
Solomon Kane est un personnage créé par Robert E Howard, le créateur de Conan. Howard s'est suicidé à l'âge de 30 ans. Il a laissé des textes inachevés. Les textes de Howard sur Conan ont été développés par Louis Sprague de Camp, Lin Carter et Björn Nyberg. Conan le conquérant est le seul roman de Howard de la série.
Solomon Kane est un personnage différent de Conan. C'est un Ange guerrier qui combat le

mal sur Terre représenté par les démons, la sorcellerie, les zombies...
En tous les cas le film montre bien ce monde de Howard, monde terrifiant qui justifie la violence, seul moyen possible à utiliser contre toutes ces créatures diaboliques.

Lord of Light de Brian A. Metcalf (2009)
DVD sorti en 2012 chez Condor.
Une petite histoire d'aventures genre Fantasy, avec quelques thèmes classiques décalqués et quelques erreurs de plan et de montage.
On y trouve donc le nécromancien avec de grands pouvoirs, la démonologie, les zombies et autres monstres.
Tout cela manque un peu d'imagination, c'est normal c'est un film qui reprend les thèmes classiques.
Quant à la fin, ça n'en est pas une... et ne soyez pas désespérés.
Malgré tout, ce film se regarde.

Survival of the Dead de George A. Romero (2009)
Le troisième opus de la seconde trilogie de Romero qui avait commencé par *Land of the Dead* (très bon film) suivi par *Diary of the Dead* (Pas terrible)...
Donc ce film est en fait la suite du précédent, car une scène se réfère à *Diary of the Dead*.
Cette fois, malgré l'admiration et l'affection que je porte à Romero, ce film ne m'a pas emballé du tout.

On ne sait pas si c'est du lard ou du cochon...
Les maquillages ne sont pas très bons...
C'est la même histoire que celle de la série *Walking of the Dead*...
Les autres films de zombies de Romero :
La Nuit des morts-vivants (1968) – Zombie le crépuscule des morts vivants (1978) – Le Jour des morts vivants (1985) – Land of the Dead (2004) (Le Territoire des morts) – Diary of the Dead (2008) - Survival of the Dead (2009)
Les remake :
La Nuit des morts-vivants (1990) de Tom Savini – L'armée des morts(2004) de Zack Snyder – Le Jour des morts vivants 2 (2005) d'Anna Clavell – Le Jour des morts vivants (2008) de Steve Miner.
Bien sûr il serait impossible de citer tous les films d'horreur inspirés de ceux de Romero tant il y en a. Je citerai les films de Lucio Fulci : *L'enfer des zombies (Zombi 2) (1979) – Frayeurs (1980) – la Maison près du cimetière (1981) – L'au-delà (1981)*
Enfin, il faut citer la trilogie plus ou moins parodique : *Le Retour des morts-vivants* de Dan O'Bannon (1984) – *Le Retour des morts-vivants 2* de Ken Wiederhorn (1987) – *Le Retour des morts-vivants 3* de Brian Yuzna (1993)

[REC]² de Jaume Balaguero et Paco Plaza (2009)
Et voici le numéro 2 de *REC*.

Nous retournons donc dans l'immeuble infesté par les zombies et isolé du reste du monde par les autorités.
Cette fois on multiplie les caméras pour avoir plusieurs angles de vue. Quatre flics super armés sont chacun équipés d'une caméra. Ils investissent le bâtiment, accompagnés d'un médecin chargé de trouver un remède afin d'éviter l'épidémie. Le suspense est intense. Cette « rage » des « zombies » est très contagieuse. Attention à la morsure. Mais est-ce bien une « rage » ?
Les réalisateurs ne jouent pas le jeu puisqu'au milieu du film tous les gens porteurs d'une caméra sont hors service et une autre caméra prend la relève en reprenant depuis le début. Je trouve que c'est une faiblesse du scénario... D'autant plus qu'on changera encore de caméra en fin de film.
Quand il y a une catastrophe, il y a toujours des connards qui sont là où il ne faut pas être ! Quelle bande de cons ! D'ailleurs ce film est un véritable traité sur la connerie humaine. Il s'avérera que cette maladie n'en est pas une, mais est quelque chose de surnaturel...

L'Assistant du vampire de Paul Weitz (2009)
Tiré d'un feuilleton.
Très inspiré du chef-d'œuvre *Freaks* de Tod Browning (1932). Le fameux mythe de la parade des monstres.
Les vampires ne procèdent pas de la manière habituelle pour se nourrir. Elle est plus propre.

Un petit jeune propre sur lui accepte de devenir un vampire pour sauver son copain. Il intègre donc le cirque des monstres comme assistant du vampire. Son copain devient aussi vampire, mais méchant.
Tout cela est bien rendu, les monstres sont parfaitement monstres. Amusant, rafraîchissant, mais ça saigne aussi (hors champ)

Triangle de Christopher Smith (2009)
"Triangle" c'est le nom du bateau que les personnages du film prennent pour aller en haute mer faire de la voile.
C'est aussi le "triangle" des Bermudes...
On voit arriver plusieurs personnes qui embarquent sur un voilier et ils quittent le port à bord.
Puis, ils traversent une tempête aussi soudaine et si violente qu'elle fait chavirer le frêle esquif. Ils sont naufragés et ils croisent un paquebot.
Ils montent à bord et c'est un vaisseau fantôme.
La jeune femme qu'on a vu arriver en dernier sur le port finira par comprendre qui sont ces fantômes et comment elle est impliquée dans cette "hantise"
Un excellent scénario, un film original sur un vaisseau fantôme.

Against the Dark de Richard Crudo (2009)
Épidémie de zombies...
Des vampires, car ils ne sortent que la nuit.

Steven Segal s'est produit ce film pour lui-même.
Tourné en Roumanie comme beaucoup de ces films de série B.
L'action se déroule dans le dédale des couloirs d'un hôpital (ça ne coûte pas cher en décors).
À l'extérieur, les survivants les plus nombreux sont des militaires, logique.
On nous fait le coup classique du gros méchant général qui veut « stériliser » le secteur...

Bienvenue à Zombieland de Ruben Fleischer (2009)
Une équipe d'êtres humains tente de survivre dans un monde dominé par les zombies. Ces derniers sont plus dégoûtants qu'effrayants. Il y a de longs passages ennuyeux. On aimerait bien rire, mais on ne peut pas, on aimerait bien avoir peur, mais non...

La Horde de Yannick Dahan & Benjamin Rocher (2009)
Un film de zombies français pas mal du tout. Avec plein d'hommages, de l'action, du gore.
« Ils vont venir nous chercher » se lamente un des personnages, un hommage rendu (bien sûr) au film de zombies de Romero La *Nuit des morts-vivants* (1968) dans lequel au début du film un jeune homme dit à sa sœur alors qu'ils sont dans un cimetière : « Ils vont venir te chercher Barbara ! ». L'utilisation des élé-

ments de cette phrase est devenue courante dans beaucoup de films de zombies.

Le Dernier rite (The Haunting in Connecticut) de Peter Cornwell (2009)
Le cancer, la mort.
Une famille dont le jeune fils a un cancer emménage rapidement dans une maison à côté de l'hôpital où il subit son traitement. Mais cette maison a une particularité qui est cachée au spectateur. Il faut du suspens !
Mais on le saura à la 27e minute. Dans cette jolie petite famille avec des enfants, la hantise s'attaque au jeune cancéreux.
C'est macabre, mortuaire.
Un lieu de nécromancie avec une pratique macabre particulière.
Même scénario que *Poltergeist* de Tobe Hooper. Un peu arrangé.
La fin ? Trop beau pour être vrai !
Il y a une suite (voir plus loin en 2013)

Inception de Christopher Nolan (2010)
Une espèce d'avatar de « Matrix », mais ici ça se passe dans les rêves des gens. C'est assez complexe à suivre, ne vous endormez pas même un instant, car quand vous vous réveillerez, vous ne saurez plus dans quelle tête vous serez !

Freddy les griffes de la nuit de Samuel Bayer (2010)

Après *Vendredi 13* (Sean S. Cunningham en 1980 et Marcus Nispel en 2009) et *Halloween* (John Carpenter en 1978 et Rob Zombie en 2007) voici le remake de *Freddy*. Le film de Wes Craven dont c'est le remake s'appelait en français *Les Griffes de la nuit* (1984). Les trois plus célèbres tueurs du cinéma ont désormais leur remake.

Je ne vois pas ce que ce remake aurait de pire que les autres !

L'original ici était un petit chef-d'œuvre alors que certains remakes étaient bien meilleurs que l'original parce que l'original n'était pas très bon comme *Massacre à la tronçonneuse* (Tobe Hooper en 1974 et Marcus Nispel en 2004) voire très nul comme *La Colline a des yeux* du même Wes Craven (1977 et Alexandre Aja en 2006)... Il est facile de faire un bon remake d'un mauvais film...

Ce *Freddy* se laisse bien regarder. Il ne restera pas dans l'histoire du cinéma sauf à être le neuvième *Freddy*...

Et il vaut bien mieux que certains de ses prédécesseurs...

Higanjima de Kim Tae Kyun (2010)
L'arme du tueur de vampires est assez originale au début. Une bande d'adolescents se mobilise pour aller chasser le vampire sur une île pour éradiquer l'épidémie...

Quel ennui ! C'est mal joué, mal doublé.

Il y a quand même quelques belles bagarres à la fin (au moins les cascadeurs sont bons...)

Dylan Dog de Kevin Munroe (2010)
Sortie en DVD en juillet 2012.
Un film tiré du comics américain de Tiziano Sclavi.
On verra dans le film qu'un vampire, celui qui tient en main la croix de Belial, s'appelle Sclavi.
Seules les BD, et particulièrement les comics américains et aussi, désormais les Manga, ne craignent pas d'inventer des histoires extravagantes et complètement déjantées. Avant eux le cinéma n'avait jamais osé, ou si peu... Maintenant il les adapte et ça donne des films surréalistes, pleins de candeur et de naïveté. Comme ce *Dylan Dog*.
Un détective de l'étrange, un tantinet bellâtre, est entraîné dans une enquête qu'il avait refusée dans un premier temps.
Classique.
Il est un grand connaisseur du monde occulte des zombies, loups-garous, vampires et autres monstres... Tous ces braves monstres vivant incognito parmi nous. Vous n'en avez jamais vus ?
Classique aussi. Depuis quelques années.
On aperçoit un moment une affiche des Marx Brothers collée sur une porte. Message : « Ne prenez pas ce film trop au sérieux. »
En fait, il s'agit de chasser le « cœur de Belial », vous savez, Belial, le démon, l'ange déchu devenu roi de l'enfer... Ce « cœur » est un bijou en forme de croix avec un peu de sang

qu'il suffit d'injecter à un monstre et Belial investira son corps.
Très classique aussi la fin à tiroirs, fausse fin, puis une deuxième fausse fin, etc.
Enfin, ils arrivent quand même à nous surprendre...
On passe un bon moment.

Rammbock – Berlin Undead de Marvin Kren (2010)
Alors que Michael arrive à Berlin pour rendre visite à Gabi, son ex-petite amie adorée, un terrible virus – transformant les gens en zombies – se propage rapidement à travers la ville. Michael, s'inquiétant de ne pas trouver Gabi chez elle, fait la rencontre d'Harper, un jeune apprenti plombier qui effectue des travaux dans l'immeuble. Ensemble, ils parviennent à se barricader tandis que des hordes contaminées par le virus envahissent les lieux. Cernés par ces zombies assoiffés, Michael et Harper doivent combattre pour défendre leur vie et il leur faudra user de toute leur ingéniosité pour survivre et retrouver Gabi.
Un film de zombies amusant.
Les « assiégés » découvrent des moyens de se défendre assez originaux : xanax et flash photos pour lutter contre la pandémie zombie. Une fois contaminé, quand on prend du xanax ça ralentit le processus... Comme quoi, les anxiolytiques ont du bon. Et les flashs photo font peur aux zombies.

Ça se veut original, mais c'est devenu difficile d'être original avec les zombies...

Resident Evil : Afterlife 3D de Paul W.S. Anderson (2010)
Rien de bien nouveau. Il fait toujours sombre, il y a beaucoup d'action, mais on ne voit pas assez les morts-vivants. La suite pour bientôt, car la fin du film n'est que le commencement du suivant.

Helldriver de Yoshihiro Nishimura (2010)
Insupportable ! Zombies cornus et scènes dégoûtantes décousues. Complexe d'Oedipe zombiesque. Mais un grand problème philosophique est posé : les zombies sont-ils des êtres humains ? Hein Romero ???

The Dead de Howard J. et Jonathan Ford (2010)
Un film de zombies dont l'intrigue se déroule en Afrique. Rassurez-vous, on ne vous fatiguera pas avec un discours sur l'anticolonialisme.
Ce film est un hommage (involontaire ?) à Lucio Fulci. On reconnaît ses gros plans, son laissé aller sur l'intrigue et le jeu un peu faux des acteurs.
Pas trop mal...

Two Eyes Staring (Zwart Water) d'Elbert Van Strien (2010)
Une histoire de fantôme d'enfant avec de l'eau noire qui coule du robinet (pas très original).

Le scénario développe les thèmes de la paranoïa et de la maison maléfique.
Il est question de possession, comme dans l'affaire *Charles Dexter Ward* de Lovecraft... Là également je n'ai vu le film qu'après la publication de mon livre *Lovecraft au cinéma*.

Eaters (Zombie Planet) de Luca Boni et Marco Ristori (2010)
Présenté par Uwe Boll, pas moins !
Épidémie de zombies. Il n'y a plus que des hommes qui survivent. Des mâles seulement. Parmi eux, un type fait des expériences sur les zombies. Il y a bien une fille en cage, mais c'est une zombie. Il la garde au cas où... Il y a des nazis aussi. Et on saura d'où vient l'épidémie !
Les dialogues sont un peu (beaucoup) balourds, mais c'est une série Z regardable.
Quoi ? Oui j'aime bien ces films de série Z !
Voir plus loin (en 2013) le film *Zombie Massacre* des mêmes, et aussi présenté par Uwe Boll.

The Dead de Howard J. et Jonathan Ford (2010)
Un film de zombies dont l'intrigue se déroule en Afrique. Rassurez-vous, on ne vous fatiguera pas avec un discours sur l'anticolonialisme.
Ce film est un hommage (involontaire ?) à Lucio Fulci. On reconnaît ses gros plans, son laissé aller sur l'intrigue et le jeu un peu faux des acteurs.

Pas trop mal...

War of the Dead de Marko Makilaakso (2011)
Film Lithuanian genre *Outpost*...
Herbert West (personnage de Lovecraft qui réanime les morts) est de retour chez les nazis en 1939 dans un bunker russe en Finlande pendant la guerre russo-finlandaise. En effet suite au pacte germano-soviétique les communistes russes se sont senti les mains libres pour envahir la Finlande, mais ils ont échoué.
On se retrouve donc dans la guerre russo-finlandaise.
Une unité de l'armée américaine donne un coup de main aux soldats finlandais pour attaquer le bunker. Mais tout le monde est attaqué par les zombies. Tous ceux qui sont mordus deviennent des zombies.
Il n'y a plus que trois survivants dont un Russe fait prisonnier.
Un Américain, un Finlandais et un Russe. C'est l'union militaire qui préfigure l'avenir de la région !
Est-ce qu'il va faire jour bientôt qu'on y voie un peu plus clair ? On entend bien le claquement métallique de la culasse des armes.
Un film fort comme la Vodka.

The Cat de Seung-Wook (2011)
Une espèce d'adaptation de la nouvelle d'Edgar Poe souvent adaptée de près ou de loin au cinéma.

Une jeune fille est toiletteuse dans une animalerie. L'idée est bonne.
Elle fait la toilette d'un chat qu'elle remet à son propriétaire qui meurt dans l'ascenseur en compagnie du chat. La jeune fille est claustrophobe. Elle est amenée à recueillir le chat. Le fantôme décomposé d'une petite fille lui apparaît parfois. Sa psychiatre en conclut qu'elle va mieux (!). Décidément les psychiatres sont mal vus dans les films d'horreur... D'ailleurs le père de la jeune fille est interné dans un hôpital psychiatrique...
Le rythme du film est très lent.
La copine de la jeune fille meurt dans un placard (gare à la claustrophobie).
Le chat devient méchant. La jeune fille le ramène à son propriétaire qui ne le veut pas, car il porte malheur. Elle tente alors de l'abandonner. Les morts atroces se multiplient. Vengeance d'outre-tombe ? Enterrée vivante ?
Tout cela est très claustrophobique.

Priest de Scott Stewart (2011)
Ce film est inspiré d'une BD de Min-Woo-Hyung.
Seuls les scénaristes de BD ont suffisamment d'indépendance d'esprit pour inventer des histoires invraisemblables. Tant mieux si le cinéma en profite !
Ici nous sommes dans un futur lointain où la guerre entre les humains et les vampires s'est soldée par la défaite de ces derniers. Cette

victoire est due aux prêtres guerriers de l'Église, courageux, invincibles.

Une voix off raconte tout cela alors que défilent des planches de dessins grossièrement animés. Cela ressemble au prologue du "Dracula" de Francis Ford Coppola.

D'ailleurs la jeune fille enlevée par les vampires se prénomme Lucie, l'un des personnages féminins principaux du "Dracula" de Bram Stoker.

Nous sommes donc dans une société fasciste dominée par l'Église. Le héros de l'histoire est un prêtre guerrier qui va s'opposer à l'Église pour délivrer sa nièce qui a été enlevée par les vampires, qui ne sont pas beaux ! C'est le moins qu'on puisse dire.

Le style est très western, et il y a même un train qui joue le rôle principal dans l'histoire.

Ce film est un mélange des genres du genre : vampires, post apocalyptique, western, manga, etc.

Seulement deux citations :

"Qui ne connaît aucun péché, ne peut connaître le plaisir »…. Déclame l'homme-vampire.

"Notre pouvoir ne nous vient pas de l'Église, il nous vient de Dieu" déclare la femme prêtre-guerrier…

De très belles bagarres et de très beaux effets spéciaux.

The Ward de John Carpenter (2011)

Ce film est sorti direct en vidéo. Dommage, il aurait mérité de belles projections en salles, surtout qu'il est signé John Carpenter.

Une jeune fille est arrêtée alors qu'elle vient d'incendier une vieille maison. Elle est internée dans un asile d'aliénés dans lequel rôde le fantôme d'une ancienne pensionnaire... Mais ce fantôme créera une grosse surprise à la fin.

John Carpenter abandonne le western, si présent dans ses derniers films d'horreur, particulièrement dans *Vampires* (1998) et *Ghost of Mars* (2001).

D'une part, il revient à ses sources avec le thème de *Halloween* (1978) et surtout il rend hommage à son ami et maître Dario Argento avec ses plans trompeurs et un scénario à labyrinthe, tant pis s'il manque un peu de crédibilité, mais ce manque de crédibilité fait partie du jeu du maestro, et du plaisir du spectateur s'il veut bien jouer le jeu.

Avec ce film on découvre un Carpenter nouveau, mais qui n'a pas eu grâce auprès des distributeurs, il faut dire que ce n'est pas nouveau, c'est juste un peu exagéré pour cette fois.

J'espère que John ne se découragera pas et continuera son œuvre...

Pour cela je lui souhaite une bonne santé !

The Innkeepers de Ti West (2011)
Un hôtel hanté.
Claire et Luke tiennent l'hôtel le dernier week-end avant la fermeture.

Ils cherchent à prouver l'existence du fantôme d'une jeune fiancée qui s'était pendue.
Ils n'ont qu'un vieux magnétophone, et encore, il marche quand il veut...
Nous pauvres spectateurs, après une heure de film on s'ennuie toujours...
Après 1H 15 il semble se passer quelque chose...
À 1 H 23, cette fois ça y est !
Rien compris !
Rythme lent, peu d'événements, tout est dans l'ambiance, mais c'est un peu raté.

La Maison des ombres (The Awakening)
de Nick Murphy (2011)
Le film commence par une citation tirée du livre dont l'héroïne du film est l'auteur :
« *Entre 1914 et 1919 la guerre et la grippe ont fait plus d'un million de morts dans la seule Angleterre. C'est une époque propice aux fantômes*. Florence Cathrat 'Voir les fantômes' P.7 »
C'est que Florence est une chasseuse de médiums, de faux fantômes, une sceptique, elle n'y croit pas et dévoile les supercheries. C'est une espèce de Sherlock Homes de la hantise. Elle est très compétente, très efficace et devenue célèbre grâce à son livre... Mais, son scepticisme va être mis à rude épreuve.
Elle est invitée dans un pensionnat où deux enfants sont morts, l'un assassiné il y de longues années et un autre retrouvé mort récemment, victime, dit-on, d'une hantise.

Dans un premier temps elle refuse d'y aller et finit par céder.
Un enfant déclare : « J'aime les discussions d'adulte. » Cela paraît étrange, mais moi aussi, quand j'étais enfant j'aimais les discussions d'adultes...
Cette « maison » imposante est donc devenue un pensionnat pour jeunes garçons (des enfants). On la retrouve ici ou là, en miniature avec à l'intérieur de chaque pièce, des figurines qui reproduisent des scènes vécues par Florence. C'est hallucinant.
Les séquelles de la guerre, un lapin en peluche qui chante une comptine... en fait Florence n'est pas là par hasard. On s'en doutait bien sûr, mais la raison de cette présence étonnera le spectateur...
Ce film raconte une très belle histoire, un traumatisme de l'enfance, et le fait que certaines personnes sont nées avec cette maudite étoile qui fait qu'elles vivent plusieurs grands malheurs...
« Les souvenirs ne sont-ils pas un canular finalement ? » Interroge l'amant de Florence ?
Très bien filmé, très bien joué...

Zombies War de David A. Prior (2011)
Générique avec des images tordues de zombies pour cacher la pauvreté du maquillage.
Les zombies ont fait prisonnières des filles qui sont libérées par deux jeunes héros.
Ces filles constituaient le garde-manger des zombies. Mais pourquoi cinq jolies blondes ?

Ces esclaves devaient être rééduquées. Les zombies sont donc organisés.
Les changements de plans sont très balourds, on assiste à de nombreux étripages et il y a une voix off qui apporte des explications superflues…
Ça détend, pas besoin de se chauffer les neurones.

Exit Humanity de John Geddes (2011)
Un film puissant.
L'idée du journal est excellente pour l'économie du film. Elle permet de représenter certaines scènes avec un grand art pictural.
C'est donc déjà excellent.
Le héros part en solitaire après la perte de sa famille infestée par les zombies. C'est le classique du western (pas les zombies bien sûr !) Le contraste (la contradiction ?) entre les zombies et la magnifique nature est très bien rendu. Les plans sont magnifiques. Certains sont si beaux que j'aurais plaisir à les décrire en détail.
Pour survivre, cet homme perdu se donne un but.
Et il est obligé de tuer son cheval qui a été mordu par des zombies. « Un ami qui était toujours là pour moi, qui ne m'a jamais tourné le dos. Déclare-t-il en guise d'oraison mortuaire. On retrouve le Dr Frankenstein du film *Le Jour des morts-vivants* de Romero et on pense à la forêt du film *Le Projet Blair Witch*…

On a l'explication de l'épidémie : « On ne peut pas oublier ceux qu'on aime, ils restent toujours présents sous forme de blessure. »
Autres citations :
« Il n'est jamais trop tard pour guérir son âme. »
« La rage est un bon combustible pour la survie. »
« Un cœur anéanti peut toujours trouver une raison pour se remettre à battre. »
Très beau film.

La Cabane dans les bois de Drew Goddard (2011)
Produit par Josh Wedon.
Une bande de jeunes vaaachement décontractés vont en week-end dans une cabane dans les bois. L'un d'eux est continuellement shooté et nous saoule avec ses discours métaphysiques. Il n'a pas fini de nous saouler d'ailleurs...
Ils arrivent à une station-service où un vieux type est très inquiétant. Cliché des films d'horreur, le type inquiétant de la station-service.
Arrivée dans la cabane qui ne manque pas de faire penser à la cabane d'"Evil Dead"... Il y a un miroir sans tain qui fait paroi entre deux chambres. Ce miroir est caché par un tableau terrifiant montrant une scène de chasse très gore.
Tous ces jeunes sont observés, à leur insu, par une équipe de scientifiques dont on se de-

mande la motivation. On le saura à la fin. Ne râlez pas, ce n'est pas un spoiler, à ce niveau le scénariste affiche la couleur.
Ils vont dans la cave, bien sûr. Dans "Evil Dead" ils y trouvent un magnétophone, ici, ils y trouvent un bric-à-brac et... un livre... qu'une jeune fille lit à haute voix ! Quelle idiote !
Et les zombies attaquent !
"Mon dieu, c'est une émission de téléréalité", s'exclame une pauvre victime.
Ce film se voulait peut-être délirant ? Eh bien c'est raté.
Je me demande ce que Sigourney Weaver fait là-dedans...
Lovecraft, oui... à la fin...

World of the Dead (The Zombie Diaries 2)
de Michael Bartlett et Kevin Gates (2011)
La suite de *The Zombie Diaries* des mêmes.
On est en direct. Les scènes la nuit sont pénibles.
Le désespoir est absolu.
Il y a des flash-back sur une intervention de l'armée... avec des exécutions sommaires.
La neige fait un joli décor. Insupportable.
Il y a aussi des rebelles ignobles, pires que les zombies. On revient donc sur le thème du premier film : certains de ceux qui sont restés des êtres humains sont pires que les zombies.
Ils sont tous en quête d'un lieu sûr avec des gens sûrs.
Ça se passe dans la forêt ce qui n'est pas sans faire penser au film *Le Projet Blair Witch*.

Une scène dans un cimetière avec un zombie fait penser au prologue de *la Nuit des Morts-Vivants* de Romero (1968)

Super 8 de J.J. Abrams (2011)
Des ados tournent un film de zombies en super 8. (maintenant on les fait en numérique...)
Une femme est tuée dans un accident du travail à l'usine. Son fils est le héros de l'histoire.
Ça se passe au moment de l'accident nucléaire de Three Miles Island (23 mars 1979).
Alors qu'ils tournent une scène dans une ancienne gare, un train de marchandises déraille.
Ce déraillement n'est pas naturel, la cargaison du train non plus, et les événements qui suivent encore moins !
Et puis intervient l'armée, l'ARMÉE vous vous rendez compte ?
Ça c'est encore plus étrange !
La manière de ces jeunes de tourner leur film clandestinement au milieu d'événements réels me rappelle Paul Carpita tournant son film *Le Rendez-vous des quais* (1958). Comme quoi, la réalité dépasse la fiction.
Le film nous montre les problèmes personnels de chacun et les rapports entre les gens.
« La Chose a pris Alice ! » La Chose sort tout droit de X-files et la zone 51.
Son vaisseau spatial, est construit à partir de petits modules comme les répliquant de Stargate SG1. Abrams connaît bien ces deux sujets !

Quel bordel elle fait cette Chose. Pire que les Gremlins.
Ah ! ce Spielberg (producteur) toujours les mêmes obsessions !
J'aime assez le petit film projeté en même temps que le générique de fin : les clichés des films de zombies.

[REC3] Genesis de Paco Plaza (2011)
Et voilà le numéro 3 en attendant le 4.
C'est un mariage. Un peu cucul comme beaucoup de mariages. C'est fait pour le scénario : on aime bien voir des gens cucul se faire bouffer par des zombies (enfin, des démons...)
L'oncle explique qu'il a été mordu par un chien mort et qui a ressuscité... On a compris hein ? Le patient zéro de l'épidémie de zombies...
C'est un peu con, mais c'est si bien filmé !
1ère partie : présentation des personnages qui seront zombifiés... filmé en caméra amateur, vous savez, comme les deux REC précédents...
2e partie : le tonton bouffe une grand-mère, etc. Malheureusement on ne voit rien avec leur caméra amateur. Effets spéciaux trop faciles...
3e partie : la caméra amateur est cassée. Ouf ! merci le scénariste. De toute façon, les personnages en avaient marre d'être filmés. On passe donc au film « normal ». Qu'est-ce qu'ils sont cons ces zombies/démons à gueuler la bouche ouverte pleine de sang.
Puis on revient à une caméra infrarouge. Quel calvaire ces caméras...

Comme d'habitude, il y a toujours un petit groupe qui en réchappe. Le scénariste ne sait pas trop l'expliquer, mais c'est comme ça !
On apprend que l'eau bénite fait fuir les zombies. Ce sont donc bien des démons, hein ? Lamberto Bava !
La scène du car est hallucinante. Vue au travers des caméras de vidéosurveillance (!)
Donc au milieu de cet enfer il y a une histoire d'amour : le marié et la mariée se cherchent.
Il pleut... Et le film montre ostensiblement que c'est de la fausse pluie.
Pour tuer un zombie/démon, utiliser : un fusil, un mixer, une masse d'armes, une tronçonneuse, une épée de chevalier.
Donc un petit hommage à Lamberto Bava avec ses deux films *Démons* et à l'œuvre de Romero, surtout pour la fin, très atroce...

Livide de Julien Maury et Alexandre Bustillo (2011)
Une petite stagiaire accompagne une infirmière à domicile chez ses patients. Ils vont dans une vieille maison dans laquelle se trouve une femme très âgée dans le coma... L'infirmière demande à la stagiaire de l'attendre dans la voiture, mais, la jeune fille la suit. Elle découvre donc la patiente en question. Dans la conversation avec l'infirmière, il est question d'un trésor caché...
Donc, la fille accompagnée de deux amis reviendra la nuit pour chercher ce trésor. Mal leur en a pris...

Ce film est superbe. Une horreur macabre. Ici pas de vampires chochottes, mais de véritables monstres, très originaux. La fin est très inattendue !
Un film à ne pas manquer qui n'a pas eu la reconnaissance artistique qu'il mérite

Sucker Punch de Zack Snyder (2011)
Quel superbe film!
"Chacun de nous a un ange, un gardien qui veille sur nous..."
Une petite jeune fille est internée dans un asile d'aliénés, par son beau-père indigne.
En fait, ce n'est pas un asile d'aliénés, mais un bordel !
Ça commence comme un conte de fées, ça se poursuit comme un film de Kung Fu... Jubilatoire !
On sait ce qu'on a, hein ? Mais on ne sait pas ce qu'on aura si on s'évade...
Après le Kung Fu, c'est la guerre de tranchées en 14-18, et d'autres choses encore. Avec des zombies, s'il vous plaît !
« Si vous ne vous dressez pas pour une chose, vous plierez l'échine toute la vie. »
« Ah ! Une dernière chose : travaillez en équipe ! »
« Pour ceux qui se battent, la vie a une saveur que ceux qui se protègent ne goûteront jamais... »
« Vous avez toutes les armes en vous : alors, battez-vous ! »
S'évader pour s'en sortir...

Superbe générique de fin !
Ce film est un chef-d'œuvre !

Twilight chapitre 3 hésitation de David Slade (2011)
Twilight chapitre 4 Revelation 1ère partie de Bill Condon (2011)
Twilight chapitre 5 Revelation 2ème partie de Bill Condon (2012)
Les trois derniers films de la saga.
Dans le chapitre 4, après avoir hésité dans le chapitre 3, la petite jeune fille amoureuse du vampire est enceinte de lui (!) et meurt pendant l'accouchement. Un seul moyen de s'en sortir la transformer en vampire ce qui est fait. Amusant non ?
Voyons la fin. Le chapitre 5.
Le générique est très ennuyeux. La jeune vampire ne tue pas la biche, mais le méchant lynx qui voulait la manger ! La morale est sauve !
Donc une petite fille est née d'un vampire et d'une humaine. Mais qu'est-ce ?
Ce petit bébé a un lien avec le loup-garou amoureux de sa mère !
Tout cela ne plaît pas à tout le monde bien sûr. Donc voilà les ennuis qui arrivent, et l'ennui reste toujours.
Les enfants immortels sont des vampires incontrôlables. La petite presque nouveau-née n'en est pas un.
Mais, hélas, certains le croient. Ça sera donc la guerre.

Ici on mélange le Bit Lit et X-men. Même la bataille finale est... bidon !
Et le loup-garou, amoureux transi, a son lot de consolation.
Le meilleur des mondes !

Possédée d'Ole Bornedal (2012)
Ça démarre sur les chapeaux de roue !
Une boîte avec de mystérieuses inscriptions semble obséder une dame âgée qui veut la détruire. Elle n'y réussit pas, au contraire, c'est elle qui s'autodétruit.
Puis, cette boîte, mise en vente dans le vide grenier de la maison, se retrouve entre les mains d'une petite fille. Elle réussit à l'ouvrir pour constater qu'elle contient de drôles d'objets.
De la violence, des insectes, une enfant possédée...
Cette boîte renferme un démon : Dybbuk en hébreu.
Très angoissant. Puis... terrifiant ! La scène de l'IRM est terrifiante.
Sam Raimi est un des producteurs. Le film ressemble d'ailleurs à *Evil Dead*.

Abraham Lincoln chasseur de vampires de Timur Bekmambetov (2012)
Très originale l'idée ! Très amusant le scénario et le film aussi, bien sûr.
Comment Lincoln est-il devenu chasseur de vampires ? Eh bien, en rencontrant un chasseur de vampires of course !

Et il accepte de le devenir pour venger sa mère tuée par un vampire quand il était enfant...
Il se lance dans la politique, y réussit comme on sait, puis les vampires le rattrapent.
Les vampires sont enrôlés par la Confédération pendant la guerre civile.
J'adore ces films dans lesquels les héros réalisent l'impossible. Il faut que ce soit très bien filmé pour être crédible. C'est la magie du cinéma.
Abraham Lincoln est éternel !
Ce film est tiré d'un roman de Sith Grahame-Smith.
Tim Burton est parmi les producteurs.

Dark Shadows de Tim Burton (2012)
La voix off qui raconte est un procédé trop facile.
Les effets spéciaux numériques sont exagérés.
Johnny Depp n'est pas très bon en vampire.
Un pauvre type est maudit par une sorcière jalouse. Il est transformé en vampire.
Le pôvre... Il est enterré et déterré en 1972 deux siècles plus tard.
Il y a quelques erreurs, le marbre de Carrare n'est pas importé de Florence... Idiot, comme son nom l'indique il est importé de Carrare !
Le vampire va retrouver sa famille et, parmi elle, la gouvernante qui ressemble comme deux gouttes d'eau à sa bien-aimée. Of course !

C'était d'ailleurs à cause de cette bien-aimée que la sorcière fut jalouse.
Tout un tas de références au Nosferatu de Murnau... Il y a aussi le bal des vampires...
Tout est téléphoné et très prétentieux.

Vampyre Nation de Todor Chapkanov (2012)
Des vampires sont détectés à Bucarest. Désormais, il faudra coexister. Jusqu'au jour où une gargouille dévore vampires et humains.
Le fruit d'une épidémie genre rétrovirus.
On fait donc une alliance humains-vampires.
Histoire visiblement inspirée de *Blade II* : une nouvelle espèce au-dessus des vampires dans la chaîne alimentaire et un traître...
Un film de série B, enfin presque Z...avec quelques moyens en studio.
Mais ça se regarde, tout est simple, c'est ce qui plaît, on ne se prend pas la tête.
(Un des personnages principaux s'appelle Harker.)

Zombie Apocalypse de Nick Lyon (2012)
Un téléfilm de la chaîne SyFy. Je ne traite pas systématiquement les films télé. À l'occasion ça m'arrive, comme pour celui-ci.
Il y a deux espèces de zombies : des lents et des rapides.
Il y en a même qui organisent un piège !
Les scénaristes s'en foutent complètement du script.

Les personnages disent qu'il faut récupérer les flèches qui ont tué les zombies, mais ne le font pas.
On voit plusieurs fois les mêmes zombies alors qu'ils ont été tués.
Mais on reste accroché au film jusqu'au bout.

Underworld : Nouvelle ère de Marlind et Stein (2012)
Quatrième opus des films *Underworld* sur la guerre entre les vampires et les lycans.
Très nul. Kate Beckinsale est toujours aussi belle, mais le scénario est indigeste. Pourtant ils s'y sont mis à quatre pour le rédiger !

Outpost : Black Sun de Steve Barker (2012)
La suite du précédent.
Et cette fois ça commence avec une femme que l'on va voir jusqu'à la fin du film.
Puis on assiste à l'extermination du commando de l'OTAN qui a eu lieu dans les dernières minutes du film précédent dans un film tourné par une équipe au service d'un ancien nazi.
La jeune fille mène l'enquête, c'est une chasseuse de nazis criminels de guerre. En fait, elle recherche le nazi qui avait mis au point la « machine » qui permet le voyage dans le temps.
Elle suit donc les traces du premier commando, celui du film précédent.
Au cœur de ce pays de l'Est (le Kosovo ?) elle rencontre une connaissance qui lui montre un

film où on voit des soldats de l'OTAN massacrés par des SS.
Il explique que les nazis avaient mis au point une « machine » pour fabriquer des soldats invincibles. Désormais la machine fonctionne.
« Black Sun », (soleil noir), est le nom d'une division spéciale nazie qui a construit la machine.
Vous avez vu le film *Le Retour des morts-vivants* de Dan O'Bannon (1984) ? Oui ? Eh bien c'est un peu la même histoire, en plus sérieux : il y a la même solution radicale...
Les deux jeunes gens rencontrent un commando de l'OTAN chargé d'arrêter la machine, car les zombies SS progressent. On a l'explication de la mission du film précédent.
Ils peuvent arrêter la machine avec une autre machine « IEM » à Impulsion électromagnétique. Pour contre carrer le champ de la machine qui fait revenir les zombies SS.
« Unifier les champs, atteindre l'esprit de Dieu ! » Déclare un personnage du film. Comme l'avait dit Albert Einstein.
La suite au numéro 3...

Cockneys Vs Zombies de Mathias Hoene (2012)
À la 20e minute du film, je me suis demandé si j'allais continuer à le regarder.
L'infection zombie se répand dans Londres et on suit une maison de retraite assiégée ainsi qu'une bande de jeunes cons qui viennent de braquer une banque...

De l'humour zombiesque d'arrière-garde...

Resident Evil : Retribution par Paul W. Anderson (2012)
C'est le cinquième film de la franchise. Adaptés du jeu vidéo.
Résumé des épisodes précédents par Alice elle-même.
Ensuite des scènes de poursuites par des zombies. Mais c'était un rêve (en fait non... on saura ce qu'il en est plus tard dans le film).
Ça se passe au fond de l'océan où est construit le complexe Umbrella. Dans lequel il y a a partout l'étoile rouge soviétique avec la faucille et le marteau.
Et aussi plein de clones ce qui permet de ressusciter des personnages.
Il y a tout le temps de la castagne, faut donc aimer ça et des monstres assez géniaux.
Et puis des changements de décor : Moscou, New York, Tokyo...
Ils n'ont pas froid comme ça bras nus sur la banquise ?
Costauds les filles ! On voit les blessures internes par radioscopie.
Wouahou ! Quelle bagarre...
« Le commencement de la fin » est-il dit à la fin...
À suivre, alors ?

Conjuring : les dossiers Warren (The Conjuring) de James Wan (2013)

James Wan a réalisé *Dead Silence, Insidious, Saw*...
Rhode Island : une gentille petite famille emménage dans une grande maison en pleine campagne. Le chien a peur d'entrer et la petite fille a trouvé une boîte à musique.
James Wan est le spécialiste des grincements et autres bruits, odeurs, portes qui s'ouvrent toutes seules.
« Une fois hanté, c'est comme marcher dans un chewing-gum, vous l'emmenez partout... »
La maison comporte une cave dans laquelle on trouve un magnétophone, comme dans *Evil Dead* (Sam Raimi).
Les époux Warren, un couple de détectives de l'étrange, mènent l'enquête.
Et comme toujours, il y a un espace entre le mur de la chambre et le mur extérieur...

Zombie Massacre de Luca Boni et Marco Ristori (2013)
Présenté par Uwe Boll, encore...
Une explosion dans un centre militaire émet une fumée qui transforme tous les êtres humains en zombies. Ça ne vous dit rien ? Si ? Facile non ?
Ils libèrent un condamné à vie pour une mission d'éradication avec toute une équipe de gros bras...
Facile non ?
C'est tout ? Oui !

World War Z de Marc Forster (2013)

Épidémie de zombies. Pas des morts-vivants, mais des "enragés". Très contagieux ! Le thème n'est pas du tout celui d'un groupe de survivants, mais celui de la lutte de l'espèce humaine avec ses organisations.
Comme toujours, Brad Pitt est plus malin que les autres... Enfin le personnage qu'il joue !
Il dit plus loin dans le film : « On va tirer le meilleur parti de tout ça. Comme toujours ! »
Il a même récupéré un camping-car pour fuir l'épidémie de zombies.
Et il y a même une carabine dedans.
Il y a des scènes stupéfiantes dues à l'incroyable vélocité des zombies qui ne reculent devant rien comme de sauter dans le vide pour atteindre un hélicoptère. Saisissant !
Le meilleur moyen de s'isoler du monde infecté est de se tenir sur un vaisseau en mer. C'est ce que font les autorités, l'organisation internationale qui lutte contre les zombies.
« Mère nature est une tueuse en série... » Déclare un biologiste.
Toute une partie du film se déroule à Jérusalem qui a réussi à s'isoler du reste du monde à l'abri de l'épidémie... Tout un symbole... Mais les zombies ne se laisseront pas arrêter par le mur édifié par l'État d'Israël... Ils ne se laissent d'ailleurs arrêter par rien du tout ! Ils sont le nombre.
La scène de la fin m'a fait penser à la fin du film de Dario Argento : *The Card Player (Il Cartaio) 2004...*

The Haunting in Connecticut 2 – Ghosts of Georgia de Tom Elkins (2013)
Nécromancie taxidermiste.
Une petite famille (couple avec une petite fille) s'installe dans une maison perdue dans la forêt. La tante arrive...
Il y a quelque chose qui cloche : une apparition qui sort du coin de la chambre de l'ancien appartement et des « visions » de la petite fille dans la nouvelle maison.
La petite fille voit Mr Gordy. Bravo le procédé de la photo qui permet de démontrer que la petite fille voit bien le fantôme.
Une hantise esclavagiste !
Toujours le même principe : le spectateur est agacé par le sceptique de service, ici, c'est la maman de la petite...
Le scénario est très léger. On ne va pas faire la liste des incohérences !

Frankenstein's Army de Richard Raaphorst (2013)
Les Nazis ont toujours obsédé le cinéma Bis. Ils en ont fait un grand usage dans les films du genre dit « Naziporn »...
Ces dernières années, les nazis reviennent en force avec plein de films sur le retour des nazis avec les zombies (et même sur la Lune où ils s'étaient installés après la défaite...)
Nous voici donc avec un nouveau film d'horreur sur les nazis. Mais ici ils ne sont pas de retour à notre époque. L'action se déroule

pendant la guerre 39-45 contre les Soviétiques.
Nous sommes au moment de la contre-offensive victorieuse de l'armée rouge en compagnie d'une section de reconnaissance soviétique. Le film que nous voyons est réalisé par un soldat soviétique qui tient la caméra pour le compte de l'armée. Nous comprendrons pourquoi plus loin.
Ils découvrent un étrange squelette : un humain à tête d'animal !
Et puis un soldat allemand zombifié infecte le caméraman. Enfin on le suppose vu ce qui se passe dans les films de zombies...
Ils découvrent le « laboratoire » nazi de Frankenstein.
Les créatures de Frankenstein sont particulièrement osées. Quel superbe Grand Guignol !
Frankenstein a trouvé comment mettre fin à la guerre : greffer ½ cerveau de communiste avec ½ cerveau de nazi et vice versa ! Fallait y penser !

Evil Dead de Fede Alvarez (2013)
Le remake du film de Sam Raimi (1981).
Ah ! le livre maléfique... « Seul lui peut défaire ce qu'il a fait » (Lovecraft)
Prologue à rebours : la forêt, une cabane isolée... Maléfique !
On le sait : c'est dans la cave qu'ils trouvent le livre. Et il ne fallait pas prononcer les mots !
« Tout n'arrête pas d'empirer, à chaque seconde » déclare un personnage !

Cela au tiers du film seulement. Le pire est encore à venir...
Dépeçages, possessions, transformations...
Ces histoires de famille !
Superbe générique de fin à regarder jusqu'au bout.
Producteurs : Rob Tapert, Sam Raimi, Bruce Campbell !

I, Frankenstein par Stuart Beattie (2013)
Par les producteurs de *Underworld*. On reconnaît effectivement cet univers de gothique urbain.
Ici c'est même absolument gothique avec l'Ordre des gargouilles ! Cet Ordre est en guerre contre les démons. Les anges et le diable en quelque sorte... Mais que vient faire Frankenstein ici ? Ben, demandez au scénariste.
En fait, c'est parce que Frankenstein est la preuve que Dieu n'est plus le seul créateur de l'humanité !
L'enjeu est aussi le livre de Frankenstein, car il y est écrit comment procéder pour créer un être humain. C'est mieux que la Bible !
En passant ils ont inventé une nouvelle discipline scientifique : l'électrophysiologie...

R.I.P.D. Brigade Fantôme de Robert Schwentke (2013)
Une imitation de Men in Black, mais ici ce ne sont pas les extraterrestres qui sont chassés, mais les fantômes.

Un flic se fait descendre pendant une opération de Police et ... renaît... Enfin, il est fantôme et membre d'un groupe d'action la "Brigade Fantôme" qui pourchasse les morts qui ont échappé au jugement...
Il découvre des tas de choses sur sa vie privée et va de surprises en surprises...
Tout cela est un peu téléphoné, mais on rigole bien...

Mama d'Andy Muschietti (2013)
Superbe film produit par Guillermo del Toro.
Ça c'est bien filmé ! L'annonce, l'accident, l'intervention de la « créature » (mais qu'est-ce ?) pendant le prologue.
On aperçoit l'affiche du film *Cobra Woman* (le *Signe du cobra* de Robert Siodmak 1944).
Donc, on retrouve deux enfants sauvages, deux petites filles abandonnées par leur père dans une cabane isolée en forêt. Abandonnées ? Le mot ne convient peut-être pas... Plutôt sauvées par une entité qui a éliminé le père qui voulait tuer ses propres enfants.
Cette entité, les filles l'appellent « Mama ». Cette Mama va suivre les enfants qui seront recueillies par leur oncle.
La signature de Mama est le papillon de nuit.
Le personnage du psy est des plus classique : c'est le sceptique. Il a une explication rationnelle, lui. Il ne croit pas aux fantômes !
En fait, il faut « réparer l'erreur qui a été commise. »
Ce psy finira donc par se poser des questions.

Ce film est superbe malgré quelques ressorts éculés des films de hantise.
Mais il est superbe, j'insiste !

Dracula 3D de Dario Argento (2013)
Quelle joie de voir un nouveau film de Dario Argento !
D'autant plus que c'est Sergio Stivaletti qui supervise les effets spéciaux !
Argento s'exprime beaucoup dans ses plans, son montage et ses perspectives. Sur ce dernier point, il utilise à fond la 3D.
Il filme le même personnage à l'intérieur, puis à l'extérieur. Là où il est en sécurité et là où il est en danger...
La trame n'est pas la même que dans le roman de Dracula. Mais le cours de l'historien est respecté. Les citations aussi comme cette exclamation de Dracula quand il entend hurler les loups : « Écoutez-les ! Les enfants de la nuit... »
Il y a quelques variantes pour certaines scènes, comme celle du doigt coupé : ce n'est pas Dracula qui suce le sang de ce doigt...
Ce n'est pas non plus Lucy qui est exorcisée par Van Helsing, mais un personnage inventé pour l'occasion.
L'aspect onirique est développé et fabuleusement traité. Les plans sont étudiés pour rendre les perspectives étranges comme dans le cinéma expressionniste. Un hommage direct est rendu au *Nosferatu* de Murnau. Un expressionnisme de couleurs... Ainsi, plusieurs plans

de l'escalier en contre-plongée symbolisent (selon moi) le destin comme dans le *Cabinet du Docteur Caligari*... Ou comme dans la *Maison de la sorcière* de Lovecraft... Nouvelle dans laquelle Lovecraft écrit : « On retrouva Gilman sur le plancher de sa vieille mansarde aux angles bizarres... » ou encore : « L'espace étroit au toit pointu illuminé de violet, avec son plancher oblique... »

L'amour est éternel ! 400 ans après, Dracula n'a pas oublié sa bien-aimée. « La passion est aussi dévastatrice qu'un bûcher ! » S'exclame Van Helsing.

Une fois de plus Argento a su nous surprendre avec un thème pourtant éculé. Il a inventé un nouveau Dracula, une nouvelle histoire, du moins, une nouvelle manière de la raconter. Comme il a toujours su le faire.

Films : **Nosferatu le vampire** de Friedriech Wilhelm Muranu (1922) - **Le Cabinet du Docteur Caligari** de Robert Wiene (1919) - Texte : **La Maison de la sorcière** de Howard Phillips Lovecraft (1932)

Transcendence de Wally Pfister (2014)

Johnny Depp joue le rôle principal dans ce film un peu vaseux.

La "Transcendence" c'est migrer l'Intelligence Artificielle (IA) vers une intelligence qui regroupe et surpasse les intelligences de tous les êtres humains depuis qu'ils existent.

Voilà ce que voulait faire le professeur Will Caster. Mais il a été attaqué par un terroriste et empoisonné au polonium. Il est condamné irrémédiablement.

La question que se pose sa femme avec un ami : comment télécharger tout ce que contient le cerveau de ce génie de Will ?

Une histoire de zombie électronique ! Qui devient Big Brother...

Et la solution ? Dans le sacrifice !

Un film très écologiste, ou comment l'IA peut conduire à l'écologie.

Bizarre ? Pourtant si ! Regardez le film...

session

The Canal d'Ivan Kavanagh (2014)

Prologue sur les fantômes : « vous allez voir des films, tournés entre 1895 et 1905, c'est-à-dire que tous les gens que vous verrez, y compris les enfants, sont morts à ce jour. Donc, en fait, vous verrez des fantômes ! »

Une définition originale du cinéma !

Un jeune couple et un petit enfant emménagent dans une jolie maison au bord d'un canal. Oui, je sais vous avez vu le titre du film...

En visionnant le film de 1902, le père voit sa maison dans laquelle un horrible meurtre a été commis. Classique ? Non, car il y a un volet « cinéma » très original.

Le mari est très jaloux. Il suit sa femme et oublie son gosse à l'école. Puis sa femme disparaît. L'a-t-il tuée ?

Le spectateur n'en sait rien, le pense, mais le mari ne semble pas le savoir.

Voilà, c'est le thème du film. Mais il voit un fantôme. On tremble pour le petit garçon.
Un film assez éprouvant.

The Pyramid (Pyramide) de Gregory Levasseur (2014)
Ce film est sorti en France le 6 mai dans 10 salles.
Gregory Levasseur est un ami d'Alexandre Aja, et aussi son producteur et scénariste. Ils sont tous les deux sur le coup du projet "Cobra" avec Marc Sessego collaborateur de Sfmag !
On est en Égypte et des archéologues ont découvert une pyramide enterrée. Sa particularité est d'avoir trois faces au-dessus de sa base contre quatre pour les autres pyramides égyptiennes. Voilà de quoi exciter la curiosité.
Etant donné les événements politiques, les archéologues ont l'ordre d'évacuer le site de fouilles, bien que situé à 450 km au sud du Caire. Mais le haut de la pyramide a été dégagé et une entrée du tunnel qui y mène sous terre est ouverte. Ils décident d'outrepasser cet ordre et pénètrent dans la pyramide. Comme ils sont accompagnés par une équipe de reporters de la télévision, le film fonctionne plus ou moins en caméra « subjective ». Mais le cinéaste ne fait jamais vraiment ce choix. Il hésite et cela nuit à la cohérence de l'histoire.
Donc il advient ce à quoi le spectateur s'attend : l'équipe est attaquée par des monstres et doit affronter des pièges cruels.

Si vous regardez le film vous verrez ce que les survivants devront affronter à la fin...
Hélas tout cela ne nous impressionne pas trop, mais ne soyons pas trop exigeant.
Qu'Anubis et Osiris nous protègent !

Ouïja de Stiles White (2014)
Ce film laisse un bon souvenir.
Une jeune fille se pend dans sa maison et ses ami(e)s veulent lui parler avec le Ouïja...
Ça craint !
Ensuite, on sursaute beaucoup, ce qui veut dire que le film est bien tourné, même si l'histoire est un peu classique, mais le scénario réussit quand même à surprendre.
Pourquoi cette fille s'est-elle suicidée ? Bonne question. Parce qu'il est difficile de briser le lien avec un esprit !
Un joli petit film de fantômes.
Ça ne donne pas envie de jouer au Ouïja, c'est sûr.
Il y a eu deux autres de Ouïja : "The Ouïja Experiment" d'Israel Luna (2011) et "The Ouïja Experiment : Theatre of the Dead" et en préparation la suite de "Ouïja" : "Ouïja 2 " prévu pour 2016...

Transcendence de Wally Pfister (2014)
Johnny Depp joue le rôle principal dans ce film un peu vaseux.
La "Transcendence" c'est migrer l'Intelligence Artificielle (IA) vers une intelligence qui re-

groupe et surpasse les intelligences de tous les êtres humains depuis qu'ils existent.

Voilà ce que voulait faire le professeur Will Caster. Mais il a été attaqué par un terroriste et empoisonné au polonium. Il est condamné irrémédiablement.

La question que se pose sa femme avec un ami : comment télécharger tout ce que contient le cerveau de ce génie de Will ?

Une histoire de zombie électronique ! Qui devient Big Brother...

Et la solution ? Dans le sacrifice !

Un film très écologiste, ou comment l'IA peut conduire à l'écologie.

Bizarre ? Pourtant si ! Regardez le film...

Cell Phone de Tod Williams (2014)
Sortie DVD en 2017
Adaptation du roman ***Cellulaire (Cell)*** de Stephen King (2006)
Scénario Stephen King et Adam Alleca.

À l'aéroport tout est normal. Scènes de la vie quotidienne. Tout le monde, ou presque, a le téléphone portable vissé à l'oreille. Y compris le personnage principal qui téléphone à la mère de son fils et qui parle à ce dernier ensuite. Mais son téléphone s'arrête : il n'a plus de batterie. Chance pour lui. L'épidémie se déclenche alors. Toutes les personnes qui téléphonent avec leur portable deviennent fous furieux et massacrent les autres, ceux qui ne téléphonaient pas. Quelqu'un appelle les secours… avec son portable et se retrouve aussi contaminé.

C'est l'Apocalypse comme seul Stephen King peut l'inventer !

Une poignée de survivants se réfugie dans le métro et emprunte les tunnels à pieds. Soudains le téléphone portable sonne. Il faut résister au réflexe de répondre et l'étendre.

Notre héros veut partir pour retrouver son fils. Il est accompagné d'une jeune femme et d'un vieillard. Ils rencontreront d'autres rescapés et rencontreront les téléphoneurs (ces espèces de zombies que sont devenus ceux qui téléphonaient…) furieux qui chercheront à les tuer ou à les contaminer. Le voyage ne va pas être facile. Des phénomènes étranges influent sur les téléphoneurs quand le soleil se couche.

« *Peut-être l'humain sur la planète Terre sera un seul organisme géant.* » Il y a une petite discussion sur les écrivains de SF.

Tout est très horrible.

« *Je croyais qu'en vieillissant on ne faisait plus de cauchemars.*
- *Si ! On en fait toujours, mais ils vieillissent avec nous.* »

« *Orphée est descendu jusqu'aux enfers pour ramener sa bien-aimée sur Terre !* »

Dracula Untold de Gary Shore (2014)
Une fois de plus Dracula ne veut pas être un vampire !

Il a voulu l'être un moment pour vaincre les Turcs, mais ensuite il lutte pour ne pas le rester...
« Être ou ne pas être un vampire ? » Vlad se pose la question !
Belles images, beau jeu des acteurs.

[REC]4 **Apocalypse** de Jaume Balaguero (2014)

Un peu con le soldat qui remonte vers l'enfer pour sauver la fille qui pleurniche, ça va lui coûter très cher. Mais on le saura bien plus tard dans le film... C'est la fille de la télé, celle qui faisait le reportage dans la maison des deux premiers épisodes...
Ensuite tout ce beau monde se retrouve dans un grand paquebot où surgit, au détour d'un couloir... une rescapée du mariage de [RC]3.
La jeune fille de la télé subit de nombreux tests par sécurité, pour éviter l'épidémie. Vous savez, comme dans tous ces films, il y a toujours un con qui prend pitié et laisse échapper le patient zéro.
C'est dur de combattre une épidémie de possession "démoniaque".
Donc on est dans un bateau au milieu de l'océan, un lieu clos, qui abrite des gens potentiellement contaminés... Ça craint !
Vous trouvez mon ton un peu trop ironique ? Ben c'est l'ambiance du film tout simplement.
Alors, voyons : il y a une équipe représentant les autorités qui évitent à tout prix l'épidémie, et une bande de cons qui font tout pour se ti-

rer... Et qui sont ceux qui ont l'air sympas ? Devinez !
Enfin, je rigole, mais ce film fout drôlement la trouille. Ce n'est pas à mettre devant les yeux de n'importe qui tout ça...
Et puis alors quand le patient zéro s'évade... Je ne vous dis pas ce que c'est le "patient zéro", vous le verrez vous-même. Ce genre de zombie est vraiment dégoûtant.
Ce Lamberto Bava a fait des films nuls "Démons 1 et 2" (1981), mais il a vachement bien inspiré Jaume Balaguero qui a fait 4 chefs-d'œuvre avec Paco Plaza !
Qui sont les gentils ? Qui sont les méchants ? Vous le verrez vous-même... Enfin, vous finirez par le voir.
Avec les Démons on ne sait jamais...

Extinction de Miguel Angel Vivas (2014)
Sortie DVD en 2016
Des bus de réfugiés. Grosse tension quand le convoi s'arrête brusquement. Puis le bus est envahi par des « infectés ». Les gens se laissent un peu trop facilement mordre le cou. Scènes très stressantes.
Neuf ans plus tard... La vie quotidienne des survivants.
Sur la façade d'un cinéma, il y a affiché « Les Montagnes Hallucinées ».
On s'ennuie un petit peu avec le papa, sa petite fille et le voisin d'en face, de l'autre côté du grillage avec son chien. Et il semble qu'il y a un problème avec le voisin d'en face...

Jusqu'au jour où la petite fille a vu un « monstre » par la fenêtre la nuit. Il y a bien un monstre. Un sale monstre !
Le voisin qui possède une radio amateur lui prête des paroles à son intention. Hallucination ?
Une histoire de conflit de voisinage ultra dramatique !
Patrick, Jack et sa fille Lu.
Émouvant dîner d'anniversaire entre les deux hommes et Lu.
La question est posée : partir pour fuir les créatures ou rester ?
« On ne sait pas ce qu'il y a de l'autre côté. »
On apprend qui est le père de Lu, qui est l'amant, qui est le mari.
Une rencontre. Grosse tension dans la maison assiégée.
Très belle histoire d'amour en arrière-plan.
Film superbe !
Film espagnol qui rend hommage à Del Toro avec son allusion aux « Montagnes hallucinées ».
Histoire d'adultère, d'amour et d'amour filial.
À l'encontre de Walking Dead, ici c'est un hommage à l'espèce humaine, aux sentiments, à la solidarité, mais qui rend néanmoins hommage à Walking Dead avec l'infecté aux bras coupés et enchaîné.

Dead Snow 2 de Tommy Wirkola (2014)

Ça commence avec une scène de bouche-à-bouche avec un zombie. Donc, c'est vrai ! Les zombies respirent !
Voici donc le numéro 2 avec un résumé de l'épisode précédent.
Ils ont greffé un bras qui s'avérera ne pas être le sien, ce qui va être déterminant dans le scénario... Les nazis zombies de l'Einsatz doivent finir leur travail. Rien n'est épargné au spectateur : viscères, tripes et dégueulis, etc. C'est un peu trop ! Zombies nazis contre zombies soviétiques : tout est outrancier, osé ;
La fin est un comble dans le domaine de l'outrance !

Zombeavers de Jordan Rubin (2015)
Deux beaufs discutent dans un camion.
J'utilise toujours ce terme de « beauf » pour des hommes vulgaires et pas futés et pas sympathiques... Ce sont en général les personnages secondaires types des films d'horreur. Mais parfois aussi certains personnages principaux.
Le chauffeur produit un accident en heurtant une biche alors qu'il regarde son téléphone... Un fût de produits toxiques tombe du camion et finit dans une rivière.
Le film ne se prend pas au sérieux. Mélange de plans filmés et de dessins pochés.
Trois petites jeunes filles sont en balade... zéro texto... zéro garçon...
Des plans de mise dans l'ambiance. Tout est téléphoné (ah ah ah) exprès.

Ils n'ont pas de réseau, ils sont donc isolés. Classique aussi.
Laquelle sera dévorée la première ?
Et voici un barrage de castor. « Oh je veux en voir un, c'est trop mignon ! » Un chasseur aux airs inquiétants arrive.
Après dix-huit minutes de film, on commence à s'ennuyer à écouter les dialogues « branchés » des demoiselles.
Soudain on frappe à la porte ! Elles sortent, car il n'y a personne et la porte claque. Elles sont condamnées à rester dehors... En fait, trois garçons arrivent dont deux sont les copains de deux des filles et le troisième un ex de la troisième. Ces jeunes sont très cons, c'est caricatural et classique aussi dans les films d'horreur : le spectateur n'est pas trop touché par les mises à mort de cons...
À 26 minutes de film les castors zombie attaquent !
Le premier castor est vite maté. Mais, bien sûr, ce n'est que reculer pour mieux sauter.
Dans les personnages bien typés, comme toujours, il y a la trouillarde, qui, en fait, a toujours raison. « Quelque chose m'a frôlé les pieds », s'exclame l'une d'elles. Un grand classique aussi. Pour autant, elle ne sort pas de l'eau, ce qui serait la précaution de base. Et le plus naze des ados se fait bouffer le pied dans l'eau !
Le téléphone avec fil ne marche pas. Et pour cause, les castors ont rongé les fils.

Les trois gars et deux filles sont cernés sur un ponton au milieu du lac et Jane est retournée à la maison où un castor l'attaque.
L'un des gars sacrifie le chien pour faire diversion.
Quoi ? Vous me reprochez de raconter tout le film ? Ben oui, je le raconte !
Ils sont tous réfugiés dans la maison. Aurais-je dû écrire : « Elles sont toutes et ils sont tous réfugiés dans la maison ? » Même pour un féministe sincère comme moi, franchement, c'est trop long à écrire.
La nuit tombe ! Une fille, un gars et l'amputé parviennent à entrer dans la voiture avec laquelle les gars sont arrivés. Ils espèrent rejoindre un hôpital. Mais... les castors voient les choses autrement.
Les voisins, un vieux couple, sont inquiets. Ils sont aussi très beaufs et copains avec les castors ! Un classique des films d'horreur aussi.
La route est barrée ! Le gars bien va essayer de chercher des secours, mais il est bouffé par les castors. En fait, il est juste blessé. Mes conclusions étaient hâtives.
Tous ces rescapés repartent avec le mystérieux chasseur se réfugier dans la maison. Même les morceaux de castor qui ont été dépecés dans la bagarre continuent à attaquer.
Les gens du camion vont se réfugier dans la maison des voisins, les petits vieux. Mais, où sont-ils ?
La jalousie est un scénario secondaire également classique. Y compris les relations

sexuelles des uns et des autres et les uns avec les autres. Bon, j'aurais dû écrire aussi les unes avec les autres, etc.
Une fille se transforme en castor zombie. Le chasseur cautérise la plaie de l'amputé qui se transforme aussi en castor. Donc il y a tous les poncifs des films de zombie, mais avec les castors. La vieille voisine se réveille en castor zombie aussi. Un type se fait émasculer par son ex transformée en castor Z et un de ces derniers incendie la maison en provoquant un court-circuit.
Il n'y a plus que deux survivants encerclés par les castors Z. Et même l'ours du coin s'en mêle, également castorisé.
La voiture en panne encerclée par les castors Z renvoie à la scène du début du film « La Nuit des morts-vivants »...
La fin est super. Elle reprend les deux lourdauds du préambule.
Effets spéciaux rudimentaires, mais ça peut aller...
Et une scène d'après générique avec des abeilles zombies !

Crimson Peak de Guillermo del Toro (2015)
Le fantôme est super bien ! Les plans ; les couleurs, le cadrage, les mouvements de caméra créent une ambiance délicieusement fantastique.
Une jeune et riche Américaine épouse un Anglais mystérieux. Ils emménagent dans un manoir à moitié en ruines. Cette bâtisse ver-

moulue est isolée dans une plate campagne. Elle est construite sur une carrière d'argile rouge. Couleur du sang !
Un complot sinistre et des fantômes... de génération en génération...
« Les fantômes existent, je le sais ! »
Guillermo qualifie son film de « roman gothique » (Interview dans Sfmag N° 89)

Poltergeist de Gil Kenan (2015)
Producteur Sam Raimi.
Le remake du film de Tobe Hooper (1982)
D'habitude les maisons hantées sont de vieilles bâtisses abandonnées, si possible dans la forêt. Le film de Tobe Hooper innove, car il se déroule dans une villa d'une banlieue moderne.
Le remake suit ce chemin et démarre assez fort avec des indices brutaux dont sont témoins les enfants. Et puis, alors... il y a quelque chose... dans le placard de la chambre des enfants. Et on ne peut pas ouvrir ce placard !
Le spectateur est prévenu que la maison est construite sur un ancien cimetière à la 37e minute du film. C'est à ce moment-là que tout se déclenche !
Attention ne quittez pas le film au générique : il y a une scène... au milieu !

Insidious chapitre 3 de Leigh Whannel (2015)

Produit par James Wan qui a fait les deux précédents.
Quelques années avant les apparitions chez les Lambert.
« Si tu appelles un de ceux qui sont morts, tous peuvent t'entendre… » C'est ce que dit la médium à la petite jeune fille qui est venue la voir pour parler à sa mère décédée. Mais la petite ne lui obéit pas. Elle va surtout vivre une expérience involontairement. Et puis c'est dur de combattre une hantise quand on a les deux jambes dans le plâtre.
Évidemment, personne ne la croit.
Une descente aux enfers. La médium ne peut pas l'aider. Rassure-toi, spectateur, tu sauras pourquoi. Rappelons qu'il s'agit de la même médium que dans les deux films précédents.
Ils finissent par appeler « SOS fantômes » si ! si !
Enfin, bref, ce film se regarde.
Et le générique de fin est superbe.
Ah ! Ces conduits d'aération qui n'amènent pas seulement l'air pour la vie, mais aussi le vent des morts…

Resident Evil : Chapitre Final de Paul W. Anderson (2016)
Voici le sixième film !
Au début était le virus T qui devait guérir toutes les maladies. Mais il eut des effets secondaires inattendus (Alicia Marcus fut sauvée !)

C'est l'histoire d'Alice et d'Umbrella Corporation. Le virus s'échappa d'un labo et ce fut la fin du monde.

À chaque début de film, Alice débarque de nulle part ne semblant pas, savoir d'où elle vient, et même qui elle est !

Ici elle sort du sous-sol dans Washington en ruines et est poursuivie par un monstre volant. L'actrice est de plus en plus jolie.

La petite Alice d'Umbrella demande à l'adulte Alice de l'empêcher de détruire ce qui reste de l'humanité. Alice la grande doit aller dans le Hive récupérer l'antivirus élaboré par Umbrella. Il détruirait le virus T.

Voyage, épopée, lutte individuelle pour sauver l'humanité. Avec un compte à rebours. Grosses batailles rangées, multitude de zombies. De la baston, beaucoup de baston. Le feu purifie la tour des zombies.

Toute sa vie « tuer, courir… » Les monstres sont toujours aussi horribles.

Umbrella a organisé l'apocalypse pour purifier la Terre. Isaacs, le méchant, est vraiment très méchant. Les manières de mourir sont très diverses et très atroces. Alice au pays des merveilleuses horreurs. Le docteur Frankenstein lui-même serait terrorisé !

Ah ! Ces femmes, heureusement qu'on les a !

Le générique dure presque aussi longtemps que le film.

The Void de Jeremy Gillepsie et Steven Stokanski (2016)

Deux types blessent une fille à l'arme à feu, l'aspergent d'essence et allument. Ils la brûlent vivante.

Ensuite, un shérif un peu endormi trouve un gars qui sort en rampant de la forêt et qui semble bien mal en point. Il l'emmène dans le petit hôpital du cin, mal équipé. Une femme tue un patient en lui enfonçant des ciseaux dans l'œil et tente de tuer le shérif alors alors qu'elle s'est arraché la peau du visage. Un ranger survient et explique qu'il y a eu une tuerie dans le voisinage dans laquelle le gars qui vient d'être hospitalisé semble impliqué.

Le téléphone ne marche plus.

Des hommes couverts d'un drap blanc avec un triangle noir peint sur le drap à l'emplacement du visage encerclent l'hôpital.

Il sort des tentacules de la bouche de la femme tuée par le shérif.

Plusieurs personnes se sont enfermées dans l'hôpital assiégé. Ils ont déjà été attaqués par un monstre qui l'est devenu à partir de la femme tuée par le shérif.

Deux nouveaux arrivants vus dans le prologue tuent ce monstre.

Le scénario est un mélange de **The Thing** et **Assaut**, deux films de John Carpenter.

Le héros s'appelle Carter.

Pour compliquer une situation déjà terrifiante. Il y a un accouchement difficile. Quelle bonne idée d'avoir placé l'intrigue dans un hôpital !

Très bien filmé : gros plans, mouvements de caméras, éclairages, alternance de lieux et d'actions, mystère qui s'épaissit, terreurs, tension, suspense, et assaut final !

JéruZalem de Doron Paz et Yoav Paz (2016)
Une citation du Talmud en début de film nous apprend que Jérusalem est une des trois portes de l'enfer.
Ça commence par un film amateur qui montre une possession post mortem... Faut aimer les mauvais films, enfin, désolé, je veux dire les films pas professionnels, même s'ils sont réalisés par des professionnels pour faire croire qu'ils ne le sont pas...
Ensuite, on continue sur le mode "amateur" avec des lunettes connectées qui filment tout et permettent de surfer sur le web, échanger des messages, etc.
Ces lunettes sont portées par une des deux jeunes filles qui font un voyage en Israël. C'est un peu l'orgie : l'une baise avec un jeune homme rencontré dans l'avion (c'est celle qui porte les lunettes/caméra) et l'autre avec un jeune Arabe qui gère l'auberge de jeunesse où elles sont logées à Jérusalem.
Comme vous l'avez remarqué en lisant ce que j'ai écrit jusqu'ici, ce film m'a agacé. Mais en fait, il n'est pas si mal que cela. Il est juste dérangeant, avec facilité, c'est sûr, mais il reste gravé dans la mémoire. En fait il est très bon, faut sortir de ses schémas traditionnels de la *Grande Forme* du cinéma.
L'action, la vraie, la terreur, commencent après 48 minutes de film. Les portes de l'enfer

se sont ouvertes et les morts reviennent en zombies (le "Z" de JéruZalem) et ils ont des ailes pour voler. Avec toute la tradition du zombie contagieux, etc.
Pauvre JéruZalem ! On ne peut s'empêcher de penser au film *World War Z* (Marc Foster 2013) qui comporte une scène terrifiante du siège de Jérusalem par les zombies.

La Momie d'Alex Kurtzman (2017)
L'acteur (Tom Cruise) cabotine un peu trop.
Un sarcophage égyptien est trouvé dans la province de Ninive en Irak, en pleine guerre. Il contient Amameth.
Superbe Scène de l'accident d'avion.
Pendant ce temps à Londres, des travaux souterrains mettent à jour des tombeaux de croisés, dont l'un contient une pierre.
La momie se régénère en transformant les êtres humains en zombies.
Il y a même Dr Jekyll et Mr Hyde.
Un film qui ne se prend pas lui-même au sérieux.

Day of the Dead : Bloodline de Victor Hernandez Vicens (2017)
Ça démarre fort : une invasion de zombies.
Tout le monde se fait bouffer, sauf l'héroïne. Enfin, tout le monde se laisse bouffer ! Personne ne se défend...
L'héroïne se fait (quand même) poursuivre par un zombie.

Quatre ans plus tôt... Bon c'est pénible ces retours dans le temps.
Faculté de médecine : étude d'un cadavre, de quoi est-il mort ? Etc.
La fille nommée Zoë dit qu'il a eu la grippe. H1N1 même.
Un patient avec un taux énorme d'anticorps arrive : elle doit lui faire un prélèvement. Ce patient, futur zombie, s'appelle Max. Il semble qu'il drague Zoë : « Vous êtes un vampire, vous me videz de mon sang ! » Lui dit-il alors qu'elle lui fait un prélèvement. Elle n'a pas l'air de l'apprécier, il est collant. La collègue de Zoë le vire. « Il fait une fixette sur moi », dit Zoë.
Puis, fiesta d'étudiants.
Ils vont chercher deux fûts de bière à la morgue. (Ah ah ah, ils ne l'ont pas fait exprès...)
Peter, le copain de la copine de Zoë, fait la blague du mort-vivant. Ce n'est pas un peu trop là ?
Max arrive après le départ de Peter. Max fait sa déclaration à Zoë et tente de la violer. C'est alors que le mort de tout à l'heure se réveille en zombie ! Je vous rappelle que nous étions à la morgue. L'épidémie commence...
Ensuite c'est lé générique et, après lui, on nous dit : « cinq ans ont passé »... Il n'y a que quelques survivants.

Nous sommes dans une base militaire accueillant les réfugiés. Une petite fille est très malade. Les antibiotiques ne la guérissent pas ; il faut aller en chercher dehors... Zoë sait où sont enfermés les médicaments, il faut y aller. Elle y va avec le frère du patron qui est son amant (le frère est son amant !)
Deux véhicules blindés et l'un des deux tombe en panne en pleine forêt. Ça craint ! La nuit tombe ! (Ils ne sont pas partis le matin ?) Bon, ils s'en sortent.
Les voici dans le bâtiment de l'université qui contient les antibiotiques. Zoë s'attarde dans le local d'épidémiologie. Elle n'est pas seule.
Qui voilà ? Le zombie de Max ! Qui l'attaque.
Les humains s'enfuient, Zoë échappe à Max qui réussit à s'accrocher sous un véhicule et pénètre donc dans la base.
Cette idiote de Zoë par qui tout le malheur arrive est contente. Ce sera comme cela tout le long du film...
Max/Zombie se balade dans les conduits d'aération à la recherche de Zoë.
Un soldat entend du bruit dans le conduit d'aération et y va et se fait bouffer par Max.
Trop facile, la troisième victime gueule à pleins poumons et personne ne l'entend. Ils sont sourds ?

Ils finissent quand même par arrêter Max pour l'étudier. (Cf Le Jour des morts-vivants de Romero...) Petite discussion déontologique inutile. L'acteur qui joue Max n'est pas mauvais. Il a un très beau dentier. Maintenant il faut à Zoë un échantillon de cellules de zombies. Rien de moins que ça !
Zoë ne fait que des bêtises, Max vole le trousseau de clés (ah ah ah) et le met dans sa poche.
Le scénario fléchit de plus en plus...
Petite démonstration scientifique très simpliste. Et puis c'est le désastre !
« Lily, ma chérie, est-ce que ça va ? » Mais quelle connerie !
Pendez-la haut et court cette Zoë. Mais le vaccin va fonctionner !

Listes de films à thèmes en lien avec celui de ce livre

Docteurs de l'horreur !

Voir déjà ci-dessus le célèbre **Docteur Jekyll** et plus bas le **Docteur Frankenstein**, et aussi **Jack l'éventreur** (puisqu'il semblerait qu'il fût le médecin de la reine...)

Le Cabinet du docteur Caligari de Robert Wiene (1920) – **Docteur Mabuse (et toute la série** notamment le **Diabolique Dr Mabuse** 1960**)** de Fritz Lang (1922) – **Les Mains d'Orlac** de Robert Wiene (1924) – **Docteur X** de Michael Curtiz (1932 – version couleur) – **L'île du Dr Moreau** de Erle C. Kenton (1932) – **Les Mains d'Orlac** de Karl Freund (1935) – **Dr Cyclops** d'Ernest B. Schœdsack (1940) – **Le Récupérateur de cadavres** de Robert Wise (1945) – **L'Impasse aux violences** de John Gilling (1959) – **Les Yeux sans visage** de Georges Franju (1959) – **Le Moulin des supplices** de Giorgio Ferroni (1960) – **Le Cirque des horreurs** de Sydney Hayers (1960) – **Docteur Caligari** de Roger Kay (1962) – **L'Horrible docteur Orloff** de Jésus Franco (1962) – **Le Musée des horreurs** de Freddie Francis (1963) – **L'Horrible cas du Dr X** de Roger Corman (1963) – **Docteur Fo-**

lamour** de Stanley Kubrick (1964) – **Le Diabolique docteur Z** de Jesus Franco (1965) – **L'abominable Dr Phibes** de Robert Fuest (1971) – **Le retour de l'abominable Dr Phibes** de Robert Fuest (1972) – **L'Homme à la tête coupée** de Juan (John) Fortuny (1973) – **Traitement de choc** d'Alain Jessua (1973) – **L'île du Dr Moreau** de Don Taylor (1977) – **La Terreur des zombis** de Franck Martin (1980) – **Horreur dans la ville** de Michael Miller (1982) – **Le Jour des morts-vivants** de George A. Romero (1985) – **Docteur Rictus** de Manny Coto (1992) – **L'île du Dr Moreau** de John Frankenheimer (1996) – **Anatomie** de Stefan Ruzowitzky (2000) – **Terreur point com** de William Malone (2002) – **Anatomie 2** de Stefan Ruzowitzky (2002) – **Qui a tué Bambi ?** de Gilles Marchand (2003)

Quelques psychiatres pour compléter :
Obsessions de Brian de Palma (1977) – **Nightmare concert** de Lucio Fulci (1990) – **Cabale** de Clive Barker (1990) – **Le Silence des agneaux** de Jonathan Demme (1990) et **Hannibal** de Ridley Scott (2000) et... **Dragon rouge...**

Fantômes

La chute de la maison Usher de Jean Epstein (1928) – **Fantômes à vendre** de René Clair (1933) – **Le fantôme vivant (The**

Ghoul) de T. Hayes Hunter (1933) – **Le Couple invisible** de Norman Z. Mac Leod (1937) – **Fantômes en croisière** de Norman Z. Mac Leod (1939) – **La Charrette fantôme** de Julien Duvivier (1939) – **Le Mystère de la maison Norman** d'Elliott Nugent (1939) – **Le Mystère du château maudit** de George Marshall (1940) – **Le Retour de Topper** de Roy Del Ruth (1941) —**Fantômes en vadrouille** d'Arthur Lubin (1941) – **Le Fantôme de Canterville** de Jules Dassin (1942) – **La Falaise mystérieuse** de Lewis Allen (1944) – **Sylvie et le fantôme** de Claude Autant-Lara (1945) – **Deux Nigauds dans le manoir hanté** de Charles T. Barton (1946) – **La Bête aux cinq doigts** de Robert Florey (1946) – **L'aventure de madame Muir** de Joseph L. Mankiewicz (1947) – **Les Contes de la lune vague après la pluie** de Kenji Mizogushi (1952) – **Fais-moi peur** de George Marshall (1953) – **Le Masque du démon** de Mario Bava (1961)— **Les Innocents** de Jack Clayton (1961) – **Le Corps et le fouet** de Mario Bava (1962) – **L'Empire de la terreur** de Roger Corman (1962) – **Carnival of souls** d'Harold « Herk » Harvey (1962) – **La Chute de la maison Usher** de Roger Corman (1962) – **La Malédiction d'Arkham** de Roger Corman (1963) – **La Danse macabre** d'Antonio Margheriti (1963) – **La Maison du diable** de Robert Wise (1963) – **La Sorcière sanglante** d'Antonio Margheriti (1964) – **La Tombe de Ligeia** de Roger Corman (1964) – **Deux mille**

maniaques de Herschell Gordon Lewis (1964) – **Le Manuscrit trouvé à Saragosse** de Wojciech Has (1966) – **Topper** de Charles S. Dubin (1971) – **La Maison des damnés** de John Hough (1972) – **L'Homme des hautes plaines** de Clint Eastwood (1972) – **Fog** de John Carpenter (1979) – **Amityville, la maison du diable** de Stuart Rosenberg (1979) et ses suites : **Amityville 2, le possédé** de Damiano Damiani (1982) et **Amityville 3** de Richard Fleischer (1983) (Il y a eu aussi « Amityville 4 à la télévision) – **Shining** de Stanley Kubrick (1980) – **Poltergeist** de Tobe Hooper (1982) et ses deux suites : **Poltergeist II** de Brian Gilson (1986) et **III** de Gary Sherman (1988) – **SOS Fantômes** d'Ivan Reitman (1982) et sa suite : **SOS Fantômes 2** du même – **Le Fantôme de Milburn** de John Irvin (1982) – **Christine** de John Carpenter (1983) – **House** de Steve Miner (1985) et sa suite : **House 2** d'Ethan Wiley (1986) Deux autres suites : **House 3** et **House 4** – **Histoires de fantômes chinois** de Ching Siu Tung (1987 et ses deux suites (1990 et 1991) – **Hello Mary Lou** de Bruce Pittman (1987) – **Les Fantômes d'Halloween** de Frank Laloggia (1988) – **Beetlejuice** de Tim Burton (1988) – **Prison** de Renny Harlin (1988) – **Ghost** de Jerry Zucker (1990) – **Le Gardien des esprits** de Sam Shepard (1992) – **Le Tour d'écrou** de Rusty Lemorande (1992) – **Candyman** de Bernard Rose (1992) et sa suite **Candyman 2** par Bill Condon (1995) et aussi **Candyman 3** de Turi Meyer (1999) – **The Crow** d'Alex Proyas (1993) et **The Crow la cité des anges** de Tim Pope (1997) – **Fantôme avec chauffeur** (1995) – **Haunted** de Lewis Gilbert (1995) – **Fantômes contre fantômes** de Peter Jackson (1997) – **Ring** de Hideo Nakata (1998) **Ring 2** du même et **Ring 0** de Norio Tsuruta (2000) – **Hantise** de Jan De Bont (1999) – **Hypnose** de David Kœpp (1999) – **Sixième sens** de M. Hight Shyamalan (2000) – **Kaïro** de Kiyoshi Kurosawa (2000) —**7 Jours à vivre** de Sebastian Niemann (2000) – **Souvenirs mortels** de Fernandez Armero (2000) – **Les Autres** d'Alejandro Amenabar (2001) – **13 Fantômes** de Steve Beck (2001) – **Un jeu d'enfants** de Laurent Tuel (2001) – **L'Échine du diable** de Guillermo del Toro (2002) – **Apparitions** de Tom Shadyac (2002) – **Le Cercle (The Ring)** de gore Verbinski (2002) – **Memento Mori de** Kim Tae-Yong et Min Kyu-Dong (2002) – **Dark Water** de Hideo Nakata (2002) – **Rose Red** de Graig R. Baxley (2002) d'après Stephen King – **Bangkok Haunted** de Pisuth Praesaengaim et Oxide Pang-Shun – **Deux Sœurs** de Kim Jee Woon (2003) – **Nuits de terreur** de Jonathan Liebesman (2003) – **The Eye** de Oxide et Danny Pang (2003) – **Le Manoir hanté et les 999 fantômes** de Rob Minkoff – **Gothika** de Mathieu Kassovitz (2003) – **Saint-Ange** de Pascal Laugier (2004) – **The Grudge** de Takashi Shimizu (2004) [A noter les films japonais du même réalisateur : **The Grudge** (2002) et **The Grudge 2** (2003)].

Et puis une série TV française (2004) en quatre épisodes de 1 h 35 chacun : **Le Miroir de l'eau** de Edwin Baily

On peut aussi citer des **Machines hantées : Duel** (Steven Spielberg) 1971, *un camion avec chauffeur* – **Enfer mécanique** (Elliot Silverstein) 1977, *une voiture noire sans chauffeur* – **Christine** (John Carpenter) 1983, *une voiture envoûte son propriétaire* – **L'ascenseur** de Dick Maas (1983) – **Maximum Overdrive** (Stephen King) 1986, *de méchants camions* – **L'ambulance** (Larry Cohen) 1989, *on en a peur, mais c'est plutôt de ceux qui l'utilisent qu'il faut avoir peur* – **The Refrigerator** (Nicholas A. E. Jacobs) *1992, vous avez deviné ce que c'est...* – **The Mangler** (Tobe Hooper) 1995, *une horrible machine à laver*
Quant aux films sortis seulement en vidéo (Taille-haie, tondeuse à gazon...) ce n'est pas ce qui manque...

Le Fantôme de l'Opéra

Le Fantôme de l'Opéra de Rupert Julian (1925) – **Le Fantôme de l'Opéra** d'Arthur Lubin (1941) – **Le Fantôme de l'Opéra** de Terence Fisher (1962) – **Phantom of the Paradise** de Brian de Palma (1975) – **Terreur à**

l'Opéra de Dario Argento (1987) – **Le Fantôme de l'Opéra** de Dwight H. Little (1990) – **Le Fantôme de l'Opéra** de Dario Argento en 1999 – **Le Fantôme de l'Opéra** de Jœl Schumaker (2004)...

Frankenstein

Frankenstein de J. S. Dawley (1910) – **Frankenstein** de J.Whale (1931) – **La Fiancée de Frankenstein** de J. Whale (1935) – **Le Fils de Frankenstein** de Rowland V. Lee (1939) – **Frankenstein rencontre le loup-garou** de Ray William Ney (1943) – **La Maison de Frankenstein** d'Erle C. Kenton (1944) – **La Maison de Dracula** d'Erle C. Kenton (1945)— Dans les années quarante et cinquante, toute une série de films mêlant Frankenstein, Dracula, le Loup-garou, avec Christopher Lee, Lon Chaney Jr, Bela Lugosi et, bien sûr, Boris Karloff – **Frankenstein s'est échappé !** de Terence Fisher (1957) – **La Femme nue et Satan** de Victor Trivas (1958) – **La revanche de Frankenstein** de Terence Fisher (1958) – **Frankenstein 70** de Howard W. Koch (1958)— **L'Empreinte de Frankenstein** de Freddie Francis (1964) – **Frankenstein créa la femme** de Terence Fisher 1967 – **Le Retour de Frankenstein** de Terence Fisher (1969) – **Les Horreurs de Frankenstein** de Jimmy Sangster (1970) – **Frankenstein et le monstre de l'enfer** de Terence Fisher (1973) – **Frankenstein Junior** de Mel Brooks

(1974) – **Chair pour Frankenstein** de Paul Morrissey (1973) – **Horreur dans la ville** de Michael Miller (1982) – **La Promise** de Franc Roddam (1985) – **La Résurrection de Frankenstein** de Roger Corman (1990) – **Frankenhooker** de Frank Henenlotter (1990) – **Frankenstein** de Kenneth Branagh (1994) – **Van Helsing** de Stephen Sommers (2004) – **Godsend, expérience interdite** de Nick Hamm (2004)

De nombreuses séries télévisées furent consacrées au Monstre, je citerai la meilleure, diffusée sur FR3 en 1976, intitulée simplement en Français « **Frankenstein** » de Jack Smight (***Frankenstein the True Story***). Très beau téléfilm. On a vu aussi « **L'antre de Frankenstein** » et « **Frankenstein** » de David Wickes en 1992..

Habitations méchantes

La Chute de la maison Usher de Jean Epstein (1928 et 1929 pour la version sonorisée) ; autres version : Yvan Barnett (1948) ; Roger Corman (1961) – **La Maison du diable** de Robert Wise (1963) – **House of damned** de Maury Dexter (1963) – **La Maison des damnés** de John Hough (1972) – **Malpertuis** de Harry Kumel (1972) – **La Maison des damnés** de John Hough (1972) – **Au rendez-vous de la mort joyeuse** de Juan Bunuel (1972) – **Lisa et le diable** de Mario Bava (1972) – **La**

Maison de l'exorcisme de Mario Bava (1974) – **La Maison aux fenêtres qui rient** de Pupi Avati (1976) – **La sentinelle des maudits** de Michael Winner (1976) – **Inferno** de Dario Argento 1978 – **Amityville, la maison du diable** de Stuart Rosenberg (1979) et ses suites : **Amityville 2, le possédé** de Damiano Damiani (1982) et **Amityville 3** de Richard Fleischer (1983) (Il y a eu aussi « Amityville 4 et Amityville, la maison des poupées » à la télévision) **La Maison près du cimetière** de Lucio Fulci (1981) – **House** de Steve Miner (1985) et ses suites **House 2** d'Ethan Wiley (1986) **House 3** et **House 4** de Lewis Abernathy (1991) – **Le Sous-sol de la peur** de Wes Craven (1991) – **Hantise** de Jan de Bont (1999) – **Le Projet Blair Witch** d'Eduardo Sanchez et Daniel Myrick (1999) – **La Maison de l'horreur** de William Malone (1999) – **Souvenirs mortels** de Fernandez Armero (2000) – **Blair Witch 2 le livre des ombres** de Joe Berlinger (2000) – **Christina's house** de Gavin Wilding (2000) – **7 Jours à vivre** de Sebastian Niemann (2000) – **Darkness** de Jaume Balaguero (2003) – **13 Fantômes** de Steve Beck (2001) – **Un jeu d'enfants** de Laurent Tuel (2001) – **Cubbyhouse** de Murray Fahay (2001) – **Saint-Ange** de Pascal Laugier (2004) – **The Grudge** de Takashi Shimizu (2004) [A noter les films japonais du même réalisateur : **The Grudge** (2002) et **The Grudge 2** (2003)].

Momies

La Momie du roi de Gérard Bourgeois (1909) – **La Momie** de Karl Freund (1932) – **La Main de la Momie** de Christy Cabanne (1940) – **Le Fantôme de la momie** de Reginald Le Borg (1943) – **La Malediction de la momie** de Leslie Goodwins (1944) – **Deux Nigauds et la momie** de Charles Lamont (1955) – **La Malédiction des pharaons** de Terence Fisher (1959) – **Les Maléfices de la momie** de Michael Carreras (1964) – **La Vengeance de la momie** de René Cardona (1964) – **Les Griffes de la momie** de John Gilling (1966) – **Manhattan Baby** de Lucio Fulci (1982) – **Waxwork** de Anthony Hickox (1988) – **Darkside** de John Harrison (un sketch adapté d'une nouvelle de Conan Doyle) – **La Momie** de Gerry O'Hara (1993) – **Momie la résurrection** de Gerry O'Hara (1993) – **La Légende de la Momie** (adaptation du roman « Le joyau des sept étoiles » de Bram Stoker) de Ken Larson (1996) – **La Momie** de Sephen Sommers (1999) – **La Malédiction de la momie** de Russel Mulcahy (2000) – **Le Retour de la momie** de Stephen Sommers (2000) – **Belphégor** de Jean-Paul Salomé (2000)

Dans ce thème il y a les films mexicains : **La Momie aztèque** (1957) - **La Momie Aztèque contre le robot** (1958) tous deux d'Alfredo Salazar – **La Malédiction de la momie aztèque** de Rafael Portillo (1957) – ...

Morts-vivants

White Zombie, les morts-vivants de Victor Halperin (1932) – **Le fantôme vivant (The Ghoul)** de T. Hayes Hunter (1933) – **Le mort qui marche** de Michael Curtis (1936) – **Le retour du Docteur X** de Vincent Sherman (1939) – **L'Invasion des morts-vivants** de John Gilling (1965) – **La Nuit des Morts-vivants** de George A. Romero (1968) – **La Révolte des morts-vivants** d'Armando de Ossorio (1971) – **Martin** de George A. Romero (1977) – **Zombie le crépuscule des morts-vivants** de George A. Romero (1978) — **L'Enfer des zombies (Zombi 2)** de Lucio Fulci (1979) – **La Terreur des zombis** de Franck Martin (1980) – **Frayeurs** de Lucio Fulci (1980) – **Le Lac des morts-vivants** de J. Lazer (1980) – **Une Vierge chez les morts-vivants** de Jess Franco (1981) – **La Maison près du cimetière** de Lucio Fulci (1981) – **L'au-delà** de Lucio Fulci (1981) – **La Morte-vivante** de Jean Rollin (1982) – **L'abîme des Zombies** de Jess Franco (1983) – **Le Retour des morts-vivants** de Dan O'Bannon (1984) – **Le Jour des morts-vivants** de George A. Romero (1985) – **L' Emprise des ténèbres** de Wes Craven (1987) – **Le Retour des morts-vivants 2** de Ken Wiederhorn (1987) – **Zombi III** de Lucio Fulci (1988) – **Zombie academy** de David Acomba (1988) – **Univer-**

sal Soldier de Roland Emmerich (1992) – **Braindead** de Peter Jackson (1992) – **Le Retour des morts-vivants 3** de Brian Yuzna (1993) – **Dellamorte Dellamore** de Michele Soavi (1993) – **La Nuit des morts-vivants** de Tom Savini (remake en couleurs du film de Romero, produit par lui) en 1990. – **Resident evil** de Paul Anderson (2001) – **Undead** de Michael et Peter Spierig (2002) – **Pirates des Caraïbes** de gore Verbinski (2003) – **28 jours plus tard** de Danny Boyle (2003) *en fait je ne sais pas s'il s'agit bien de morts-vivants, mais dans le doute...* – **Beyond Reanimator** de Brian Yuzna (2003) – **L'armée des morts** de Zack Snyder (2004)

Film TV excellent : **Moi zombie, chronique de la douleur** d'Andrew Parkinson (1998) Et aussi **Flic ou zombie** de Mark Goldblatt (1988)

Dans la série des **Vendredi 13,** Jason devient un mort-vivant à partir du numéro 6, intitulé justement **Jason le mort-vivant** et réalisé par Tom Mac Loughlin (1986)
Voir ci-dessus mon analyse de la série des Vendredi 13 et la liste complète.
Quant à Michael dans la série des **Halloween** on se demande toujours ce qu'il est...
Freddy Krueger, lui, en est des morts-vivants, sauf que l'on se demande s'il est vivant...

Et puis on trouve des morts-vivants dans **Le Loup-garou de Londres** et dans **La Main qui tue**...

Vaisseaux fantômes

Pandora d'Albert Lewin (1951) *met en scène le « Hollandais volant » dans une superbe histoire d'amour* – **La Chose d'un autre monde** de Christian Nyby (1951) *a fait naufrage autrefois sur Terre. Malheur à ceux qui l'exhumeront de la glace dans laquelle elle dort...* – **La Planète des vampires** de Mario Bava (1965) attire les astronautes afin que ses habitants puissent utiliser leur corps. Film qui a inspiré « Alien » et « The Thing » *(voir plus loin dans cette rubrique)* – **Stalker** d'Andreï Tarkovski (1979*), inspiré du roman des frères Strougaski « Pique-nique au bord du chemin » (1972) ne parle pas vraiment d'un vaisseau abandonné, mais plutôt de ce que des extraterrestres ont abandonné sur Terre, comme ce que laissent traîner des pique-niqueur au bord du chemin après leur départ...* – **Alien le huitième passager** de Ridley Scott (1979). *Les astronautes trouvent un vaisseau abandonné sur une planète désolée. Dedans, il y a des cadavres d'extraterrestres et les œufs d'Alien.* – **Le Bateau de la mort** d'Alvin Rakoff (1980) *un vieux paquebot hanté par des nazis de deuxième guerre mondiale* – **Fog** de John Carpenter (1980) *dans lequel des marins ven-*

geurs viennent hanter une petite ville côtière de naufrageurs. – **The Thing** de John Carpenter (1982) *est un remake de « La Chose d'un autre monde » mêlée à « La Planète des vampires »* – **2010 odyssée 2** de Peter Hyams (1984). *Ici le vaisseau fantôme est Discovery* – **Event Horizon, le vaisseau de l'au-delà** de Paul Anderson (1997) *qui revient de l'enfer !* – **Sphere** de Barry Levinson (1997). *Un vaisseau spatial venu du futur est retrouvé au fond de la mer.* – **Un Cri dans l'océan** de Stephen Sommers (1997) *une méchante bestiole lovecraftienne a tué tous les passagers et l'équipage d'un paquebot de luxe. Gare aux pirates qui vont l'investir.* – **Perdus dans l'espace** de Stephen Hopkins (1998) *le vaisseau « Jupiter 2 » se rencontre lui-même perdu sur une planète désolée et aussi un autre vaisseau abandonné et envahi par de teigneuses et nombreuses araignées...* – **Virus** de John Bruno (1998) *un vaisseau laboratoire russe est retrouvé abandonné dans l'œil du cyclone par une équipe de marins en perdition. L'équipage a été tué par une entité extraterrestre* – **Le Bateau des ténèbres** de Christian Mc Intire (2001) *un bateau de tourisme ouvre les portes de l'au-delà comme l'event Horizon en moins cruel* – **Abîmes** de David Twohy (2002) *un sous-marin hanté qui vous hante...* – **Pirates des Caraïbes** de gore Verbinski (2003) *un vaisseau fantôme avec des pirates zombies*

Films TV : **Triangle maudit** de Lewis Teague (2000)

Vampires

Nosferatu le vampire de Friedrich Wilhelm Murnau 1922 – **Dracula** de Tod Browning (1931) – **Vampyr** de Carl Th. Dreyer 1932 – **La Marque du vampire** de Tod Browning 1935 – **La Fille de Dracula** de Lambert Hillyer 1936 – **Le retour du Docteur X** de Vincent Sherman (1939) – **Son of Dracula** de Robert Siodmak (1943) – **La Maison de Dracula** d'Erle C. Kenton 1945 – **The Vampire's ghost** de Lesley Selander (1945) – **Le Sang du vampire** de Henry Cass (1958) – **Le Cauchemar de Dracula** de Terence Fisher 1958 – **Dans les griffes du vampire** d'Edward Dein 1959 – **Et mourir de plaisir** de Roger Vadim 1960 – **Les Maîtresses de Dracula** de Terence Fisher 1960 – **Le Masque du démon** de Mario Bava 1961 – **Hercule contre les vampires** de Mario Bava 1962 – **Le Baiser du vampire** de Don Sharp 1962 – **Les trois visages de la peur** de Mario Bava 1963 – **Dracula prince des ténèbres** de Terence Fisher 1964 – – **Je suis une légende** de S. Salkow et U. Ragona (1964) – **Insomnie** de Pierre Etaix 1965 – **La Planète des vampires** de Mario Bava 1965 – **Le Bal des vampires** de Roman Polanski 1967 –**Vij** de K. Ierchova et G. Kropatchava (1967) – **Le Viol du vampire** de Jean Rollin 1967 – **Une messe pour Dra-**

cula de Peter Sasdy 1969 – **Les Lèvres rouges** de Harry Kumel 1970 – **Vampyros Lesbos** de Jess Franco (1970) – **Jonathan** de Hans W. Geissendorfer 1970 – **Les Cicatrices de Dracula** de Ray Ward Baker 1970 – **Comtesse Dracula** de Peter Sasdy 1970 – **Les Nuits de Dracula** de Jésus Franco 1970 – **Le Frisson des vampires** de Jean Rollin 1970 – **La Fiancée du vampire** de Dan Curtis 1970 – **Suceurs de sang** de Robert Hartford-Davis (1970) – **The Vampire lovers** de Roy Ward Baker (1970 – **Dracula et les Femmes** de Freddie Francis 1971 – **La Fille de Dracula** de Jésus Franco 1971 – **La Révolte des morts-vivants** d'Armando De Ossorio 1971 – **Dracula prisonnier de Frankenstein** de Jésus Franco 1972 – **Baron vampire** de Mario Bava 1972 – **Dracula 73** d'Alan Gibson 1972 – **Dracula vit toujours à Londres** d'Alan Gibson 1973 – **Du Sang pour Dracula** de Paul Morrissey 1974 – **Dracula et ses femmes vampires** de Dan Curtis 1974 – **Les Sept vampires d'or** de Roy Ward Baker 1975 – **Leonor** de Juan Bunuel 1975 – **Rage** de David Cronenberg 1976 – **Zoltan le chien sanglant de Dracula** d'Albert Band (1977) – **Martin** de George A. Romero 1978 – **Nosferatu fantôme de la nuit** de Werner Herzog 1979 – **Dracula** de John Badham 1979 – **Les Prédateurs** de Tony Scott 1983 – **Lifeforce, l'étoile du mal** de Tobe Hooper 1985 – **Les Vampires de Salem** de Tobe Hooper 1986 – **Vampire vous avez dit vampire ??** de Tom

Holland 1985 – **Génération perdue** de Joël Schumacher 1988 – **Aux Frontières de l'aube** de Kathryn Bigelow 1988 – **Vampire vous avez dit vampire ?? 2** de Tommy Lee Wallace (1988) – **Dracula** de Francis Ford Coppola 1992 – **Innocent Blood** de John Landis 1992 – **Tale of a vampire** de Shimako Sato (1992) – **Entretien avec un vampire** de Neil Jordan 1994 – **Nadja** de Michael Almereyda 1995 – **Un vampire à Brooklyn** de Wes Craven 1995 – **Une nuit en enfer** de Robert Rodriguez 1995 – **Dracula mort et heureux de l'être** de Mel Brooks 1996 – **The Addiction** d'Abel Ferrara 1996 – **Les Deux orphelines vampires** de Jean Rollin 1997 – **Vampires** de John Carpenter (1997) (Et sa "suite" : **Vampires II** de Tommy Lee Wallace (2002) – **Blade** de Stephen Norrington 1998 – **Blood the last vampire** de Hiroyuki Kitakubo (2000) – **Le Petit vampire** de Ulrich Edel (2000) – **Trouble Every Day** de Claire Denis (2000) – **L'Ombre du vampire** (Elias Mehrige) 2000 – **La Sagesse des crocodiles** de Po-Chih-Leong 2001 – **Les Morsures de l'aube** d'Antoine de Caunes 2001 – **Dracula 2001** de Patrick Lussier – **Les Vampires du désert** de JS Cardone (2001) … – **The Breed** de Michael Oblowitz (2001) – **La reine des damnés** de Mychael Rymer (2002) – **Blade 2** de Guillermo del Toro (2002) – **Bloody Mallory** de Julien Magnat (2002) – **La Fiancée de Dracula** de Jean Rollin (2002) – **La Ligue des Gentlemen Extraordinaires** de Stephen Norrington (2003) – **Underworld** de Len Wiseman (2003) – **Hypnotic** de Nick Willing (2003) – **Van Helsing** de Stephen Sommers (2004) – **Blade Trinity** de David Goyer (2004)

Allez ! Quelques films pour la télé et la vidéo : **Scanner cop II** de Steve Barnett – **Rencontre avec un vampire** de Jœl Bender (1992) – **Les Ailes de la nuit** de Mark Pavia (1997) d'après Stephen King – **Razor Blade Smile** de Jake West (1998) – **Journal intime d'un vampire** de Ted Nicolaou (1998)

INDEX

[REC]², 353

[REC]⁴ Apocalypse, 396

[REC3] Genesis, 373

13 Fantômes, 264

1408, 331

1984, 16

2001 L'odyssée de l'espace, 16, 38, 255

2010 odyssée 2, 426

28 jours plus tard, 277, 424

28 semaines plus tard, 327

30 jours de nuit, 317

7 Jours à vivre, 417, 421

A l'ouest rien de nouveau, 256

Abandonnée, 302

Abîme des zombies (L'), 217, 423

Abîmes, 268, 426

Abominable Dr Phibes (L'), 414

Abraham Lincoln chasseur de vampires, 377

Abrams J.J., 372

Addiction (The), 67, 238, 429

Adler Gilbert, 236

Against the Dark, 355

Aguirre, 209

Aguirre Javier, 194

Alamo, 255

Alien, 178, 425

Alien le huitième passager, 425

Alien, le 8ᵉ passager, 178

Alvarez Fede, 386

Amante del vampiro (L'), 163

Amants d'outre-tombe (Les), 181

Amenabar Alejandro, 263

Amityville 2 et 3, 416, 421

Amityville 4, 416, 421

Amityville, la maison du diable, 209, 416, 421

Anatomie, 414

Anderson Brad, 311

Anderson Paul, 247, 266, 426

Anderson Paul W., 382, 404

Anderson Paul W.S., 361

Anfred Morten, 251

Antre de la folie (L'), 164

Apocalypse Now, 255

Apparences, 260

Aranda Vicente, 190

Arcel Nikolaj, 316

Argento Dario, 251, 306

Argento Dqrio, 389

Armée des morts (L'), 286, 353, 424

Armée des ténèbres (L'), 217

Armero Fernandez, 417, 421

Ascenseur (L'), 418

Assaut, 406

Assistant du vampire (L'), 354

Au-delà (L'), 214, 353, 423

Au-dessous du volcan, 156

Autres (Les), 263

Aux Frontières de l'aube, 223, 246, 266, 429

Avati Antonio, 212

Avati Pupi, 212

Aventure de madame Muir (L'), 415

avion de l'apocalypse (L'), 213

Badham John, 208

Baily Edwin, 418

Baino Mariano, 232

Baiser du vampire (Le), 427

Baiser macabre, 212

Baker Ray Ward, 188

Baker Roy Ward, 190, 206, 428

Bal des vampires (Le), 183, 239, 427

Balaguero Balaguero, 295

Balaguero Jaume, 341, 353, 396, 421

Balch Anthony, 197

Bangkok Haunted, 262

Banke Ander, 315, 318

Barker Clive, 221, 414

Barker Steve, 322, 380

Baron vampire, 194, 428

Bartlett Michael, 311, 371

Basset Michael J., 351

Bateau de la mort (Le), 425

Bateau des ténèbres (Le), 263, 426

Batzella Luigi, 196

Bava Bava, 168

Bava Lamberto, 207, 212, 221

Bava Mario, 163, 165, 167, 177, 180, 194, 207, 420, 421

Bayer Samuel, 219, 357

Bayona Juan Antonio, 345

Beattie Stuart, 387

Beck Steve, 264, 267

Beetlejuice, 15, 223, 241, 416

Bekmambetov Timur, 377

Bell William Brent, 301

Belphégor, 261

Bête aux cinq doigts (La), 15, 160, 252, 415

Beyond Re-animator, 424

Bienvenue à Zombieland, 356

Bierce Ambrose, 332

Bigelow Kathryn, 223

Black Sleep (The), 54

Blade, 67, 253, 429

Blade 2, 271, 429

Blade Trinity, 288, 430

Blair Witch, 254

Blair Witch 2, 421

Blood Creek, 346

Blood the last vampire, 429

Bloodrayne, 299

Bloodrayne 2 (Deliverance), 333

Bloody Mallory, 429

Bocacci Antonio, 167

Boll Uwe, 299, 333

Boni Luca, 362, 383

Bornedal Ole, 377

Bossu de la morgue (Le), 194

Boulevard de la mort, 326

Boyle Danny, 277, 424

Braindead, 225, 424

Branagh Kenneth, 233

Brazil, 16

Breed (The), 262, 429

Brooks Mel, 199, 239

Browning Tod, 155

Bruce Sarah Nean, 291

Bubba Ho-Tep, 267

Bunuel Juan, 205

Burton Tim, 223, 227, 378

Bustillo Alexandre, 374

ça, 23

Cabale, 14, 414

Cabane dans les bois (La), 370

Cabinet du docteur Caligari (Le), 108, 157, 158, 413

Cabinet du Docteur Caligari (Le), 390

Caiano Mario, 181

Campillon Robin, 274

Canal (The), 391

Candyman, 228

Candyman 1 et 2 et 3, 416

Candyman 2, 229

Capitaine Kronos contre les vampires, 193

Cardone J.S., 316

Cardone JS, 266, 429

Carnival of souls, 165, 257, 415

Carpenter John, 208, 243, 304, 332, 365, 406, 429

Carreras Michael, 173

Carrie, 331

Cass Henry, 161

Cauchemar de Dracula (Le), 58, 175, 239, 427

Cauchemar de Freddy (Le), 218

Cauchemar de la sorcière (Le), 293

Cell Phone, 394

Cercle (Le), 269, 417

Cerda Nacho, 302

Cesena Marcello, 235

C'est arrivé demain, 159

Chair pour Frankenstein, 35, 199, 420

Chapeau melon et bottes de cuir, 194

Chapkanov Todor, 379

Charretier de la mort, 157

Charrette fantôme (La), 157, 415

Chat noir (Le), 214

Château des messes noires (Le), 200

Chose d'un autre monde (La), 178, 425

Christina's house, 421

Christine, 332, 416

Chute de la maison Usher (La), 155, 414

Chute de la Maison Usher (La), 312

Cicatrices de Dracula (Les), 188, 428

Cimetière des Morts vivants (Le), 180

Cinquième élément (Le), 253

Cirque des horreurs (Le), 413

Cité des morts (La), 164

Clair René, 159

Clarke Robert, 162

Clavell Ana, 290

Clavell Anna, 353

Clayton Jack, 165

Clemens Brian, 193

Cloake Hayley, 312, 314

Cloverfield, 341

Cobra Woman, 388

Cockneys Vs Zombies, 381

Cocteau Jean, 160

Cohen Rob, 340

Commando des morts-vivants (Le), 206

Compagnie des loups (La), 233

Comtesse (La), 334

Comtesse Dracula, 428

Condon Bill, 376

Conjuring : les dossiers Warren (The Conjuring), 382

Constantine, 282

Contes de la lune vague après la pluie (Les), 415

Contes immoraux, 64

Contronatura, 187

Coppola Francis Ford, 229

Corbucci Sergio, 165

Corman Roger, 166, 169, 413

Cornwell Peter, 357

Corps et le fouet (le), 180

Corps et le fouet (Le), 415

Coscarelli Don, 207, 267

Coto Manny, 414

Couple invisible (Le), 415

Craven Wes, 218, 224, 239

Créature du cimetière, 225

Cri dans l'océan (Un), 426

Cri de la lavande dans le champ de sauterelles (Le), 235

Crimson Peak, 402

Cronenberg David, 331

Cronos, 232

Crow (The), 241, 417

Crow la cité des anges (The), 241, 417

Crow Salvation (The), 243

Crowe Cameron, 264

Crudo Richard, 355

Crypte du vampire (La), 173

Cubbyhouse, 421

Cujo, 23

Cunningham Sean S., 211

Currie Andrew, 333

Curtis Dan, 198

Curtiz Michael, 157

D'Amato Joe, 197

Dahan Yannick, 356

Dans les griffes du vampire, 427

Danse des morts (La), 295

Danse macabre (La), 415

Dante Joe, 255

Darabont Franck, 332

Dark Shadows, 378

Dark Water, 270

Dark Waters, 232

Darkness, 421

Dawson Anthony, 187

Day of the Dead : Bloodline, 408

Day of the Dead 2 : Contagium, 290

Daybreakers, 347

de Martino Alberto, 169

De Ossorio Amando, 204

De Ossorio Armando, 191

de Palma Brian, 198, 331, 414

Dead (The), 361, 362

Dead and Breakfast, 280, 282

Dead silence, 330

Dead Snow, *350*

Dead Snow 2, *398*

Dead Zone, 331

del Toro Guillermo, 291, 402

Del Toro Guillermo, 232, 269, 271, 429

Dellamorte Dellamore, 13, 236, 424

Delpy Julie, 334

Demichelli Tulio, 184, 186

Demme Jonathan, 414

Démons 1 et 2, 221

Denis Claire, 429

Dents de la mer (Les), 301

Dernier rite (Le) (The Haunting in Connecticut), 357

Derrickson Scott, 222

Deux mille maniaques, 416

Deux Nigauds dans le manoir hanté, 415

Deux orphelines vampires (Les), 243, 429

Deux Sœurs, 276, 417

Deux yeux maléfiques, 225

Devil Bat, 54

Dexter Maury, 420

Diabolique docteur Z (Le), 414

Diary of the Dead, 338, 353

Dickerson Ernesr, 308

Die Monster Die, 177

Docteur Caligari, 413

Docteur Folamour, 414

Docteur Frankenstein, 413

Docteur Jekyll, 413

Docteur Mabuse, 413

Docteur Rictus, 414

Docteur X, 413

Dong Min Kyu, 268

Dorothy, 335

Double assassinat dans la rue Morgue, 55

Douzième heure (La), 89

Dr Cyclops, 413

Dr Folamour, 16

Dr Jekyll et Mr Hyde, 55, 88

Dracula, 53, 58, 60, 66, 155, 161, 208, 229, 235, 239, 262, 427

Dracula 2 ascension, 276

Dracula 2001, 265

Dracula 3D, 389

Dracula 73, 175, 428

Dracula contre Frankenstein, 184, 186

Dracula et les Femmes, 428

Dracula et les Femmes, 175

Dracula et ses femmes vampires, 198, 428

Dracula III, 272

Dracula mort et heureux de l'être, 239, 429

Dracula père et fils, 199

Dracula prince des ténèbres, 175, 427

Dracula prisonnier de Frankenstein, 428

Dracula Untold, 395

Dracula vit toujours à Londres, 428

Dreyer, 182

Du sang pour Dracula, 65

Durao Eduardo, 291

Duvivier Julien, 157

Dylan Dog, 359

Eaters (Zombie Planet), 362

Échine du diable (L'), 269, 417

Ed Wood, 55

Edel Ulrich, 429

Edward aux mains d'argent, 227

Elkins Tom, 385

Empire de la terreur (L'), 415

Empreinte de Frankenstein (L'), 176, 419

Emprise des ténèbres (L'), 39, 224, 423

Enfant du cauchemar (L'), 219

Enfer des zombies (L'), 12, 210, 213, 214, 353, 423

Entrailles de l'enfer (Les), 216

Entretien avec un vampire, 232, 244, 429

Epstein Jean, 155

Et mourir de plaisir, 63, 427

Étrange histoire du juge Cordier (L'), 165

Event horizon, 266

Event Horizon, le vaisseau de l'au-delà, 247, 426

Evil Dead, 212, 214, 216, 386

Evil Dead 2, 217, 252

Exit Humanity, 369

Extinction, 397

Eye (The), 273

Fahay Murray, 421

Fais-moi peur, 415

Falaise mystérieuse (La), 415

Famille Addams (La), 252

Fantôme avec chauffeur, 417

Fantôme de Canterville (Le), 415

Fantôme de l'Opéra (Le), 53, 158, 166, 251, 418

Fantôme de l'Opéra (Le), 154

Fantôme de Milburn (Le), 166, 416

Fantôme vivant (Le), 156, 414, 423

Fantômes à vendre, 414

Fantômes contre fantômes, 249, 274, 417

Fantômes d'Halloween (Les), 223, 416

Fantômes en croisière, 415

Fantômes en vadrouille, 415

Faust, 88

Ferrara Abel, 238

Ferry Michel, 238

F**iancée de Dracula (La)**, 271, 429

Fiancée de Frankenstein (La), 31, 33, 156, 419

Fiancée du vampire (La), 428

Fille de Dracula (La), 427, 428

Fils de Frankenstein (Le), 157, 419

Fisher Terence, 161, 163, 166, 175, 418

Fleischer Ruben, 356

Flender Rodman, 252

Flic ou zombie, 424

Florey Robert, 160

Fog, 15, 208, 416, 425

Ford Howard J. et Jonathan, 361, 362

Forster Marc, 383

Fortuny Juan, 414

Fragile, 295

Francis Freddie, 176, 413

Franco Jess, 170, 186, 189, 195, 215, 217, 423, 428

Franco Jesse, 192

Franco Jesus, 413, 414

Franju Georges, 200, 413

Frankenhooker, 420

Frankenstein, 33, 35, 155, 199, 233, 255

Frankenstein 70, 419

Frankenstein créa la femme, 419

Frankenstein et le monstre de l'enfer, 419

Frankenstein junior, 199

Frankenstein Junior, 419

Frankenstein rencontre le loup-garou, 159, 419

Frankenstein s'est échappé !, 419

Frankenstein the True Story, 420

Frankenstein's Army, 385

Frayeurs, 211, 353, 423

Freaks, 54

Freddy, 212

Freddy – le griffes de la nuit, 219

Freddy les griffes de la nuit, 357

Freddy sort de la nuit, 219

Freddy, le cauchemar de vos nuits, 219

Fregonese Hugo, 184, 186

Fresnadillo Juan Carlos, 265, 327

Freund Karl, 156, 413

Frisson des vampires (Le), 189, 428

Fuest Robert, 414

Fulci Lucio, 210, 211, 214, 226, 353, 423

Full Eclipse, 241

Gandus Robert, 212

Garcia Victor, 324

Gardien des esprits (Le), 416

Gates Kenvin, 311

Gates Kevin, 371

Geddes John, 369

Geissendorfer Hans W., 185

Génération perdue, 429

Gentilomo Giacomo, 165

Ghost, 416

Gilbert Lewis, 237, 417

Gillepsie Jeremy, 405

Gilling John, 413

Goddard Drew, 370

Godsend, expérience interdite, 290, 420

Goldblatt Mark, 424

Golem (Le), 38, 155

Gothic, 31

Gothika, 417

Goyer David, 288, 430

Goyer David S., 314, 338

Graine de violence, 62

Grau Jorge, 201

Gremlins, 255

Griffes de la nuit (Les), 218, 275

Griffes du cauchemar (Les), 218

Grudge The, 279, 417, 421

Grünewald Allan, 181

Gunn James, 297

Gutierrez Sebastien, 318

Hafstrom Mikaël, 331

Half Light, 316

Haller Daniel, 177

Halloween, 244

Halloween resurrection, 267

Halperin Victor, 156

Hamm Nick, 290, 420

Hantises, 167, 169, 238, 417

Hardwicke Catherine, 343

Harrison John, 343

Harvey Harold Herk, 165

Has Wojciech J., 177

Haunted, 237, 417

Haunted Summer, 31

Haunting in Connecticut 2 (The) – Ghosts of Georgia, 385

Hayers Sydney, 413

Helldriver, 361

Hello Mary Lou, 222, 416

Hellraiser, 214

Hellraiser II, les écorchés, 222

Hellraiser III, enfer sur la terre, 222

Hellraiser inferno, 222

Hellraiser IV, bloodline, 222

Henenlotter Frank, 420

Herbert Martin, 169

Hercule contre les vampires, 165, 178, 427

Hernandez Vicens Victor, 408

Herzog Werner, 209

Hessler Gordon, 189

Hidden, 212

Hideous Sun Demon, 162

Higanjima, 358

Hiruko, 226

Histoire de fantômes chinois, 223

Histoire de fantômes japonais, 163

Histoires de fantômes chinois, 68, 416

Hoene Mathias, 381

Holland Tom, 221

Homme à la tête coupée (L'), 414

Homme des hautes plaines (L'), 242, 416

Homme invisible, 225

Hooper Tobe, 216, 221, 295

Hôpital et ses fantômes (L'), 251

Horde (La), 356

Horreurs de Frankenstein (Les), 419

Horribilis (Slither), 297

Horrible cas du Dr X (L'), 413

Horrible docteur Orloff (L'), 413

Horror Hospital, 197

Hough John, 191

House, 212, 219, 349

House 1 et 2, 416

House 2, 219

House of damned, 420

House of the Dead 2, 297

Hunter Hayes T., 156, 415, 423

Hunter Max, 179

Hurst Michael, 297

Hypnose, 259

Hypnotic, 274, 430

I, Frankenstein, 387

île des âmes perdues (L'), 316

Île du docteur Moreau (L'), 413

Impasse aux violences (L'), 34, 413

Inception, 357

Inferno, 128, 252

Infested, 271

Innkeepers (The), 366

Innocent Blood, 65, 231, 429

Innocents (Les), 165, 415

Insidious chapitre 3, 403

Insomnie, 427

Intacto, 265

Invasion des morts-vivants (L'), 423

Invasion Los Angeles, 265

Invisible (The), 314

Isaac James, 212

J'aurai leur peau, 306

Jack l'éventreur, 413

Jackson Peter, 225, 249

Januskopf (Der), 55, 88

Jardin du diable (Le), 243

Jason, le mort-vivant, 212

Je suis une légende, 177, 319, 427

JéruZalem, 407

Jessua Alain, 414

Jonathan, 428

Jonathan le dernier combat contre les vampires, 65, 185

Jordan Neil, 232

Jour des morts (Le), 327

Jour des morts vivants (Le), 353

Jour des morts vivants 2 (Le), 353

Jour des morts-vivants (Le), 12, 17, 136, 183, 219, 414

Jour des morts-vivants 2 (Le), 290

Jour des morts-vivants de Romero (Le), 411

Julian Rupert, 154

Kaïro, 267

Kalangis John, 323

Kassovitz Mathieu, 417

Kavanagh Ivan, 391

Kay Roger, 413

Kenan Gil, 403

Kenton Erle C., 157

King Kong, 55

King Stephen, 225

Kingdom II (The), 251

Kitakubo Hiroyuki, 429

Kœpp David, 259

Kren Marvin, 360

Krystie Anthony, 167

Kubrick Stanley, 213, 331, 414

Kurosawa Kiyoshi, 267

Kurtzman Alex, 408

Kyun Kim Tae, 358

La Cave, 294

Labyrinthe de Pan (Le), 291

Lac des morts-vivants (Le), 212, 423

Lâchez les monstres, 189

Lake Placid, 349

Laloggia Frank, 223, 416

Lambert Mary, 224

Land of th Dead, 353

Land of the Dead, 342

Landis John, 231

Lang Fritz, 413

Larson Ken, 422

Laugier Pascal, 284, 417, 421

Lawrence Francis, 282, 319

Lazer J., 423

Lazer J<, 212

Le Borg Reginald, 165

Le Cercle (The Ring 2), 300

Lee Jay, 321

Lee Rowland V., 157

Légende de la Momie (de Bram Stoker) **(La)**, 422

Légende des ténèbres (La), 67

Leni Paul, 154

Lenzi, 213

Leong Po-Chih, 260

Leonor, 205, 428

Les Amants d'outre tombe, 294

Leutwyler Matthew, 280, 282

Levasseur Gregory, 392

Levinson Barry, 426

Lèvres rouges (Les), 64, 428

Levy Shawn, 314

Lewin Albert, 160

Liebesman Jonathan, 417

Lifeforce, 428

Ligne Verte (La), 332

Ligue des Gentlemen Extraordinaires (La), 429

Lisa et le diable, 420

Liste de Schindler (La), 37

Livide, 374

Livre de sang (Book of Blood), 343

Lopez Eguiluz Enrique, 184

Lord of Light, 352

Los Angeles 2013, 242

Loup-garou de Londres (Le), 240

Loup-garou de Paris (Le), 240

Lubin Arthur, 158, 349

Lussier, 265

Lussier Patrick, 258, 272, 317

Lussier Patricke, 276

Lyon Nick, 379

Maas Dick, 418

Mac Maughton John, 294

Maciste contre le fantôme, 165

Mad Zombies, 323

Magnat Julien, 429

Main qui tue (La), 252

Mains d'Orlac. (Les), 154, 156, 252, 413

Maison de Dracula (La), 427

Maison de Frankenstein (La), 419

Maison de l'exorcisme (La), 421

Maison de l'horreur (La), 258

Maison de la sorcière (La), 390

Maison des damnés (La), 416, 420

Maison des ombres (The Awakening) (La), 367

Maison du diable (La), 14, 167, 168, 263, 415

Maison ensorcelée (La), 183

Maison près du cimetière (La), 13, 214, 353, 423

Maîtres de l'horreur (Les), 294, 295

Maîtresses de Dracula (Les), 58, 175, 427

Makilaakso Marko, 363

Malédiction d'Arkham. (La), 169, 415

Malédiction de la momie aztèque (La), 422

Malédiction des pharaons (La), 13, 163

Malédiction des profondeurs (La), 300

Maléfices de la momie (Les), 173

Malone William, 258, 294, 414

Malpertuis, 64

Mama, 388

Manera Franco, 189

Manitou, 275

Manoir de la terreur (Le), 169

Manoir du diable (Le), 51

Manoir hanté et les 999 fantômes (Le), 417

Manoir maudit (Le), 167

Manuscrit trouvé à Saragosse (Le), 177, 416

Marchand Gilles, 414

Margheriti Antonio, 168, 187

Mariée sanglante (La), 190

Marlind, 380

Marque du vampire (La), 57, 427

Mars Attacks !, 252

Martin, 183, 428

Martin Franck, 414, 423

Mascheria del demonio (La), 129, 135

Masque de cire (Le), 252

Masque du démon (Le), 59, 127, 135, 163, 262, 415, 427

Massaccesi Aristide, 197

Massacre à la tronçonneuse, 15

Massacre des Morts-vivants (Le), 201

Mastrocinque Camillo, 173

Matheson Richard, 319

Maury Julien, 374

May, 289

Mc Intire Christian, 263, 426

McKee Lucky, 289

Mehrige Elias, 89, 260, 429

Memento Mori, 268

Merlet Agnès, 335

Messe pour Dracula (Une), 175, 428

Metcalf Brian A., 352

Metropolis, 38

Meurtres en trois dimensions, 212

Miller Frank, 347

Miner Steve, 219, 327, 353

Minkoff Rob, 417

Mirbagheri Bijan, 276

Miroir de l'eau (Le), 418

Miroir obscène (Le), 195

Misery, 332

Moi zombie, 256, 424

Momie, 225

Momie (La), 13, 408

Momie : la tombe de

l'empereur Dragon (La), 340

Momie aztèque (La), 422

Momie Aztèque contre le robot (La), 422

Momie la résurrection, 422

Monde des morts vivants (Le), 204

Monde, la chair et le diable (Le), 17

Mondwest, 38

Monstrueuse parade (La), 54

Mora Philippe, 216

Morley David, 351

Morrissey Paul, 198, 199

Mort de Freddy (La), 219

Mort qui marche (le), 6

Mort qui marche (Le), 10, 37, 157

Morte-vivante (La), 189, 423

Mortuary, 295

Moxey John, 164

Mulcahy Russel, 333

Munroe Kevin, 359

Murnau Friedrich Wilhelm, 153

Murphy Nick, 367

Muschietti Andy, 388

Musée des horreurs (Le), 413

Mutants, 351

Mystère de la maison Norman (Le), 415

Mystère du château maudit (Le), 415

Nadja, 429

Nakagawa Nobuo, 163

Nakata Hideo, 254, 270, 300

Nalluri Bharat, 243

Neill Roy William, 159

Niemann Sebastian, 417, 421

Night of the living dead, 151

Nirvana, 17

Nishimura Yoshihiro, 361

Nispel Nispel, 348

Nolan Christopher, 357

Norrington Stephen, 253, 429, 430

Nosferatu, 53, 55, 87, 111, 153, 209, 231, 239, 260, 299, 427

Nosferatu fantôme de la nuit, 428

Nosferatu le vampire, 390

Nosferatu, eine Symphonie des Grauens, 90

Nosferatu, Phantom der Nacht, 106

Nuit au musée (La), 314

Nuit de tous les mystères (La), 258

Nuit des morts-vivants (La), 11, 21, 38, 67, 140, 151, 183, 255, 259, 319, 353

Nuit en enfer (Une), 239, 241, 429

Nuit en enfer 2 (Une) : le prix du sang, 253

Nuits de Dracula (Les), 192, 428

Nuits de terreur, 417

Nuits rouges, 200

O'Bannon Dan, 353

O'Hara Gerry, 422

Oblowitz Michael, 262, 429

Obsessions, 414

Ochiai Masayuki, 344

Olson Josh, 271

Ombre du vampire (L'), 260, 429

Orange mécanique, 16

Orfeu Negro, 160

orgie des vampires (L'), 174

Orphée, 160

Orphelinat (L'), 345

Ouïja, 393

Outpost, 322

Outpost : Black Sun, 380

Pages arrachées au livre de Satan, 108

Pandora, 15, 160, 229, 425

Pang Oxide, 262

Pang Oxide et Danny, 273

Parking, 160

Parkinson Andrew, 256, 424

Part des ténèbres (La), 23, 242

Passion de Jeanne d'Arc (La), 108

Paz, 407

Pendez-les haut et court, 242

Perdus dans l'espace, 426

Petit Alain, 168, 187

Petit vampire (Le), 429

Pfister Wally, 390, 393

Phantasm (et ses suites), 207

Phantom, 88

Phantom of the Paradise, 166, 198, 418

Phillips Glasgow, 320, 329

Piégée à l'intérieur, 304

Pirates des Caraïbes, 277

Pittman Bruce, 222

Plan 9 from outer space, 55

Planète des vampires (La), 177, 425, 427

Planète hurlante, 17

Planète terreur (un film Grindhouse), 326

Plaza Paco, 341, 353, 373

Polanski Roman, 183

Polselli Renato, 163, 174

Poltergeist, 14, 216, 275, 403

Poltergeist I, II et III, 416

Poltergeist II, 216

Poltergeist III, 216

Pope Tim, 241

Portier de nuit, 65

Portillo Rafael, 422

Possédée, 377

Poupées (Les), 255

Poupées du diable (Les), 255

Poursuite infernale (La), 255

Pourvoyeurs de cadavres (Les), 34

Praesaengaim Pisuth, 262

Prédateurs (Les), 64, 217, 428

Price Vincent, 319

Priest, 364

Prior David A., 368

Prison, 416

Projet Blair Witch (Le), 421

Promise (La), 420

Prophecy (The), 236

Prophecy 2 (The), 250

Prophecy 3 (The), 258

Prophecy 4 : Uprising (The), 278

Proyas Alex, 241

Psychose, 198

Pulse, 311

Pulse 2 Afterlife, 336

Pulse 3, 337

Pupillo Massimo, 179

Pyramide, 392

Quatre mouches de velours gris, 128

R.I.P.D. Brigade Fantôme, 387

Raaphorst Richard, 385

Rage, 66, 428

Ragona, 319

Ragona U., 177, 427

Raimi Samuel, 216

Rakoff Alvin, 425

Rammbock – Berlin Undead, 360

Re-animator, 13, 21, 34

REC, 341

Récupérateur de cadavres (Le), 34, 413

Règlement de comptes à O.K. corral, 244

Réincarnations, 211, 257

Reine des damnés (La), 271, 429

Reine des vampires (La), 236

Reiner Rob, 332

Reitman Ivan, 217

Rendez-vous avec la peur, 23, 164, 245

Resident evil, 266, 424

Resident Evil : Afterlife 3D, 361

Resident evil : apocalypse, 285

Resident Evil : Chapitre Final, 404

Resident Evil : Extinction, 333

Resident Evil : Retribution, 382

Retour de Frankenstein (Le), 419

Retour de Topper (Le), 415

Retour des morts-vivants (1-2 et 3), 353

Retour des morts-vivants (Le), 12, 137, 423

Retour des morts-vivants 2 (Le), 12, 137, 423

Retour des morts-vivants 3 (Le), 12, 137, 424

Retour du vampire (Le), 54

Return to House on Haunted Hill, 324

Revanche de Frankenstein (La), 161, 419

Revanche de Freddy (La), 218

Revenants (Les), 274

Révolte des morts-vivants (La), 191, 423, 428

Rice Anne, 318

Ring, 254, 269

Ring 2, 255

Rio Bravo, 243

Rise (Blood Hunter), 318

Ristori Marco, 362, 383

Rocher Benjamin, 356

Rodriguez Robert, 239, 326

Roi scorpion (Le), 261

Rollin Jean, 189, 243, 271, 429

Romero George A., 288, 291, 294, 352

Romero George A. A., 183, 207, 219, 414

Rose Bernard, 228

Rose Red, 417

Rosenberg Graig, 316

Rosenberg Stuart, 209

Rosenthal Rick, 267

Rubin Jordan, 399

Russel Chuck, 261

Ruzowitzky Stefan, 414

Rymer Mychael, 271, 429

Sagal Boris, 319

Sagesse des crocodiles (La), 260

Saint-Ange, 284, 417, 421

Salazar Alfredo, 422

Salkow, 319

Salkow S., 177, 427

Salkow Sidney, 172

Salomé Jean-Paul, 261

Sang du vampire (Le), 161, 427

Sang d'un poète (Le), 160

Sang pour Dracula (Du), 198, 428

Sarno Joseph W., 200

Sato Shimako, 429

Savini Tom, 353

Schœdsack Ernest B., 413

Schumacher Joel, 346

Schwentke Robert, 387

Scott Tony, 217

Secte sans nom (La), 341

Sentinelle des maudits (La), 421

Sept mercenaires (Les), 206, 256

Sept samouraïs (Les), 206, 256

Sept vampires d'or (Les), 206, 428

Session 9, 311

Sévices de Dracula, 191

Sewell Sewell, 183

Shaun of the Dead, 277

Sherman Gary, 211

Shimizu Takashi, 279, 417, 421

Shining, 16, 213, 231, 331, 416

Shore Gary, 395

Shunned House (The), 272

Shyamalan M. Night, 256

Silence des agneaux (Le), 14, 68, 414

Simetierre, 224

Simetierre 2, 224

Simon Adam, 225

Singleton Ralph S., 225

Siodmak Robert, 158

Sixième sens, 256

Slade David, 317, 376

Small Soldiers, 255

Smith Christopher, 355

Snyder Zack, 286, 353, 375, 424

Soavi Michele, 236

Soisson Joel, 336, 337

Soisson Joël, 278

Solaris, 247

Soleil vert, 17

Solomon Kane, 351

Solvay Paolo, 196

Sommers Stephen, 280, 420, 430

Son of Dracula, 158

Sonzero Jim, 311

Sorcière sanglante (La), 415

SOS Fantômes, 217

SOS Fantômes 2, 218

SOS Fantômes I et II, 416

Souvenirs mortels, 417, 421

Spectre de Frankenstein (Le), 157

Spence Greg, 250

Sphere, 426

Spiegel Scott, 253

Spierig Michael et Peter, 270, 424

Spierig Peter & Michael, 347

Spirit (The), 347

Spirits (Shutter), 344

Stalker, 425

Stay Alive, 301

Stein, 380

Stewart Scott, 364

Stigmata, 257

Stokanski Steven, 405

Sucke Punch, 375

Super 8, 372

Supernatural, 225

Survival of the Dead, 352, 353

Survivant (Le), 319

Suspiria, 128

Sylvie et le fantôme, 415

Tale of a vampire, 429

Tale of Vampires, 315, 318

Tarentino Quentin, 326

Tatopoulos Patrick, 349

Teague Lezis, 427

Terminator, 255

Terreur à l'Opéra, 166, 419

Terreur des zombis (La), 414, 423

Terreur point com, 414

Territoire des morts (Le), 353

Territoire des morts (Le) (Land of the Dead), 288

Testament d'Orphée (Le), 160

The Cat, 363

The Eye 2, 273

The Void, 405

Thing (The), 178, 406, 425, 426

Tombe de Ligeia (La), 415

Tommyknockers (Les), 23

Topper, 416

Tour de Londres (La), 166

Tour d'écrou, 165

Tour d'écrou (Le), 416

Tourneur Jacques, 159

Toxic Avenger, 297

Toys, 255

Train sifflera trois fois (Le), 244

Traitement de choc, 414

Transcendence, 390, 393

Triangle, 355

Triangle maudit, 427

Trois visages de la peur (Les), 167, 254, 427

Trouble Every Day, 429

Tsukamoto Shinya, 226

Tueur du vendredi (Le), 211

Tung Ching Siu, 223

Twice-Told Tales, 172

Twilight – chapitre 1 fascination, 342

Twilight chapitre 2 : tentation, 350

Twilight chapitre 3 hésitation, 376

Twilight chapitre 4 Revelation 1ère partie, 376

Twilight chapitre 5 Revelation 2ème partie, 376

Twin Peaks, 246

Two Eyes Staring (Zwart Water), 361

Twohy David, 268, 426

Unborn (The), 338

Undead, 270, 424

Undead or Alive, 320, 329

Underworld, 276, 430

Underworld : Nouvelle ère, 380

Underworld 2 evolution, 298

Underworld 3 Rise of the Lycans, 349

Universal Soldier, 424

V comme vampire, 308

Vaisseau de l'angoisse (Le), 267

Vampire (The), 51

Vampire à Brooklyn (Un), 239, 429

Vampire Lovers, 63

Vampire lovers (The), 190, 428

Vampire vous avez dit vampire, 223

Vampire vous avez dit vampire ?, 67, 221, 428, 429

Vampire vous avez dit vampire ? 2, 223, 429

Vampires, 63, 67, 243, 266, 429

Vampires (Les), 51

Vampires de Salem (Les), 67, 221, 428

Vampires du désert (Les), 266, 429

Vampires du Dr Dracula (Les), 184

Vampires II, 429

Vampyr, 55, 61, 63, 67, 107, 112, 126, 182, 189, 239, 427

Vampyr, Der Traum un Allan Grey, 112

Vampyre Nation, 379

Vampyros Lesbos, 189, 428

Van Helsing, 280, 420, 430

Van Helsing 2 – Dracula contre les vampires, 291

Van Strien Elbert, 361

Vanilla sky, 264

Vaudou, 39, 159

Veilleur de mort (Le), 332

Vendredi 13, 211, 348, 349

Vendredi 13, chapitre 7, un nouveau défi, 212

Vendredi 13, chapitre final, 212

Vendredi 13, Jason en enfer, 212

Vendredi 13, une nouvelle terreur, 212

Vénus d'Ille (La), 207

Venus in Furs, 170

Verbinski Gore, 269, 277, 417

Videodrome, 254

Vierge chez les morts-vivants (Une), 215, 423

Vierges de la pleine lune (Les), 196

Vierges pour le bourreau, 179

Viol du vampire (Le), 427

Virus, 426

Vivas Miguel Angel, 397

Voix des morts : la lumière (La), 317

Voix profondes, 226

Volonté du mort (La), 154

von Trier Lars, 251

Voyeur (Le), 128

Wainwright Rupert, 257

Walking Dead, 398

Wallace Tommy Lee, 223, 429

Waller Anthony, 240

Wan James, 330, 382

War of the Dead, 363

Ward (The), 365

Warlock, 349

Weitz Chris, 350

Weitz Paul, 354

West Ti, **366**

Whale James, 155, 156

Whannel Leigh, 403

White Stiles, 393

White Zombie, 136, 156, 243, 423

Widen Gregory, 236

Wiederhorn Ken, 206, 353

Wiene Robert, 154, 413

Wilding Gavin, 421

Williams Tod, 394

Willing Nick, 274, 430

Wirkola Tommy, 350, 398

Wise Robert, 167, 168, 413

Wiseman Len, 276, 298, 430

Wishmaster, 275

Witt Alexander, 285

Wook Seung, 363

Woon Kim Jee, 276, 417

World of the Dead (The Zombie Diaries 2), 371

World War Z, 383

Wright Edgar, 277

X-Files, 255

Yeux sans visage (Les), 413

Yoav et Doron, 407

Yong Kim Tae, 268

Yu Ronny, 212, 219

Yuzna Brian, 300, 353, 424

Zardoz, 17

Zemeckis Robert, 260

Zombeavers, 399

Zombi 2, 353, 423

Zombi III, 210, 423

Zombie, 136, 207, 210, 220

Zombie academy, 423

Zombie Apocalypse, 379

Zombie Diaries (Journal d'un zombie) (The), 311

Zombie le crépuscule des morts vivants, 353

Zombie le crépuscule des morts-vivants, 12, 38, 183

Zombie Massacre, 383

Zombies, 316

Zombies Strippers !, 321

Zombies War, 368

Zuccon Yvan, 272

Zucker Ralph, 180

www.ingramcontent.com/pod-product-compliance
Lightning Source LLC
Chambersburg PA
CBHW031311160426
43196CB00007B/490